SOAP
SUCRE

SOAP
SUCRE

세계사를 바꾼

화학

이야기

1

출판은 사람과 나무 사이에서 이루어지는 가치 있는 일입니다.
도서출판 사람과나무사이는 의미 있고 울림 있는 책으로 독자의 삶을
좀 더 풍요롭게 만들기 위해 최선을 다하겠습니다.

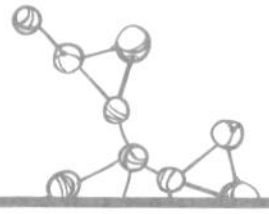

CHEMISTRY

세계사를 바꾼 화학 이야기 1

우주 탄생부터 산업혁명까지

오미야 오사무 지음 | 김정환 옮김

사람과 나무사이

옮긴이 김정환

건국대학교 토목공학과를 졸업하고 일본외국어전문학교 일한통번역과를 수료했다. 21세기가 시작되던 해에 우연히 서점에서 발견한 책 한 권에 흥미를 느끼고 번역 세계에 발을 들였다. 현재 번역 에이전시 엔터스코리아 출판기획자 및 일본어 전문 번역가로 활동하고 있다. 경력이 쌓일수록 번역의 오묘함과 어려움을 느끼면서 항상 다음 책에서는 더 나은 번역, 자신에게 부끄럽지 않은 번역을 하기 위해 노력 중이다. 공대 출신 번역가로서 논리성을 살리면서도 문과적 감성을 접목하는 것이 목표다. 야구를 좋아해 한때 iMBC스포츠에서 일본 야구 칼럼을 연재하기도 했다.
번역서로 『재밌어서 밤새 읽는 화학 이야기』『법칙, 원리, 공식을 쉽게 정리한 수학 사전』『자동차 구조 교과서』『비행기 조종 교과서』『근현대 전쟁으로 읽는 지정학적 세계』『세상의 모든 법칙』 외 다수가 있다.

세계사를 바꾼 화학 이야기 1
— 우주 탄생부터 산업혁명까지

1판 1쇄 발행 2022년 12월 22일
1판 8쇄 발행 2024년 2월 11일

지은이 오미야 오사무
옮긴이 김정환
펴낸이 이재두
펴낸곳 사람과나무사이
등록번호 2014년 9월 23일(제2014-000177호)
주소 경기도 고양시 일산서구 강선로 142, 1701동 302호
전화 (031)815-7176 **팩스** (031)601-6181
이메일 saram_namu@naver.com
디자인 박대성
인쇄·제작 도담프린팅
종이 아이피피(IPP)

ISBN 979-11-88635-72-6 03900

"세계사로 기록되는 모든 사건은
'화학 반응'에 의해 좌우된다."

— 라이너스 폴링 노벨화학상·노벨평화상 수상 화학자

서문

쿠푸 왕의 피라미드에서
유리 생산과 활용,
알렉산드로스 대왕의
'염색 위장술'에 이르기까지
'화학 기술'이 세계사를 바꿨다

'화학 지식'은 세계사를 바꾸는 원동력이었다. 고대 이집트를 대표하는 쿠푸 왕의 피라미드도 예외는 아니었다.

쿠푸 왕의 피라미드는 인류 역사상 가장 위대한 건축물이라 할 만하다. 이는 높이 약 139미터(지어질 당시에는 약 147미터였으나 사람들이 석회암 외장재를 모두 뜯어가는 바람에 모양도 달라지고 높이도 줄어들었다), 각 밑변 길이 약 230미터에 평균 무게 2.6톤인 돌 230만 개로 이루어진 상상을 초월하는 규모다. 이 피라미드는 오늘날까지 풀리지 않는 수수께끼를 간직하고 있으며 여전히 베일에 싸여 있다. 그 탓에 외계인이 쿠푸 왕의 피라미드를 건설했다는 허무맹랑한 주장마저 제기될 정도다.

쿠푸 왕의 피라미드를 놓고 '외계인 건축설'까지 나도는 데에는 그럴 만한 이유가 있다. 그도 그럴 것이 그 구조가 너무도 정교하고 완벽한 데다 600만 톤의 엄청난 무게를 지탱하며 5,000년에 가까운 기나긴 시간을 보낸 건축물이기 때문이다. 여기에는 오늘날의 최첨단 기술로도 흉내 낼 수 없는 뛰어난 측량술과 건축술,

그리고 '화학 지식'이 응집돼 있다. 450년 전도 아니고 1,450년 전도 아닌, 무려 4,500년 전에 말이다.

한번 생각해보자. 돌 절단기 같은 정교한 도구가 존재하지 않은 4,500년 전 고대에 이집트인은 과연 어떻게 총 무게 2.6톤의 돌 230만 개라는 엄청난 양을 자유자재로 다루며 원하는 크기로 잘라 피라미드 건축에 사용했을까? 바로 여기에 당대의 뛰어난 '화학 지식'이 동원되었다. 학자들이 오랜 연구를 통해 밝혀낸 비밀은 다음과 같다.

먼저, 인부들이 송곳으로 거대한 석재의 잘라내고자 하는 곳에 일직선으로 많은 구멍을 뚫는다. 그런 다음 그 구멍에 나무 막대기를 꽂고 물을 붓는다. 그 상태로 한동안 두면 나무 막대기가 부풀어 오르고 팽창하면서 그 구멍을 따라 석재를 갈라놓는다. 이를 화학적으로 설명하자면, 바짝 마른 나무 막대기 내부에 남아 있는 여러 가지 성분의 분자를 희석하고자 물이 표피에서 내부로 흘러 들어가는 현상이다. 전문 용어로 '침투'다. 이때 발생하는 물이 흘러 들어가려고 하는 압력, 즉 침투압이 매우 크기 때문에 단단하고 거대한 석재를 쪼갤 수 있는 것이다. 단, 나무 막대기 수가 충분히 많다는 전제하에 말이다.

4,500년 전이라는 까마득한 옛날, 고대 이집트인은 이렇듯 정교한 '화학 지식'을 바탕으로 인류 역사상 가장 뛰어난 건축물 쿠푸 왕의 피라미드를 지어 세계사의 물줄기를 바꿨다.

고대 그리스인의 뛰어난 '화학 지식'은 희대의 영웅 알렉산드로스 대왕을 탄생시켰으며 동서 융합의 위대한 열매인 헬레니즘 문화를 낳는 근간이 되었다. 그 '화학 지식'은 무엇이었을까? 그것은 바로 풍부한 '염료 지식'과 수준 높은 '염색 기술'이었다. 전략·전술의 천재였던 알렉산드로스는 스승 아리스토텔레스의 영향으로 과학 기술에도 조예가 깊었다. 그는 당대 그리스의 수준 높은 염료 지식과 염색 기술을 페르시아와의 전쟁에 영리하게 활용했다. 알렉산드로스가 지휘하는 군대가 페르시아제국에 발을 디딘 지 얼마 지나지 않았을 때였다. 그는 자신의 군대를 부상병으로 보이게 하는 위장 전술을 펼쳤다. 어떻게 했을까? 서양꼭두서니에서 얻을 수 있는 알리자린이라는 빨간색 염료로 병사들의 군복을 물들여 마치 피범벅이 된 것처럼 보이게 함으로써 페르시아군을 속인 것이다. 이에 페르시아군은 그리스군이 약하다고 여겨 방심했다. 그 천재일우의 기회를 놓칠 알렉산드로스가 아니었다. 그는 적군의 허점을 날카롭게 찌르고 들어가 수적으로 훨씬 우위에 있던 페르시아군을 격파하고 값진 승리를 거두었다. 이후 알렉산드로스 대왕의 그리스군은 다리우스 3세의 페르시아군을 상대로 연전연승하며 페르시아제국을 멸망으로 몰고 갔으며 광대한 제국을 건설했다. 염료와 염색에 관한 '화학 지식'이 세계사의 물줄기를 바꾸는 또 하나의 명장면이다.

기원전 3000년 무렵 고대 메소포타미아인이 가진 유리에 관한 '화학 지식'은 세계사를 추동하고 높은 수준의 문명 사회를 건설하는 토대가 되었다. 당시 사람들은 유리가 어떤 재료와 과학 원리로 만들어지는지 잘 알고 있었으며, 실제로 다양한 유리를 제작해 실생활에 활용했다.

다시 한 번 상상해보자. 만일 인류가 유리에 관한 정교한 '화학 지식'을 습득하지 못했다면, 그로 인해 유리 제품을 생산하지 못했다면 우리는 지금 어떤 세상을 살고 있을까? 우선, 유리가 없다면 건물 안으로 빛을 끌어들이는 창문이나 유리 전구를 만들지 못해 어두운 곳에 틀어박혀 지내야 했을 것이다. 또 유리가 없다면 와인잔 같은 유리 용기도 만들지 못해 제대로 음주문화를 향유하기 어려웠을 것이다. 더구나 망원경·현미경 등의 도구도 발명되지 않아 지동설 같은 획기적인 과학 이론이 탄생하지 못했을 것이며, 연쇄상구균·포도상구균 등의 병원균도 발견하지 못했을 것이다. 그뿐이 아니다. 유리가 없다면 카메라도 발명되지 않아 로버트 카파나 유진 스미스 같은 위대한 사진가의 작품도 감상할 수 없을 것이다. 이렇듯 5,000여 년 전부터 인류가 이미 습득하고 활용한 유리에 관한 '화학 지식'이 세계사의 물줄기를 바꾸고 최첨단 문명사회로 나아가게 하는 원동력이 되어주었다.

이 책에는 138억 년 전 빅뱅으로 인한 우주 탄생과 46억 년 전 지구 탄생에서부터 생명 탄생과 진화, 불·적색 안료·재봉 바늘·점토·금·구리·유리·식물섬유·종이·비단·화약·화포·청동기·철기·전기 등의 발명과 발견, 농경 시작, 빵·맥주·와인 제조 등에 이르기까지 장구한 세월 동안 '화학'이 원동력이 되고 추동력이 되어 형성된 인류사와 세계사, 한 발 더 나아가 지구사와 우주사를 다룬다. 138억 년 전 빅뱅이 일어나 우주가 생성되었듯 독자 여러분의 두뇌 속에서도 이 책을 읽고 난 후 '지적 빅뱅'이 일어나 새로운 '지식의 우주'가 생성되길 기대해본다.

차례

7 HISTORY OF CHEMISTRY

몽골제국과 이슬람제국 시대

11 HISTORY OF CHEMISTRY

산업혁명과 시민혁명 시대

HISTORY OF CHEMISTRY

1

우주 탄생

모든 것은 여기에서
시작되었다

에너지가 고도로 응축된, 크기가 제로에 가까운 미세한 점 상태였던 것이 지름 1센티미터 정도의 '공간'으로 순식간에 팽창했다. 지금으로부터 138억 년 전 어느 날의 일이다. 이 사건을 우리는 '인플레이션(Inflation)' 혹은 '급팽창'이라고 부른다. 그리고 이 좁은 '공간'이 흔히 '빅뱅'이라고 하는 대폭발을 일으킨 것은 그 직후의 일이다.

대폭발, 즉 빅뱅으로 인해 에너지가 변화를 일으키고 질량을 가진 소립자가 탄생했다. 에너지와 질량은 등가이므로 에너지가 물질로 변화한 것이다. 이 물질은 엄청난 고밀도 상태였으나 급속도로 팽창해갔다. 이후 3분 정도 시간이 지나자 온도가 급격히 떨어져 소립자에서 수소 원자와 헬륨 원자의 원자핵이 생겨났다. 놀랍게도, 컵라면에 뜨거운 물을 붓고 기다리는 시간 동안 원자의 재료가 만들어진 셈이다.

원자의 중심 부분을 원자핵이라고 하는데, 원자핵은 양성자와 중성자 등의 입자로 구성돼 있다. 그리고 원자핵 주위를 돌고 있는 것이 전자다. 이렇게 원자핵과 그 주위를 도는 전자로 이루어져 있는 원자는 구조 면에서 태양계와 비슷하다. 즉, 지구 등의 행성이 태양 주위를 돌 듯 전자가 원자핵 주위를 도는 메커니즘이다. 다만 앞서 언급한 빅뱅 이후 얼마 동안은 너무 뜨거운 탓에 원자가 만들어지지 못했다. 말하자면, 원자핵과 전자가 제대로 연결되지 못한 채 뒤죽박죽으로 섞여 있는 잡탕 같은 상태였다고 할까.

그러다가 우주의 온도가 섭씨 3,000도까지 내려가자 원자핵이 전자를 끌어당겨 원자가 생겨나기 시작했다. 이는 최초의 대폭발, 즉 빅뱅이 일어난 지 37만 년 후의 일이다.

우주에서 가장 먼저 만들어진 원소는 무엇일까? 수소(H) 원자다. 수소 원자는 우리 인간 몸속에 있는 '물(H_2O)'의 주요 구성 요소다. 그리고 항성이 탄생했는데, 항성 내부에서 원자핵과 원자핵이 충돌하는 핵융합이 일어나 다양한 원자핵이 생겨나기 시작했다.

원자의 종류, 즉 원소는 원자핵 안에 존재하는 양성자 수에 따라 결정된다. 양성자가 1개이면 수소(H), 2개이면 헬륨(He)…… 26개이면 철(Fe)인 식이다.

항성 내부의 핵융합을 통해 철 등의 원소가 만들어졌고 마지막으로 항성이 초신성 폭발을 일으키면서 철보다 무거운 원소도 만들어졌다(최근에는 중성자성(中性子星)의 합체를 통해 생성되었다는 설도 유력하다). 이런 일련의 과정을 통해 다양한 원소의 원자가 우주로 퍼져 나갔다. 따지고 보면 우리 몸을 구성하는 원자도 모두 별의 조각에서 유래한 것이다.

46억 년 전

지구 탄생

생명 진화로 생물의 대량 절멸을 극복하다

⊙ 고대 생물에게 산소는 독가스였다?

우리가 발을 딛고 살고 있는 지구는 우주에서 철과 돌 등이 모여들어 생성되었다. 46억 년 전의 일이다.

그로부터 7억 년이 더 지난 39억 년 전, 거대 운석이 여러 개 충돌하면서 지구 표면에 금, 백금 등의 무거운 원소를 200억 톤 가량 흩뿌렸다. 말하자면 사람들의 욕망을 강하게 자극하는 금과 백금은 머나먼 우주 어딘가에서 지구로 날아온 신비로운 물질인 셈이다.

이윽고 온도가 내려간 지구에 수많은 운석이 충돌하기 시작했다. 그리고 그 과정에 운석에 들어 있던 유기화합물(생명의 근원이 되는 탄소와 수소를 중심으로 산소, 질소, 인, 황 등을 포함한 물질)이 지구에 씨앗처럼 퍼졌다. 이후 유기화합물이 반응해 아미노산을 만들어냈고, 아미노산이 서로 연결되어 단백질 분자가 생겨났다. 그리고 단백질 분자가 모여 역동적인 시스템이 구축되면서 마침내 생명이 탄생했다.

원시적인 세균류가 지구에 등장한 것은 35억 년 전의 일이다.

그 후 27억 년 전쯤 시아노박테리아(남세균)가 출현해 광합성을 시작하자 바닷속에 산소가 방출되었다. 철은 산소에 의해 부식되어 철 이온으로 변하고, 그것이 가라앉아 철광석의 광상(鑛床, 광물이 땅속에 대량으로 묻혀 있는 지대)을 형성했다. 이온은 전기를 띤 입자로, 원자나 분자에서 만들어진다. 철 원자(Fe)가 전자를 잃으면 Fe^{2+}나 Fe^{3+}가 되는데, 이를 '철 이온'이라고 부른다.

바닷속에서 포화 상태가 되어 방출된 산소가 대기를 가득 채우자 생물 대다수가 죽음을 맞이했다. 이유는 단순하다. 고대 생물에게 산소는 독성 가스였기 때문이다. 그러나 놀랍게도 독이었던 산소를 활용해 에너지를 얻는 생물이 탄생했다. 좀 더 구체적으로, 세포 속 미토콘드리아에서 산소를 이용해 효율적으로 에너지를 생산할 수 있게 된 것이었다.

⊙ 지구상의 대다수 동물 조상이 5억 4,000만 년 전 캄브리아기에 출현한 이유는?

오늘날 지구 위에 존재하는 거의 모든 동물의 조상이 출현한 것은 캄브리아기 초기인 5억 4,000만 년 전쯤의 일이다. 이는 산소를 이용해 에너지를 생산할 수 있는 생물이 급격히 많아지면서 자연스럽게 일어난 현상이었다. 이러한 현상을 과학자들은 '캄브리아기 대폭발'이라고 부른다. 절지동물, 척추동물의 조상 등 〈포켓몬스터〉에 나오는 캐릭터 못지않게 진기한 모습을 하고 있는 생물 화석이 이 시기 지층에서 잔뜩 발굴되었다.

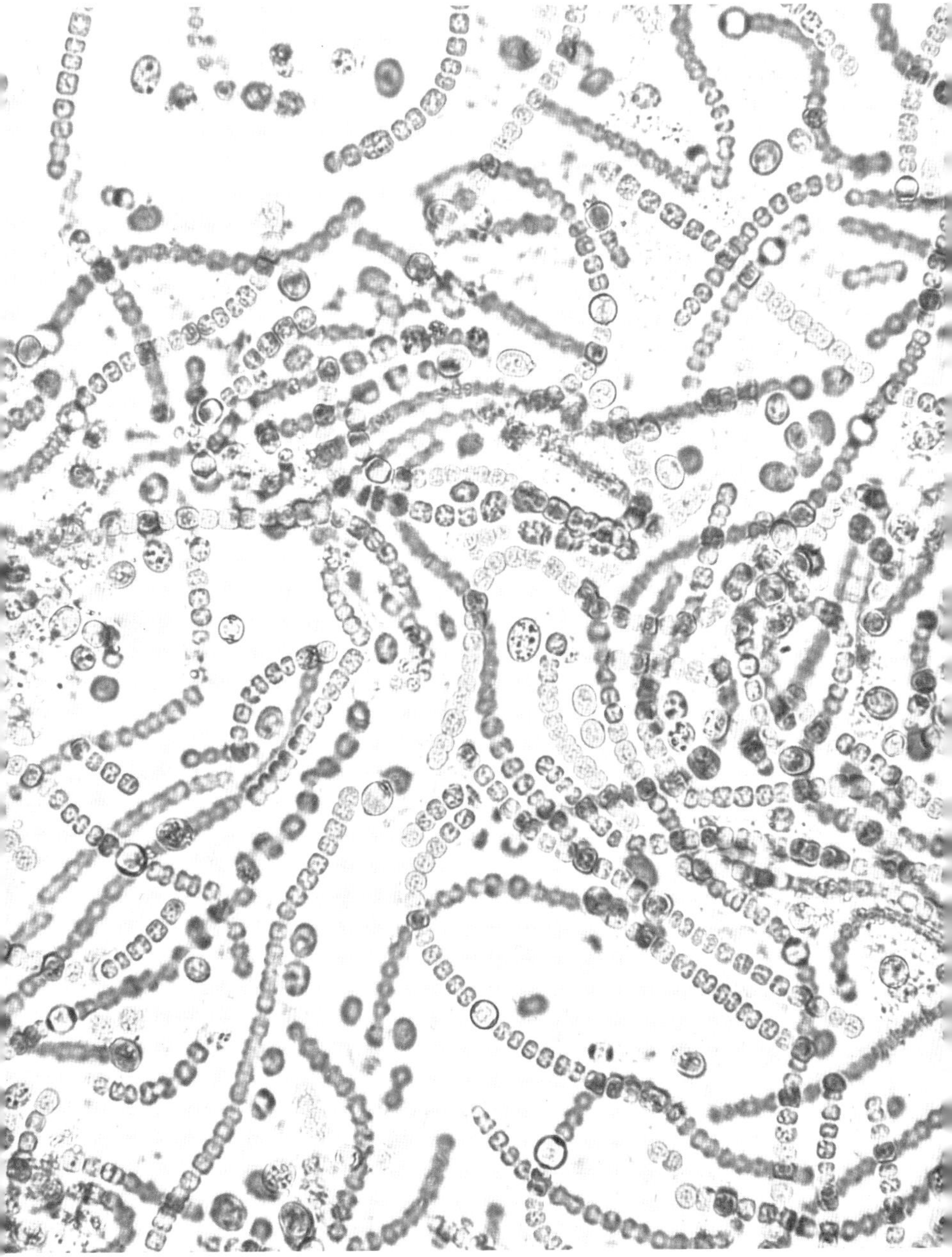

시아노박테리아(남세균)

미토콘드리아라는 엔진을 통해 강력한 힘을 얻은 동물은 물 밖으로 나와 뭍으로 진출하기 시작했다. 그리고 2억 3,000만여 년 전부터 공룡의 시대가 시작되었다. 그러다가 백악기 말기인 6,600만 년쯤 전 소행성이 멕시코 유카탄반도 칙술루브에 충돌하면서 거대한 해일이 일어났다. 그 여파는 상상을 초월할 수준이었다. 하늘 높이 솟아오른 분진이 햇빛을 가린 탓에 식물이 살 수 없게 되었다. 그 영향은 도미노처럼 이어지며 끔찍한 결말을 가져왔다. 지구 위의 가장 강력한 생명체인 공룡이 멸종했으며 모든 생물종의 70퍼센트가 절멸해버렸을 정도니까.

운석의 충돌이나 화산 대폭발 같은 생명 절멸의 위기는 소행성의 칙술루브 충돌사건 이전에도 여러 차례 일어났다. 그 사건이 있기 전 사실상 지구의 지배자였던 공룡은 비록 절멸했으나 오늘날의 쥐와 비슷한 소형 포유류는 운 좋게 살아남았다. 이들이 바로 우리 조상이다.

인플레이션(급팽창)
빅뱅
전자
양성자
중성자
수소 원자
항성 탄생
그 밖의 원자
행성
지구
시아노박테리아
캄브리아기 대폭발
공룡
인류

HISTORY OF CHEMISTRY

2

선사 시대

아프리카대륙 어느 숲에서 원인(猿人)이 출현해 두 다리로 걷는 '이족보행'을 하기 시작했다. 700만 년쯤 전의 일이다. 이후 좀 더 진화한 인류인 네안데르탈인과 호모에렉투스가 아프리카대륙을 떠나 다른 지역으로 퍼져 나갔으나 절멸했다.

20만 년 전, 아프리카에서 우리 인류의 직계 조상인 호모사피엔스('영리한 사람'이라는 뜻)가 등장했다(네안데르탈인은 상당 기간 동안 호모사피엔스와 공존했으나 결국 경쟁에 밀려나 도태되었다). 호모사피엔스가 아프리카대륙을 떠나 전 세계로 이동한 것은 8만~5만 년 전의 일이다. 그들은 막대기를 빠른 속도로 돌에 문지르면 불을 피울 수 있다는 사실, 저 열매는 먹어선 안 되지만 이 식물은 먹어도 된다는 등의 사실을 경험을 통해 학습했다. 말하자면, 그들은 다양한 방식의 삶과 죽음을 겪으며 방대한 경험과 지식을 쌓아 나간 것이다.

인류는 석기를 도구로 이용하기 시작했다. 260만 년 전 무렵의 일이다. 그즈음 인류는 석기로 사용하기에 가장 적합한 돌을 발견했다. 바로 '부싯돌'인데, 규소(Si)와 산소로 구성된 돌(이산화규소)이었다. 이 돌을 발견한 덕분에 인류는 다양한 도구를 제작할 수 있었다. 부싯돌은 훗날 철기 시대에 이르러 철을 때려서 불꽃을 만드는 용도로 사용되었다. 부싯돌의 라틴어 명칭은 '실렉스(Silex)'로, 규소의 영어 명칭 '실리콘(Silicon)'과 원소기호 Si의 유래가 되었다. 참고로 라틴어는 고대 로마 시대 언어이며 영어 단어 중에는 라틴어가 어원인 것이 많다.

140만 년 전 무렵

불 이용

가열조리가 인류를 인류답게 만들었다

⊙ 구운 고기 섭취가 뇌를 크게 진화시켰다

인간은 어떻게 원숭이에서 인간으로 진화했을까? 이 놀라운 변화를 가능하게 한 것은 두 가지, '도구'와 '불'의 사용이다. 그중에서도 '불'의 역할은 매우 컸다. 우선, 불을 사용하게 되면서 인류는 추운 지역에서도 생활할 수 있게 되었으며 사나운 포식동물로부터 자신을 지킬 수 있게 되었다. 여기에 더해 '가열조리'야말로 인류가 가진 가장 중요한 특징의 하나라는 주장도 있다. 불에 구운 매머드 고기부터 '미슐랭 별 셋' 최고급 레스토랑의 육류 요리에 이르기까지, 인류를 인류답게 만들어준 것은 바로 '가열한 요리'라고 해도 지나치지 않다.

'가열조리'가 인류에게 미친 영향은 매우 컸다. 가열조리를 함으로써 인류는 식중독 등의 질병으로부터 안전해져 음식을 마음 놓고 먹을 수 있게 되었다. 또한 고기나 감자, 지방이 많은 식재료를 가열하면 칼로리가 높아진다고 알려져 있다. 특히 고기를 구워서 먹으면 영양 측면에서 큰 이점이 있는데, 풍부한 영양을 바탕으로 뇌의 진화가 촉진된다는 것이다.

인류의 선조가 맨 처음 불을 발견했을 때 위험하게만 여겨 바로 꺼버린 후 불을 다시 피울 생각을 하지 않았다면 인류는 여전히 원숭이인 채로 살고 있을지도 모를 일이다.

4만 1,000년 전 무렵

적색 안료 이용

'색'을 사용하게 되면서 진화의 새로운 단계에 들어선 인류

⊙ 인류는 언제부터 '색'을 의식적으로 사용했을까?

오늘날 우리는 스마트폰부터 자동차에 이르기까지 수많은 물질과 도구의 도움을 받으며 생활한다. 그리고 이들은 대부분 광산에서 채굴하는 것과 석유에서 뽑아내는 것으로 만들어진다.

말하자면, 광산과 유전은 '현대 문명의 어머니'인 셈이다.

석유와 유전의 역사는 19세기부터 시작되었다. 그렇다면 광산의 역사는? 우리 상상을 크게 빗나갈 정도로 오래되었다. 그도 그럴 것이 세계에서 가장 오래된 광산은 아프리카대륙 스와질란드(현재의 에스와티니)에 있던 광산으로, 약 4만 1,000년 전의 것으로 추정된다. 당시 사람들은 이곳에서 '적철광(赤鐵鑛)'이라고 불리는 적색 안료(Fe_2O_3)를 채굴했다. 그들은 그 적색 안료를 어디에 어떻게 사용했을까? 다양한 고고학 자료를 근거로 학자들은 4만 년 전 인류가 자신들이 공들여 채굴한 적색 안료를 얼굴에 바르거나 제사 같은 의식(儀式)에 사용했을 것으로 추정한다.

인류는 과연 언제부터 '색(色)'을 구체적으로 인식하고 사용하며 생활했을까? 정확히 알 수는 없지만, 분명한 것은 인류가 아주 오래전부터 '색'과 일심동체가 되어 살아왔다는 사실이다. 그 과정에서 인류는 '안료'와 '염료'를 개발했다. 안료는 광물의 고운 가루 등을 수액(樹液)이나 동물성 유지에 박아 넣은 것(녹지 않는 상태)으로, 물건 표면에 부착된다. 그에 반해 염료는 색소 성분이 녹아든 상태로, 물건 내부에 스며들어 부착된다.

⊙ 눈으로 본 것을 사진처럼 기억하며 동굴벽화로 재현해낸 고대 인류

인류 역사상 가장 오래된 그림은? 남아프리카 어느 바위 조각에서 발견된 그림으로, 학자들은 이 그림이 무려 7만 3,000년 전에 그려졌을 것으로 추정한다. 그다음으로 오래된 그림을 꼽자면 인도네시아 보르네오 동부 어느 동굴에 그려진 벽화로, 4만 5,500년도 더 전에 그려진 것으로 알려졌다. 이 벽화는 오스트레일리아 그리피스대학 인류학자들이 발견했는데, 그들은 광물에 함유돼 있는 방사성 우라늄이 시간이 지남에 따라 시나브로 분해되는 과학적 원리를 이용한 방사성 동위원소 측정법을 동원해 '4만 5,500년'이라는 시간을 도출해냈다. 참고로, 인도네시아를 중심으로 하는 순다랜드(빙하기에 해수면이 낮아지면서 형성된 지역으로, 유라시아대륙과 수마트라섬, 자바섬, 보르네오섬이 연결되어 있었다)에는 머나먼 땅 아프리카에서 건너온 호모사피엔스가 거주하고 있었다.

유럽에서 가장 오래된 동굴벽화는 프랑스 쇼베 동굴벽화로, 3만 년 전에 그려진 것으로 추정된다. 이 벽화에는 검은색, 빨간색, 노란색 안료가 사용되었다. 당대 사람들은 적철석과 산화철의 빨간색 안료 등을 사용해 동물을 역동적으로 그렸다. 그 그림을 보고 있으면 짐승기름(짐승에게서 얻은 지방)을 연료로 하는 원시적인 램프로 어두운 동굴을 밝히고 열정적으로 만들어낸 시각적 메시지가 21세기를 살아가는 우리 현대인에게도 생생하게 전해지는 느낌이다.

언어가 존재하지 않는 시대를 산 사람들은 자신이 본 것을 말이나 글로 치환하고 추상화하여 뇌에 기억할 수 없었기 때문에 눈으로 본 그대로를 사진처럼 기억했다고 한다. 다시 말해, 우리 현대인은 과일가게에서 사과를 보면 '사과', 'apple' 등으로 추

프랑스 쇼베 동굴벽화

1994년 장마리 쇼베(Jean-Marie Chauvet)가 이끄는 동굴탐험가들이 남부 석회암 고원지대 한 동굴에서 발견했다. 그 연대가 3만 년 전으로 거슬러올라감에도 의인화된 그림과 동물을 주제로 한 그림 1,000여 점이 원시 상태 그대로 잘 보전되어 있다.

상화해서 기억하지만, 언어가 없던 시대의 사람들은 자신이 눈으로 본 그대로의 영상을 기억할 수밖에 없는 것이다. 들판을 힘차게 뛰어다니는 야생동물의 모습을 있는 그대로 생생하고도 역동적으로 그려낸 수만 년 전 인류의 동굴벽화를 보고 있으면 당대 인류가 느꼈을 순수한 감동이 오롯이 전해지는 것만 같다.

3만 년 전 무렵

재봉 바늘 발명

호모사피엔스를 전 세계로 진출할 수 있게 한 '도구 이용 능력'

⊙ 북유럽·시베리아 등 혹한지 진출을 가능케 한 '재봉 바늘'

호모사피엔스는 어떻게 전 세계로 세력을 넓힐 수 있었을까? 그 주요한 이유 중 하나로 '도구'를 꼽을 수 있다. 즉, 그들은 적절한 도구를 이용해 자신을 둘러싼 척박하고도 혹독한 환경을 극복할 수 있었다.

실제로 그들은 빙하기에 혹한지이던 북유럽과 시베리아 같은 고위도 지역까지 진출했는데, 이는 모피를 꿰매서 방한복을 만들기 위해 발명한 '재봉 바늘' 덕분이었다. 이를 증명이라도 하듯 북극해와 가까운 시베리아 유적지에서는 매머드 어금니나 동물 뼈로 만든 재봉 바늘이 발굴되었다.

참고로, 동물 뼈나 매머드 어금니는 인간 뼈, 치아와 같은 성분인 수산화인회석(인산칼슘과 수산화칼슘 복합체)과 콜라겐(단백질)으로 이루어진 물질이다.

⊙ '도구 이용'이 언어 발달을 촉진했다고?

3만 년 전 인류는 동물 뼈로 어떻게 재봉 바늘을 제작했을까? 대략 이런 방식이지 않았을까? 먼저, 날카로운 도구를 이용해 동물 뼈에 군데군데 홈을 여러 개 판다. 그런 다음 그 동물 뼈를 바위에 세게 내려치거나 돌도끼를 사용해 부서뜨린다. 산산이 부서지며 조각난 동물 뼛조각 중 바늘로 만들기에 적당한 것을 골라 갈고 다듬어 한쪽 끝을 뾰족하게 하고 반대쪽 끝부분에는 홈을 파고 뚫어 실을 꿸 수 있는 구멍을 만들어 재봉 바늘을 완성한다. 이처럼 일정한 순서에 따라 도구를 만드는 지적 작업이 가능한 점이 호모사피엔스의 가장 중요한 능력 중 하나였다.

순서에 따라 완성형을 만들어간다는 점에서는 언어도 마찬가지인데, 학자들은 '도구의 이용'이 언어 발달을 촉진했을 것으로 본다. 일의 순서 구성하기, 시간 축에 따라 일목요연하게 생각하기는 모든 생물 종을 통틀어 인간만이 지닌 지적 능력이라고 할 수 있다.

이러한 관점에서 보면 도구 제작, 언어, 음악 등은 인간을 인간답게 만들어주는 중요한 요소다. 이들의 공통점은 목적이나 완성된 형태를 머릿속으로 상상하면서 작업 공정이나 말, 소리 등을 순서대로 조합하는 능력이 필요하다는 것이다.

2만 년 전 무렵

점토 이용

문명 태동과 발전의 가장 중요한 재료, 흙

⊙ 인류 역사상 가장 오래된 토기는?

'선사 시대를 대표하는 물건은?'이라는 질문을 받으면 머릿속에 무엇이 가장 먼저 떠오르나? 아마도 흙을 빚어 만든 그릇, 즉 '토기'가 아닐까. 토기를 좀 더 학문적으로 정의하자면, '자연에서 나오는 점토 광물(규소와 산소가 결합한 화합물. 알루미늄 이온 등을 포함한다)로 모양을 만든 다음 저온 상태에서 오랫동안 구운 것'을 말한다. 이처럼 흙을 열처리하여 만든 것을 통틀어 '세라믹(ceramic)'이라고 하는데, 그 어원은 '점토를 구워서 굳힌 것'이라는 의미의 그리스어 '케라모스(keramos)'다.

지금까지 발굴된 토기 중에서 가장 오래된 것은 무엇일까? 학자들은 중국 장시성 동굴 유적에서 발견된 2만여 년 전(빙하기)의 것으로 보고 있다. 그 토기와 함께 숯과 재, 동물 뼈가 출토된 점으로 미루어볼 때 구석기 시대에 많은 사람이 힘을 합쳐 매머드를 사냥한 뒤 함께 고기 요리를 해 먹은 흔적이 아닐까 추정한다.

마침내 인류는 점토를 사용해 혁신적인 기술을 탄생시켰다. 바로 '벽돌'이다. 점토를 굽거나 햇볕에 말려서 벽돌이라는 건축 소재를 만들어낸 것이다.

고대 메소포타미아(오늘날의 이라크)의 수메르인은 벽돌을 쌓아서 거대한 신전 '지구라트(Ziggurat, 아카드어로 '높이 세운 건물'이라는 뜻)'를 만들었다.

기원전 8000년 무렵

농경 시작

마을·도시·국가와 체계적인 권력 구조가 모두 여기에서 비롯되다

⊙ 씨앗 한 톨이 1년 만에 수백 배가 되는 이치를 터득한 호모사피엔스

드디어 인류는 '농경'을 시작한다. 신석기 시대(기원전 9000년~기원전 4000년)의 일이다. 티그리스강과 유프라테스강 사이에 낀 비옥한 토지 메소포타미아 지역은 문명 발상지 중 하나다. 당대인은 이 지역을 중심으로 한 초승달 지대에서 바람에 날아가지 않는 알곡을 맺는 밀을 재배하는 데 성공했다. 이후 좀 더 시간이 지나 중국에서는 쌀을, 멕시코에서는 옥수수를 야생종에서 재배종으로 바꿔 나갔다.

비옥한 초승달 지대 지도

농경의 본질은 알곡을 먹어치우지 않고 땅에 뿌리거나 심은 다음 기다리면 수백 배 결실로 돌아온다는 사실을 지혜로운 누군가가 깨닫고 실행에 옮겼다는 데 있다. 그리고 그 근원에는 1년을 기다리면 씨앗 한 톨이 수백 배로 늘어나는 희망적인 미래를 상상할 수 있는, 기적을 창출해내는 시간 개념을 이해할 수 있는 인간 지성이 자리한다.

⊙ 마을·도시·국가 그리고 왕과 지배 체제를 탄생시킨 농경

기후가 안정적인 단계로 접어들자 세계 각지에서 농경이 시작되었다. 농경이 자리 잡으며 한 지역에서 집중적으로 작물을 생산한 결과 효율이 높아지고 생산량이 늘어나자 사회 전반적으로 급속한 변화가 일어났다. 이곳저곳에 마을이 들어서고 도시가 건설되었다.

사회가 발전하고 도시가 발달하면서 사람들의 역할도 점차 세분화되고 계층화되어 갔다. 즉 달력을 관장하는 신관, 수확과 운반, 저장을 기록하는 서기관, 그리고 최고 권력을 가진 왕이 등장했다. 그와 함께 여유분 곡물을 배급해 노예를 먹여 살리면서 농경을 발전시키고 생산량 증대를 이룬 뒤 전쟁을 일으켜 노예를 늘려나가는 일련의 메커니즘이 생겨났다. 이런 식으로 체계적인 권력 구조가 만들어졌고, 왕은 신의 이름을 명분으로 내세우며 신권정치를 했다.

기원전 6000년 무렵

리넨과 LINE

문명으로 나아가는 첫걸음, 식물섬유 이용

⊙ 인류는 석기 시대에 이미 식물섬유를 이용하기 시작했다?

식물섬유는 셀룰로오스(cellulose) 분자로 구성되어 있다. 인류는 언제부터 셀룰로오스 섬유를 실생활에 이용했을까? 놀랍게도 석기 시대에 이미 인류는 셀룰로오스 섬유를 사용한 것으로 알려져 있다. 그들은 '아마(亞麻)'라는 이름의 식물섬유로 천을 만들어 몸에 걸쳤다고 한다.

셀룰로오스는 식물의 세포벽을 이루는 주성분이다. 셀룰로오스라는 이름은 세포를 의미하는 '셀(cell)'에서 유래했다. 화학식은 $(C_6H_{10}O_5)n$이며, 포도당(글루코오스) $C_6H_{12}O_6$에서 물 분자 H_2O 한 개가 빠진 단위체가 수천 개에서 수만 개 연결되어 있는 긴 막대 같은 거대한 분자다. 이런 수많은 셀룰로오스 분자가 모여서 하나의 섬유를 이룬다.

글루코오스 분자는 두 가지로 분류되는데, -OH(히드록시기) 방향에 따라 알파글루코오스와 베타글루코오스로 나뉜다. 이 중 알파글루코오스끼리 결합하면 전분이 되고 베타글루코오스끼리 결합하면 셀룰로오스가 된다. 단맛이 나고 소화도 잘 되어 인간과 동물의 주요 열량원인 전분과 그물처럼 촘촘히 얽혀 분해도 소화도 잘 안 되는 셀룰로오스는 분자를 기준으로 볼 때 친척 관계인 셈이다.

영화나 애니메이션 등에서 흔히 볼 수 있듯이, 석기 시대 인류는 동물가죽을 몸에 걸치고 다녔다. 동물가죽은 인간 의복으로 적합하고 유용하지만 단점도 적지 않다. 일테면 냄새가 고약하고 무거운 데다 통기성(通氣性)이 좋지 않다는 점 등이다. 그런 까닭에 인류는 식물섬유를 이용해 직물을 만들기 시작했는데, 이것이야말로 문명으로 나아가는 첫걸음이었다고 해도 무리가 없을 것이다.

아주 작은 차이가 전혀 다른 물질을 만들어낸다

α-글루코오스($C_6H_{12}O_6$)

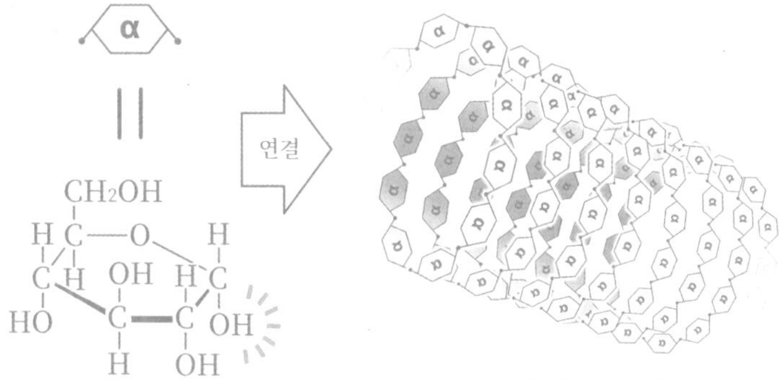

전분$(C_6H_{10}O_5)_n$

β-글루코오스($C_6H_{12}O_6$)

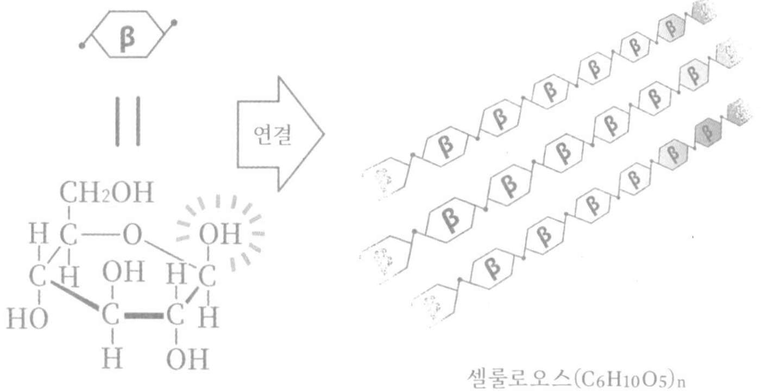

셀룰로오스$(C_6H_{10}O_5)_n$

⊙ 기원전 6000년 무렵, 멕시코와 인도에서 목화를 재배해 이용했다는데?

아마는 ‘리넨(linen)’이라고도 부른다. ‘리넨’이라는 명칭은 라틴어로 ‘아마’를 의미하는 ‘리눔(linum)’에서 유래한 것으로 알려져 있다. 아마 줄기에서는 시원한 촉감의 질 좋은 섬유를 얻을 수 있으며 아마 씨에서는 아마인유를 얻을 수 있다. 오늘날에도 리넨은 여름옷이나 침구류에 사용된다.

인류는 오래전부터 리넨 실을 끈으로 사용해왔다. 고대 이집트에서는 피라미드 건설 과정에 직선을 그리는 데 리넨 실을 사용했다. 아시아 일부 국가에서도 오래전부터 목공 작업에서 목재 등에 직선을 그을 때 ‘먹통’을 사용해왔다. 여기에서 말하는 ‘먹통’이란 먹물을 먹인 아마실을 손가락으로 튕겨서 직선을 그리는 도구다(오늘날에는 레이저 등을 사용한다). 이렇듯 리넨 실로 직선을 정확히 그을 수 있다는 점으로 인해 리넨에서 직선의 의미가 생겨났다. ‘선’을 의미하는 단어 ‘라인(line)’은 이렇게 태어났다.

시간이 흘러 아마에 이어 목화가 등장한다. 기원전 6000년 무렵 멕시코와 기원전 5000년 무렵 인더스강 유역(오늘날의 파키스탄)에서 목화의 흔적이 발견되었다. 그리고 목화로 천을 만들 수 있다는 사실이 알려지면서 인도에서 면직물이 제조되었으며 이후 이슬람과 유럽으로 퍼져 나갔다. 이는 기원전 3000년 무렵의 일이다. 참고로, ‘코튼(cotton)’이라는 단어의 기원은 아라비아어 ‘쿠툰(qutun)’이다.

목화나무를 직접 본 사람이라면 잘 알겠지만, 푹신푹신한 솜털 같은 하얀 섬유가 목화 열매를 둘러싸고 있으며 이 섬유는 셀룰로오스로 구성되어 있다. 아마나 양털과 비교할 때 목화는 어떤 장점이 있을까? 아마나 양털로는 뻣뻣한 감촉을 지닌 천밖에 만들 수 없지만 목화로는 훨씬 섬세하고 부드러운 천을 만들 수 있다.

HISTORY OF CHEMISTRY

3

고대 문명

빙하기가 끝나고 기온이 지속적으로 상승했다. 기원전 1만 년 즈음의 일이다. 이어 온난습윤한 기후 속에서 보리, 밀 등을 재배하는 농경문화가 지구 곳곳에 탄생했다. 이는 기원전 6000년 무렵의 일이다. 그리고 기원전 5500년쯤에 이르러 메소포타미아 남부 수메르인이 사는 지역에 마을이 생겨났다.

그러나 오랫동안 따뜻했던 지구 기후가 변화하며 급속도로 한랭화하기 시작했다. 기원전 4000년 무렵에 이르러서는 기온 하락으로 인해 곳곳에서 사막화가 진행되었다. 이에 따라 높은 지대에 살던 사람들이 물을 찾아 낮은 지대로 이동해 와서 집단을 이루어 사는 형태가 등장했다. 이러한 과정에서 형성된 것이 촌락이다.

당시에는 이미 농업이 어느 정도 정착된 단계였으므로 농사를 짓기 위해서는 수로를 만들어 강에서 물을 끌어와야(이것을 '관개(灌漑)'라고 한다) 했다. 그런데 이런 일은 개인이나 가족 단위 구성원 안에서 해결할 수 있는 일이 아니었다. 새롭게 대두된 필요에 따라 촌락이 통합되어 발전하면서 도시가 탄생하고 분업이 이루어졌다.

도시는 큰 강을 따라 발달했다. 강은 산과 산맥으로부터 영양분을 지닌 흙을 운반해 주위 토지를 비옥하게 만들어주었다. 또 강은 교통수단이 제한돼 있던 고대에 배를 이용해 곡물과 물자를 손쉽게 실어 나를 수 있게 하는 이점도 제공해주었다. 그 시대 중·근동에 사는 사람들은 밀을, 아시아에 사는 사람들은 피와 좁쌀을 재배하며 농경사회를 형성했다. 그리고 그들이 일구어놓은 밭으로 다양한 동물이 먹이를 찾아 모여들었다. 이에 사람들은 그 동물을 잡아 길들여 키우고 번식시키는 목축을 시작했다.

티그리스강과 유프라테스강 유역에서 메소포타미아 문명이 태동하고 번성했다. 이후 오래지 않아 나일강을 낀 이집트에 고도의 문명이 탄생하고 통일국가가 출현했다. 이윽고 기원전 3000년 정도 되었을 무렵 이 지역의 상황이다. 기원전 2600년 무렵에는 인더스강 유역 인도에서, 기원전 2000년 무렵에 이르러서는 중국에서 황허 문명이 탄생하고 발달했다. 이른바 세계 4대 문명의 탄생이다.

시대가 바뀌어 감에 따라 물자 관리나 관개 같은 인프라를 유지할 전문가, 농사에 필요한 달력을 관리하는 신관 등이 절실히 필요해졌다. 농업과 목축이 발달하고 체계화하면서 벌어진 상황이었다. 이런 식으로 계급이 분화되고 신을 구심점으로 삼아 농민을 하나로 묶어세운 국가가 탄생했다.

기원전 4000년 무렵

금·구리 이용

청동기 시대로 넘어가는 과도기에 인류가 가장 애용한 두 금속

⊙ 구리가 농기구·무기 재료로 적합하지 않은 이유는?

'금속'을 의미하는 영어 단어 '메탈(metal)'의 어원은 무엇일까? 그 어원을 두고 여러 가지 설이 있는데 그중 하나가 '캐다, 찾다'라는 의미의 그리스어 '메탈론(metallon)'이다. 말하자면, '메탈'은 광석이나 흙 속을 뒤져서 금속을 손에 넣던 시대의 흔적이 남아 있는 단어라고 할 수 있다. 고대에는 유난히 반짝거려서 발견하기 쉬운 금과 구리, 그리고 운석으로 지구에 떨어진 운철(隕鐵, 철을 주 성분으로 하는 운석)이 금속으로 사용되었다. 좀 더 구체적으로, 석기 시대에서 청동기 시대로 넘어가는 과도기에는 구리가 사용되었으나 구리는 무른 금속이라서 농기구나 무기 재료로는 적합하지 않았다.

황동광과 공작석 등은 구리를 함유한 광물이다. 청동기 시대 사람들은 이런 광물을 비교적 쉽게 얻을 수 있었다. 그랬기에 그들은 그것을 원시적인 용광로에 넣고 목탄과 함께 센 불로 가열해 비록 불순물이 들어 있기는 해도 구리를 만들 수 있었다.

구리는 주화(鑄貨)의 주성분으로 붉은빛을 띤다. 백금과 금은

금속 상태로 산출된다. 그 밖의 다른 금속은 원자에서 전자가 빠져나간 양이온(플러스 전기를 띤 이온) 형태로 존재하며 다른 음이온(마이너스 전기를 띤 이온)과 결합한 상태로 광석 속에 들어 있다. 한데 구리는 대부분 Cu^{2+} 상태로 광석 속에 있다. 이를 금속 상태 구리로 만들려면 화학 반응으로 전자를 결합시켜서 구리(Cu)로 되돌려야 한다. 이는 철, 알루미늄 등과 마찬가지로 광석 속 양이온에 전자를 결합시켜 금속으로 만드는 방법이다.

기원전 4000년 무렵

빵의 탄생

'효모를 이용한 발효 빵'으로 수준 높은 음식문화를 누린 고대 이집트인

⊙ 신석기 시대 사람들도 빵을 구워 먹었다고?

비옥한 초승달 지대에 사는 사람들은 신석기 시대에 본격적인 농경을 시작하지 않았을 때부터 자연 속 밀과 보리 등을 가루로 만들어 빵을 구워 먹은 것으로 추정된다. 그들은 밀, 보리, 대맥, 호밀 등의 열매를 맷돌에 갈아서 가루로 만든 다음 물을 붓고 반죽해서 구워 빵을 만들었다. 이후 고대 이집트인은 천연 효모를 넣어 발효시킨 반죽으로 빵을 만들었다.

밀가루에는 '글루텐(gluten)'이라는 단백질 성분이 들어 있다.

글루텐은 두 종류의 단백질 분자로 이루어져 있다. 이것이 물을 머금어 서로 얽히면 끈적끈적해지는 성질, 즉 점성이 생긴다. 이는 전기 코드들이 서로 뒤죽박죽 얽혀 있는 것과 비슷한 상태다. 글루텐은 우동이나 파스타의 쫄깃한 성질, 빵의 폭신한 식감을 만들어내는 물질이다.

단백질 비율이 높은 밀가루는 피자나 빵 등을 만드는 데 사용되는 강력분(強力粉)이다. 반대로 단백질 비율이 낮은 밀가루는 케이크나 쿠키 등을 만드는 데 사용되는 박력분(薄力粉)이다. 단백질은 알파-아미노산이라는 분자가 각각 특정한 배열로 수백 수천 개 연결되어 있는 분자다. 알파-아미노산 분자는 20종류에 이른다.

한편, 단백질 성분인 글루텐을 분해한 물질에서 발견된 아미노산이 글루탐산(glutamic acid)이다. 글루탐산은 감칠맛(umami) 성분으로, 인간 혀에는 네 가지 기본 맛, 즉 단맛, 쓴맛, 짠맛, 신맛에 더해 감칠맛을 느끼는 글루탐산 수용체가 있다는 것이 최근 밝혀졌다.

⊙ 빵의 좋은 향기의 숨은 비결, 마이야르 반응

밀가루에 물을 넣어 반죽하고 효모(단세포인 미생물)를 첨가하면 어떤 일이 일어날까? 이내 발효가 일어나 알코올(에탄올)과 이산화탄소가 생겨난다. 이는 맥주를 만들 때와 같은 발효 과정이다. 그러므로 맥주는 '액체가 된 빵'이라고 말해도 틀리지 않다. 빵의 경우, 발효 과정에 발생한 이산화탄소가 글루텐으로 인해 생긴 끈기 있는 반죽 속에 기포 형태로 갇히게 된다. 그 결과 푹신푹신한 반죽이 만들어진다.

빵 반죽을 구우면 당류와 아미노산이 반응해 알데히드류라는 분자가 생겨나고 노릇노릇한 색깔을 띠면서 독특한 풍미를 더한다. 이를 '마이야르 반응(Maillard reaction)'이라고 하는데, 마이야르 반응은 요리에서 빼놓을 수 없는 중요한 화학 반응이다. 빵에서 나는 좋은 향기를 만들어내는 것이 바로 마이야르 반응이다.

기원전 4000년 무렵

맥주의 탄생

세계 음료사를 바꾼 미생물, 효모 발견

⊙ 고대 메소포타미아·이집트 문명에서는 맥주를 급여 대신 지급했다고?

맥주의 역사는 매우 오래되었다. 그렇다면 과연 얼마나 오래되었을까? 기원전 4000년 무렵, 그러니까 지금으로부터 6,000여 년 전 메소포타미아를 중심으로 하는 근동 일대 비옥한 초승달 지대에 이미 맥주가 보급되어 있었다. 이 지역에 사는 사람들은 곡물을 원료로 맥주를 만들어 마셨다. 그럴 만한 것이, 그 지역에서는 곡물이 잘 자라서 해마다 풍부한 양의 곡물을 수확했기 때문이다.

당대인은 과연 어떻게 맥주 만드는 법을 터득했을까? 처음에는 그야말로 '우연히' 발견했을 것으로 추정된다. 좀 더 구체적으로, 보리를 물에 담가 놓은 채 방치해두면 단맛이 나기 시작한다는 사실을 곡물을 끓여 수프로 만들어 먹는 과정에서 알게 되었을 것이다. 또 좀 더 오래 두면 운이 따를 경우 거품을 내며 맥주가 만들어진다는 사실을 알게 되었을 것이다.

고대 메소포타미아 문명의 수메르인은 커다란 항아리에 맥주를 담가 마셨다. 그들은 곡물 알갱이와 껍질 등이 떠오르는, 다소 거친 상태의 맥주에 다 같이 빨대를 꽂아서 마셨다. 이렇듯 한꺼번에 대량으로 만든 맥주 등의 음료를 나눠 마시는 방식이 차를 주전자에 담아 나눠 마시거나 와인을 잔에 따라 마시는 스타일로 이어지지 않았을까? 또한 모든 사람이 일제히 건배하며 우정을 다지는 관습 또한 위에 언급한 전통에서 비롯된 문화가 아닌가 싶다. 이는 여담이지만, 메소포타미아나 이집트 문명권에서는 맥주를 급여 대신 지급했다고 한다.

⊙ 맥주를 '효모의 오줌'이라고 부르는 까닭은?

보리를 물에 적시면 발아가 시작된다. 이때 효소인 디아스타아제(diastase, 효소인 아밀라아제 복수종의 총칭)가 활성화되어 전분을 분해한다. 효소는 단백질로 이루어진 분자로, 반응을 촉진하는 작용을 한다.

전분은 글루코오스 분자($C_6H_{12}O_6$) 수천 개가 연결되어 만들어진 거대한 분자다. 이것이 디아스타아제(아밀라아제)에 의해 분해되어 포도당이 두 개 연결된 말토오스(maltose, 맥아당) 분자가 된다. 말토오스에서 malt가 '맥아', 즉 '엿기름'으로, 말토오스는 단맛을 낸다. 물엿이 바로 이 반응으로 만들어진다. 전분을 맥아에서 유래한 아밀라아제로 분해해 말토오스를 만들어내는 것이다.

말토오스가 생긴 곳에 사카로미세스속(Saccharomyces屬)이 작용하면 '알코올 발효'라는 화학 반응이 일어난다. 사카로미세스속은 '효모'라고 불리는 미생물의 일종인데, 이 효모가 효소군으로 말토오스를 분해해 글루코오스를 만든다. 눈 깜짝할 사이에 증식한 효모는 온도 조건이 충족되면 기분이 좋아진다. 녀석은 글루코오스를 게걸스럽게 먹어치운 뒤 '오줌'으로서 에탄올을 배출한다.

고대 인류는 맛있는 맥주가 만들어진 용기를 발견하면 그것을 다시 활용해 점점 세련된 맥주를 개발해나갔다. 그 용기에 달라붙어 있는 효모로 발효시킴으로써 맥주 맛을 점점 더 좋아지게 한 것이다. 오늘날에는 맥주회사 연구실에서 연구원들이 유전자 공학을 적용해 효모를 개량함으로써 잡맛을 내는 분자를 만들지 않는 새로운 효모를 만들어낸다.

효모에는 크게 두 가지 종류가 있다. 하나는 공기와 닿는 발효액 경계면에서 발효가 일어나는 효모(상면발효효모)다. 다른 하

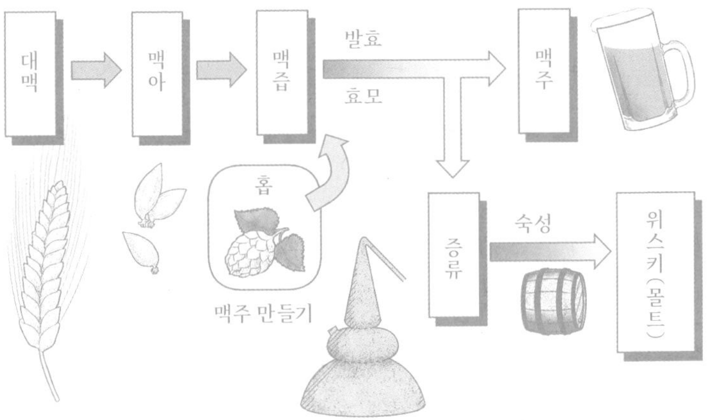

맥주 · 위스키 만들기

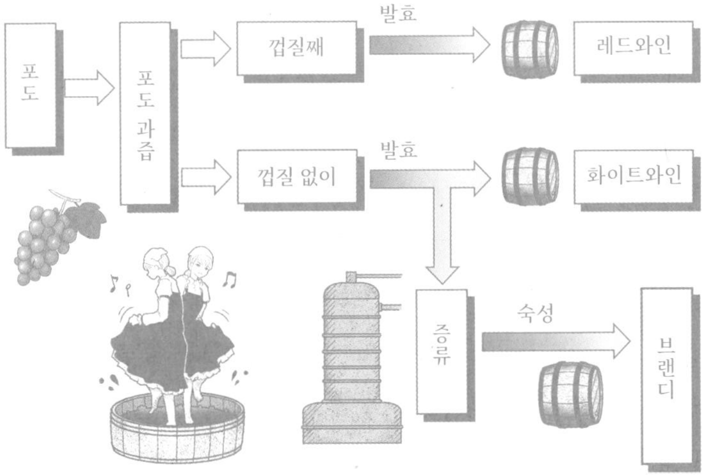

와인 · 브랜디 만들기

나는 아래로 가라앉은 뒤 발효가 일어나는 효모(하면발효효모)다. 이들은 각각 '에일 효모'와 '라거 효모'라고 부른다. 에일 효모로 만들어진 맥주에서는 과일 향이 난다. 에일 효모가 형성되는 과정에 그 부산물로 '에스테르(ester)'라는 여러 가지 분자가 만들어지기 때문이다. 라거 효모는 선명하고 담백한 맛의 맥주를 만드는 데 사용된다. 라거 효모는 부산물을 거의 생산하지 않기 때문이다. 참고로, 가볍고 산뜻한 맛의 라거 맥주는 호불호에 구애 받지 않는 대중적인 맥주로 자리 잡았으며 맛과 향이 강한 에일 맥주는 마니아층을 중심으로 확산되는 추세다.

기원전 4000년 무렵

와인의 탄생

세계 음료사를 바꾼 또 하나의 위대한 알코올

⊙ 고대 이집트인에게 와인 제조법을 전수해준 민족은?

오늘날 와인은 전 세계적으로 사랑받는 음료 중 하나로 자리매김했다. 많은 나라에 전문 와인숍이 들어서고 다양한 종류의 와인을 찾는 고객의 발길이 끊이지 않는다. 심지어 생필품을 주로 판매하는 대형마트에도 별도의 와인 매장이 설치되는 등 와인 인기는 대단하다. 그러나 마트 등에 진열돼 있는 대부분의 와인은 화학공업적 기법으로 대량 생산된 것이다(이와 관련해서는 다큐멘터리 영화 〈몬도비노-포도주 전쟁〉에 자세히 묘사되어 있다). 오랫동안 이탈리아와 프랑스가 2대 와인 생산국이었다. 최근에는 미국, 칠레, 남아프리카공화국 등이 새로운 '와인 강자'로 떠오르고 있다.

인류는 언제부터 포도 열매로 만든 와인을 마시기 시작했을까? 지금으로부터 1만 년쯤 전, 신석기 시대인 기원전 8000년 무렵이다. 그 주인공은 오늘날의 조지아(옛 그루지야)와 아르메니아, 이란 북부지역에 살던 사람들이었다. 와인을 생산하고 저장하기 위한 다양한 종류의 도기가 발명된 것은 그때로부터 시간이 많이 지난 기원전 4000년 즈음의 일이다. 당대 사람들은 항아리 등의 도기를 사용해 본격적으로 와인을 만들기 시작했다. 이후 어느 정도 시간이 지나 이집트인도 와인을 만들어 마시기 시작했다. 이집트인에게 와인 제조법을 전수해준 이는 페니키아인이었다. 그들은 아라비아반도를 거쳐 이집트에 대량의 와인과 함께 제조법을 전해주었다. 당시 이집트에서 와인은 왕과 신관을 위한 음료였는데, 일반인이 마시는 맥주보다 훨씬 비싼 가격에 거래되었기 때문이다.

⊙ 와인을 생산하기 위해 포도를 '으깨야' 하는 이유는?

와인은 포도를 으깨고 그 과즙을 발효시켜 만든다. 그 과정에서 포도에 붙어 있던 천연 효모가 발효해 당분을 에탄올로 바꿔

준다. 아마도 맨 처음 인류는 포도를 짜낸 뒤 그 과즙을 주스로 만들어 장기간 보관하려 하지 않았을까. 그러던 중 '우연히' 발효하여 술이 된 액체를 발견했을 것이다. 이렇게 와인은 포도 과즙을 발효시키는 단순한 방법으로 만들기 때문에 원료인 포도의 성질, 상태가 맛과 향을 좌우한다. 그러므로 포도밭의 토양, 일조량, 강수량 등의 차이가 와인 품질에 큰 영향을 끼치게 된다.

이처럼 포도밭에 따라 맛이 달라지는 것을 '땅의 맛', 즉 '테루아(terroir)'라고 한다. 와인 전문가들은 '테루아'를 매우 중요하게 여기는데, 실제로 와인 연구자나 소믈리에 중에는 포도밭의 흙을 직접 맛보는 이까지 있을 정도다. 기후 역시 와인 품질에 지대한 영향을 미치는 주요 요인의 하나다. 예를 들어 냉해 등이 발생하면 그해에 수확한 포도로 만든 와인에 그 영향이 고스란히 반영된다.

몇 년도에 만들었느냐도 맛있는 와인과 그렇지 못한 와인을 결정짓는 중요한 지표가 된다. 보통 포도를 수확해 그해에 곧바로 와인을 만들기 때문이다. 포도의 수확 연도는 라벨에 적혀 있는데, 이것을 '빈티지(vintage)'라고 한다. 빈티지는 '포도 수확'을 의미하는 라틴어 '빈데미아(vindemia)'에서 유래했다.

발효의 원료가 되는 과즙에 들어 있는 당은 글루코오스와 프룩토오스(fructose, 과당)다. 글루코오스는 '달다'라는 뜻을 지닌 그리스어 '글리키스(glykys)'에서 유래했다. 프룩토오스는 '과일'을 의미하는 라틴어 '프룩투스(fructus)'에서 유래했다.

그 밖에 와인에서는 '향기'도 중요한 요소다. 여러 가지 향기를 지닌 분자가 발효 과정에 만들어져 와인의 풍미를 결정한다. 이때 발효한 과즙은 도기나 참나무로 만든 통에 담겨 숙성된다. 참고로, 고대 그리스에서는 양쪽에 손잡이가 달린 도기 '암포라(amphora, '암포'는 '양쪽'이라는 의미)'에 와인을 담아 숙성시켰다.

⊙ 자신을 죽이기 위해 게르만인이 굴린 '나무통'을 와인 용기로 활용한 응용의 로마인

고대 로마 시대에 로마군에 맞서 싸운 갈리아(오늘날의 프랑스)의 게르만인은 나무통을 무기로 사용했다. 그들은 높은 곳에서 나무통에 불을 붙여 로마군을 향해 굴리곤 했다. 흥미롭게도 로마인은 자신들을 죽이기 위해 게르만인이 굴린 그 통에 와인을 담아 숙성시키면 기막히게 좋은 맛이 난다는 사실을 발견했다. 나무통에 넣고 숙성시키면 왜 와인 맛이 좋아질까? 통의 나무 성분 분자가 와인에 녹아들어 함께 발효되면서 맛과 풍미를 끌어올리기 때문이다. 아무튼, 이렇게 해서 '나무통에 담아 와인을 숙성시키는 방법'이 발명되었다.

참나무통에서는 바닐라 향과 맛을 내는 성분을 지닌 분자 바닐린(vanillin)이 배어 나온다. 참나무통에 담아 숙성시킨 와인에서 바닐라 향이 나는 것은 그런 연유에서다. 숙성이 진행된 와인에서는 점성이 있는 글리세린(glycerin)이라는 성분이 생긴다. 와인이 담긴 잔을 기울이면 유리에 투명한 막 같은 것이 달라붙는 것은 글리세린 때문이다.

기원전 3000년 무렵

청동기의 이용

고대 세계의 글로벌화가 진행되다

⊙ 인류 최초의 무역 상품은 기원전 6500년 무렵
오늘날의 튀르키예에서 채굴한 '흑요석'이라고?

기원전 3000년 즈음에 이르러 사람들 사이에 무역이 활발해졌다. 그에 따라 일부 지역에서만 채굴되던 광석이 이곳저곳으로 퍼져 나갔다.

갑자기 궁금증이 생긴다. '인류는 과연 언제부터 무역을 시작했을까?' 학자들은 기원전 6500년 무렵 오늘날의 튀르키예에서 채굴한 흑요석(깨뜨리면 예리한 칼이 된다)을 주변 지역으로 보낸 것을 무역의 시작으로 본다.

구리 90퍼센트 정도에 주석 10퍼센트 정도를 첨가해 합금을 만들면(구체적인 비율은 달라질 수 있다) 강도가 높아지고 가공성(加工性)이 향상된다. 구리와 주석을 혼합한 합금, 이것이 바로 청동이다. 인류는 합금으로 품질을 높일 수 있다는 사실을 어떻게 알게 되었을까? 아마도 처음에는 그러한 사실을 '우연히' 발견했을 것이다. 언제나 그렇듯 역사는 우연과 필연의 합체이자 연속이다.

주석은 채굴되는 지역이 한정되어 있었다. 구하고 싶다고 언제 어디서나 마음대로 구할 수 있는 것이 아니었다. 그렇다면 주석이 대량으로 채굴되는 곳은 어디였을까? 영국 콘월 지방, 스페인, 프랑스 서부 등지였다. 무역을 통해 주석을 구할 수 있게 되자 청동 생산이 활발해졌다. 기원전 3000년 무렵 사람들은 한 발 더 나아가 주석을 구하기 위해 지중해에서 영국 본섬인 브리튼섬까지 배로 진출했다.

구리는 지중해 키프로스섬의 특산품이었다. 그러므로 당연히 키프로스섬에는 구리를 제련하는 용광로가 여러 개 있었다. 키프로스섬에서 생산된 구리는 무역을 통해 다른 지역으로 옮겨진 후 청동으로 가공되었다. 구리와 주석, 그리고 청동은 고대 세계를 지탱해준 핵심 물자였으며 경제 글로벌화를 가능케 한 제품이었다.

고대 세계의 인류는 청동으로 손쉽게 농기구나 무기를 제조할 수 있었다. 청동은 용융점(鎔融點), 즉 고체가 액체 상태로 바뀌는 온도가 낮다. 그렇기 때문에 청동을 가열해 액체로 만들고 돌을 깎아 만든 주형에 흘려 넣어 액체가 다시 고체로 굳을 때까지 기다리면 된다. 청동 농기구와 무기는 이렇게 만들어졌다.

한편, 새롭게 주조하고 연마한 청동은 우리가 흔히 말하는'구릿빛'을 띤다. 그렇다면 여기서 간단한 퀴즈 하나. '박물관에 보관돼 있는 청동검이 푸르스름한 색깔을 띠는 이유는 무엇일까?' 동검 위를 구리의 녹이 뒤덮고 있기 때문이다. 구리의 녹이 청록색이다.

기원전 3000년 무렵

유리의 이용

유리가 없었다면 오늘날 우리가 누리는 최첨단 과학 문명도 없었다

⊙ 인류 역사상 최초로 유리를 발명한 이들은 메소포타미아인일까, 이집트인일까?

유리는 '문명의 상징'과도 같은 물질이다. 그도 그럴 것이, 유리가 없다면 건물 안으로 빛을 끌어들이는 창문이나 유리 전구를 만들지 못해 어두운 곳에 틀어박혀 지내야 했을 것이기 때문이다. 또 유리가 없다면 와인잔 같은 유리잔도 만들지 못해 음주 문화를 향유하기 어려웠을 것이다.

게다가 망원경이나 현미경 등의 도구도 발명되지 않아 지동설 같은 획기적인 과학이론이 탄생하지 못했을 것이며, 연쇄상구균·포도상구균 등의 병원균도 발견하지 못했을 것이다. 어디 그뿐인가. 카메라가 발명되지 않아 로버트 카파(Robert Capa, 1913~1954)나 유진 스미스(W. Eugene Smith, 1918~1978) 같은 위대한 사진가의 작품도 볼 수 없었을 것이다.

인류 역사상 최초로 유리가 발명된 것은 언제, 어디에서일까? 학자들의 연구 결과에 따르면, 고대 메소포타미아 문명에서라고 한다. 그 시대 사람들은 처음에 보석의 모조품으로 일종의 구슬 같은 것을 만들었는데 그것이 무역을 통해 이집트까지 전해진 것으로 추정된다.

⊙ 유리를 만드는 데 꼭 필요한 두 가지 물질은?

유리를 만들기 위해서는 두 가지 기본 물질이 필요하다. 하나는 '규사(硅砂)'라고 하는 규소산화물이고 다른 하나는 알칼리성 물질이다. 규소산화물은 해안에 널려 있는 모래 등으로 어디서나 손쉽게 구할 수 있다. 알칼리성 물질은 흔히 '소다(soda)'라고 부르는 탄산나트륨이나 나뭇재(탄산칼륨)를 말한다. 소다는 말라붙은 호수 등에서 그 결정을 얻을 수 있다. 여기에 더해 유리를 만드는 데는 석회석을 가열해서 얻을 수 있는 산화칼슘(CaO)이 필요하다. 안정제 역할을 하는 산화칼슘은 '생석회'라고도 부른다.

규사의 성분인 이산화규소는 규소와 산소가 결합해서 만들어지는 정사면체 구조가 교차로 연결된 3차원 정글짐 같은 입체 구조를 띤다. 이 단단한 연결 여기저기를 끊으면 분자가 어느 정도 움직일 수 있는 상태가 된다. 반응을 통해 연결을 끊는 역할을 하는 것이 알칼리성 물질인 소다나 나뭇재다.

⊙ 유리가 투명한 상태가 되게 하는 화학적 원리와 구조는?

유동성이 있는 상태에서 갑자기 온도가 내려가면 어떻게 될

이산화규소(SiO_2)

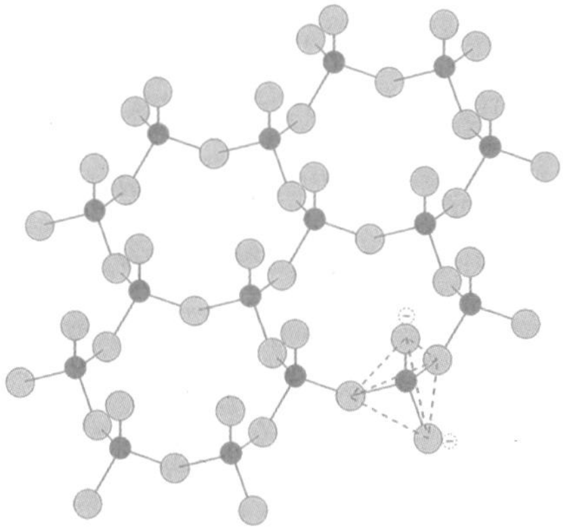

O(산소 원자)   Si(규소 원자)

규산나트륨

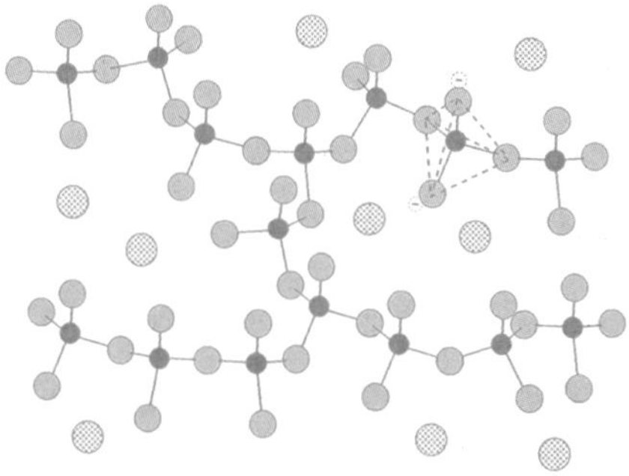

O(산소 원자)   Si(규소 원자)

Na+(나트륨 이온)

까? 긴 사슬 모양 유리 분자가 마치 전기 코드가 엉클어진 것처럼 불규칙적인 상태가 된다. 이것을 '비정질(非晶質, amorphous)'이라고 부른다.

일반적인 물질이 고체가 되려면 어떻게 되어야 할까? 높은 온도에서 액체 상태였던 것이 식으면 된다. 그렇게 되면 입자가 규칙적으로 배열된 상태인 결정이 성장하여 작은 결정이 잔뜩 모인 고체가 되는 것이다. 여기에 빛이 닿으면 불투명한 상태가 되어 통과하지 못한다. 그런데 왜 불투명한 상태가 되는 걸까? 여기저기 흩어져 있는 결정의 경계면에서 빛의 진행 방향이 변화하는 현상, 즉 '산란'이 일어나기 때문이다.

그런데 유리의 경우, 녹은 상태에서 식어갈 때 작은 결정이 만들어지지 않는다. 분자가 불규칙하게 배열된 상태가 되기 때문에 빛이 산란하지 않고 통과한다. 유리가 투명한 상태가 되는 것은 이런 이유에서다.

커다란 끈 모양 분자가 불규칙하게 모인 고체를 '유리 상태'라고 부른다. 이 유리 상태에는 독특한 성질이 있다. 참고로, 투명한 비닐봉지나 클리어파일도 거대한 플라스틱 분자가 모인 '유리 상태'다.

유리의 색깔은 생산 과정에 어떤 물질을 첨가하는가에 따라 결정된다. 즉 푸른색 유리는 산화코발트, 녹색 유리는 산화크롬, 빨간색 유리는 셀렌과 황화카드뮴을 섞은 것을 첨가해 색을 바꾼 것이다. 일반적인 유리는 단면이 녹색 빛을 띤다. 이유가 뭘까? 이는 '철 이온' 때문이다.

기원전 2800년 무렵

가장 오래된 약학서

온갖 종류의 한약을 집대성한 『신농본초경』

⊙ 오늘날의 최첨단 분석 기술과 생화학 기술이 4,000년 동안 베일에 싸여 있던 한약의 특효 비밀을 밝히다

한약은 중국 고대 전설에 등장하는 제왕 신농(神農)에게서 시작되었다. 전하는 이야기에 따르면, 신농은 들로 산으로 다니면서 직접 각종 풀과 나무를 핥거나 맛을 보며 약초에 관한 방대한 지식을 얻었으며 훗날 온갖 종류의 한약을 집대성한 약학서 『신농본초경(神農本草經)』을 저술했다고 한다.

사실 이 책은 훨씬 후대인 1~2세기에 저술된 것으로 추정된다. 아무튼, 이미 그보다 오래전부터 많은 사람이 신농처럼 약초에 관한 다양한 지식을 축적했을 것이다. 『신농본초경』에는 1년의 날수와 같은 365종류의 약이 소개되어 있다. 일테면 이 책에는 마황(麻黃)이라는 식물 성분이 기재되어 있는데, 이것은 천식 같은 호흡기 질환에 효과가 탁월하다. 마황 성분인 에페드린(ephedrine)은 오늘날에도 천식이나 기침 등을 치료하는 약으로 사용된다.

최근 분석 기술이 향상되고 생화학이 발전하면서 한약의 특효에 관해 분자 층위에서 그 작용을 해명하는 작업이 진행되고 있다. 이는 4,000년의 기나긴 시간과 역사를 지나며 축적된 방대한 경험과 탄탄히 정립된 이론이 뒷받침되었기 때문에 가능한 일이 아니었을까.

기원전 2500년 무렵
쿠푸 왕의 피라미드
화학 지식을 이용해 가장 위대한 건축물을 탄생시킨 고대 이집트인

⊙ 돌 절단기 등의 도구가 없던 4,500년 전 이집트인은 피라미드 제작용 석재를 어떻게 잘랐을까?

고대 이집트를 대표하는 피라미드는 기원전 2500년 무렵 세워졌다. 지금으로부터 무려 4,500년도 더 전에 건설된 셈이다. 그즈음 세워진 기자의 피라미드 3기(쿠푸 왕의 피라미드, 카프라 왕의 피라미드, 멘카우라 왕의 피라미드)는 물론이고 지금까지 남아 있는 138기의 피라미드를 통틀어 가장 규모가 큰 것은 쿠푸(Khufu, 재위 2589~2566 BC) 왕의 피라미드다(높이 약 139미터(지어질 당시에는 약 147미터였으나 사람들이 석회암 외장재를 모두 뜯어 가는 바람에 모양도 달라지고 높이도 줄어들었다), 각 밑변의 길이 약 230미터에 평균 무게 2.6톤의 돌 230만 개로 이루어진 엄청난 규모다). 이 피라미드는 여전히 풀리지 않는 수수께끼를 간직하고 있다. 심지어 쿠푸 왕의 피라미드는 외계인이 만들었다는 다소 황당무계한 설까지 남아 있을 정도다. 그도 그럴 것이 그 구조가 너무도 정교하고 완벽한 데다 600만 톤의 엄청난 무게를 지닌 채 무려 5,000년 가까운 기나긴 시간을 끄떡없이 버텨낸 위대한 건축물이기 때문이다.

한번 생각해보자. 상상도 하기 힘들 정도로 먼 옛날, 오늘날처럼 다이너마이트 같은 폭약도, 포클레인도, 돌 절단기도 없던 시대에 피라미드를 건설하는 데 필요한 석재를 어떻게 잘랐을까? 과연 어떻게 그 거대한 석재를 원하는 크기로 자를 수 있었을까? 학자들이 오랜 연구를 통해 지금까지 밝혀낸 비밀은 다음과 같다.

먼저 송곳으로 거대한 석재의 잘라내고자 하는 곳에 일직선으로 많은 구멍을 뚫는다. 그런 다음 그 구멍에 나무 막대기를 꽂고 물을 붓는다. 그 상태로 한동안 두면 나무 막대기가 부풀어 오르고 팽창하면서 그 구멍을 따라 석재를 갈라놓는다. 이를 화학적으로 설명하자면, 바짝 마른 나무 막대기 내부에 남아 있는 여러 가지 성분의 분자를 희석하고자 물이 표피에서 내부로 흘러들어가는 현상이다. 이를 '침투'라고 한다. 이때 발생하는 물이 흘러들어가려고 하는 압력, 즉 침투압이 매우 크기 때문에 단단한 석재도 쪼갤 수 있는 것이다. 단, 나무 막대기 수가 충분히 많다는 전제 하에 말이다.

거대한 피라미드를 건설하는 데는 많은 노동력이 필요했다.

피라미드 건설 노동자에게는 날마다 맥주가 배급되었는데, 현대 직장인처럼 힘든 일과가 끝난 뒤 서로 맥주잔을 부딪치고 기울이며 회포를 풀었다. 약간 과장처럼 여겨질 수 있겠지만, 고대 이집트 사회에서 맥주는 피라미드 건설의 구심력이었다고 말할 수 있을 것이다. 그러고 보면 5,000년의 세월이 지나도 인간의 본성은 크게 달라지지 않는 것 같다.

⊙ 이집트인은 '고대의 시멘트'를 사용해 피라미드 건축을 마무리했다는데?

고대 이집트인은 피라미드의 석재와 석재 사이의 틈새(줄눈)를 어떻게 마감하고 처리했을까? 그들은 자연에서 산출되는 석고를 가열해서 만든 소석고에 점토를 섞은 것을 사용해서 틈새를 메웠다. 오늘날에 비유하자면, 이는 '고대의 시멘트(cement)'라고 할 수 있다. 석재와 석재를 '접착'시키는 것이므로 영어권에서는 접착제를 일컬어 '시멘트'라고 한다.

시멘트 분말에 물을 첨가하면 굳는다. 회반죽도 마찬가지다. 회반죽에 물을 첨가한 뒤 놓아두면 역시 딱딱하게 굳는다. 화학의 관점에서 살펴보자. 물 분자는 플러스(+)와 마이너스(-) 전기가 명확하게 나뉘어 있다. 이것이 물의 다양한 성질을 만들어 낸다.

물과 만난 시멘트는 왜 시간이 지나면 딱딱해질까? 그 안에 들어 있는 플러스, 마이너스 전기를 띤 입자(칼슘의 양이온이나 산

정전기의 인력이 시멘트를 딱딱하게 만든다

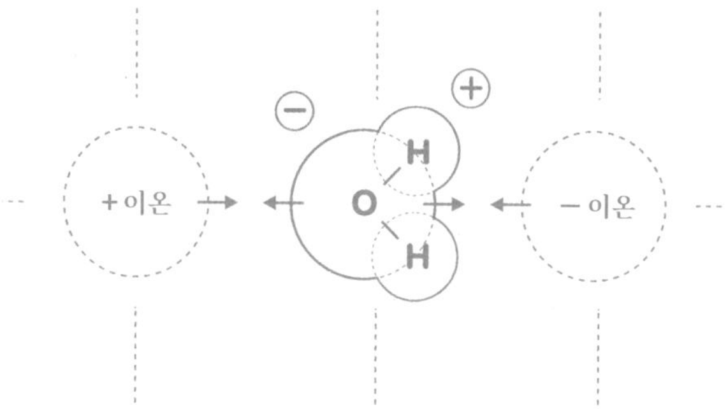

소의 음이온 등)를 물 분자가 정전기 힘으로 강하게 결합시켜 3차원의 단단한 그물 구조를 형성하기 때문이다. 화학에서 다루는 물질의 반응이나 성질은 대부분 분자의 플러스와 마이너스 전기, 이온이라는 플러스와 마이너스 전기를 띠는 입자가 서로 끌어당기는 성질로 설명할 수 있다.

고대 메소포타미아 사회에서는 석재가 늘 부족했다. 그러므로 당대 사람들은 거대한 신전인 지구라트나 궁전, 성벽 등을 건설할 때 햇볕에 말린 벽돌이나 가마에서 구워낸 벽돌을 사용했다. 또 그들은 풍부하게 산출되는 천연 아스팔트로 벽돌을 접착하기도 했다. 아스팔트는 원유에서 휘발유 같은 휘발성 성분이 증발한 뒤 남은 흑색이나 흑갈색 탄화수소 화합물이다. 접착성, 탄성, 방수성, 가소성 등의 특징이 있는 아스팔트는 오늘날 도로 포장에 흔히 사용된다.

기원전 1500년 무렵

철기의 이용

철기 기술을 가진 민족이 지배한 고대 세계

⊙ 우주에서 날아온 운철을 응용해 철을 생산하고 사용하기 시작한 고대 인류

인류는 맨 처음 어떤 계기로 철을 사용하게 되었을까? 그 계기를 '운철'에서 찾을 수 있다. 인류가 철을 생산하고 사용하기 시작한 때는 생각보다 오래되었다. 학자들은 대략 기원전 2000년보다 이전으로 그 시점을 잡고 있다.

철을 만들려면 어떻게 해야 할까? 그 원료인 사철(砂鐵, 자철광)이나 철광석 등 철과 산소가 결합된 것(산화물)에서 산소 원자를 분리시켜야 한다. 그런데 철과 산소는 매우 강하게 결합되어 있어 산소를 떼어내려면 상당한 노력과 기술력이 필요하다.

전문적으로는 철 이온(Fe^{3+} 등)에 전자를 주어 철로 만드는 공정이 중요하다. 위에 언급한 '전자를 주는' 반응을 '환원'이라고 한다. 환원 반응을 일으키기 위해서는 전자를 방출하는 환원제(상대에게 전자를 주는 투수)가 필요하다. 철을 만들 때 이상적인 환원제는 목탄(=탄소(C))이다. 목탄은 전자를 방출하면서 철과 결합한 산소를 떼어내어 일산화탄소(CO)와 이산화탄소(CO_2)가

되어주기 때문이다.

산화철에서 산소를 분리해 철로 환원시키려면 높은 온도가 필수적이다. 당연히 용광로를 엄청난 고온 상태로 만드는 것이 중요할 수밖에 없다. 이를 위해서는 어떻게 해야 할까? 막연히 석탄을 태우기만 해서는 고온을 얻을 수 없다. 이는 고기를 구워 바비큐를 만들 때도 마찬가지다. 목탄을 세팅하고 불을 붙이기만 해서는 좀처럼 활활 타오르지 않는다. 그러면 어떻게 해야 할까? 공기, 즉 산소를 잔뜩 불어 넣어야 한다. 용광로에 공기를 원활히 주입해 질 좋은 철을 생산하기 위해 인류가 발명한 것으로 '풀무'가 있다. 이는 아코디언 주름상자처럼 생긴 것을 밟아서 공기를 불어넣는 장치다.

금속의 산화와 환원

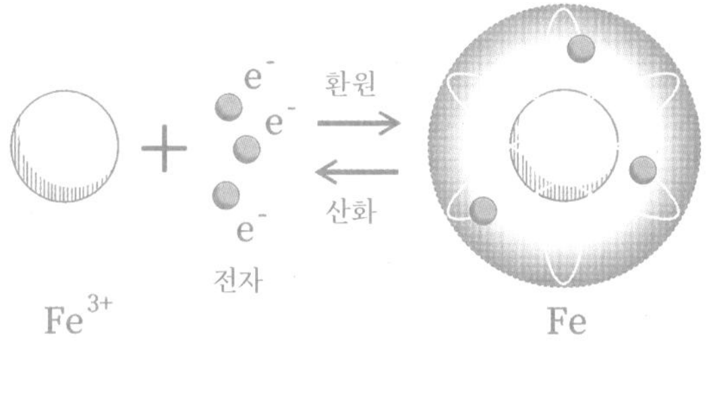

⊙ 히타이트족의 최강 철기 제조 기술

고대를 주름잡던 철기민족 히타이트족이 정착해 살았던 지역은 오늘날의 튀르키예다. 그들은 기원전 1500년 무렵, 그러니까 지금으로부터 3,500여 년 전부터 이미 철광석에서 철을 만들어내는 기법을 알고 있었다(제철이 시작된 것은 기원전 2500년 즈음으로 본다). 그들은 그렇게 제작한 철제 무기로 청동기 무기를 압도해 제국을 건설했다.

다만 그 무렵에는 제철 작업에 작은 규모의 원시적인 용광로를 사용했기에 반고체 상태의 철밖에 얻을 수 없었다. 당시 기술로는 온도를 높이는 데 한계가 있었기 때문이다. 좀 더 강하고 단단한 철을 만들 수 있게 된 것은 그로부터 시간이 많이 지나서의 일이다.

또한 철기 시대 초기에 생산한 철에는 불순물이 많았으므로 강한 철을 만들기까지 많은 노력과 시행착오가 필요했다. 즉, 용광로에서 반고체 철을 꺼내 불에 달구고 두들겨서 표면의 불순물을 태우고, 다시 불에 달구고 두들기는 '단야(대장일)' 작업이 필요했다.

오리엔트 지방에 인류 최초의 세계 제국을 건설한 민족은 누구일까? 아시리아다. 그들은 히타이트족에게서 철기를 입수해 강력한 힘을 손에 넣은 뒤 기원전 729년에 바빌로니아를 정복하고 오리엔트의 드넓은 영토를 정복했다. 아시리아가 많은 경쟁국을 제치고 세계 제국을 건설할 수 있었던 비결도 철기 제작을 비롯한 기술력 덕분이었다.

⊙ '이온화 경향'을 알면 세계사가 한눈에 보인다

인류가 금속을 이용해온 역사를 '이온화 경향'으로 설명할 수 있다. 그렇다면 이온화 경향이란 뭘까? 금속 원자가 전자를 방출해 양이온이 되려고 하는 경향을 말한다. 일테면 구리와 철, 알루미늄, 금의 이온화 경향을 살펴보면 큰 것부터 알루미늄(Al) > 철(Fe) > 구리(Cu) > 금(Au)의 순서가 된다.

금과 백금을 제외한 대부분의 금속은 원자에서 전자가 몇 개 빠져나간 양이온 상태로 광물 등에 들어 있다. 금속을 만들려면 이런 양이온에 전자를 주어야 한다. 반면 금은 이온화 경향이 지나치게 작으므로 양이온이 되지 않고 원자 상태로 모여서 금속인 금의 형태를 띤다. 따라서 금은 잘 찾아서 파내기만 하면 되기 때문에 고대인도 금을 채굴해 사용했다.

이온화 경향이 작은 금속의 양이온은 즉각 전자를 받아들이기 때문에 금속으로 되돌리기 쉽다. 그러므로 단순히 가열하거나 전자를 방출하는 목탄 등과 함께 가열하는 간단한 조작으로 은 이온이나 구리 이온에서 은이나 구리를 얻을 수 있다(청동기 시대).

그러나 철 이온의 경우 매우 높은 온도가 필요하므로 풀무 등으로 온도를 높이는 기술이 뒷받침되어야 한다(철기 시대).

20세기는 '알루미늄의 시대'다. 즉, 이때에 이르러 이온화 경향이 매우 큰 알루미늄 이온에 전자를 강제로 주는 '전기 분해' 기술이 발명되어 알루미늄이 널리 보급될 수 있었다.

이렇듯 인류의 금속 이용은 수천 년의 세월을 지나며 금 → 구리 → 철 → 알루미늄으로 이온화 경향을 거슬러 올라온 역사다.

이온화 경향

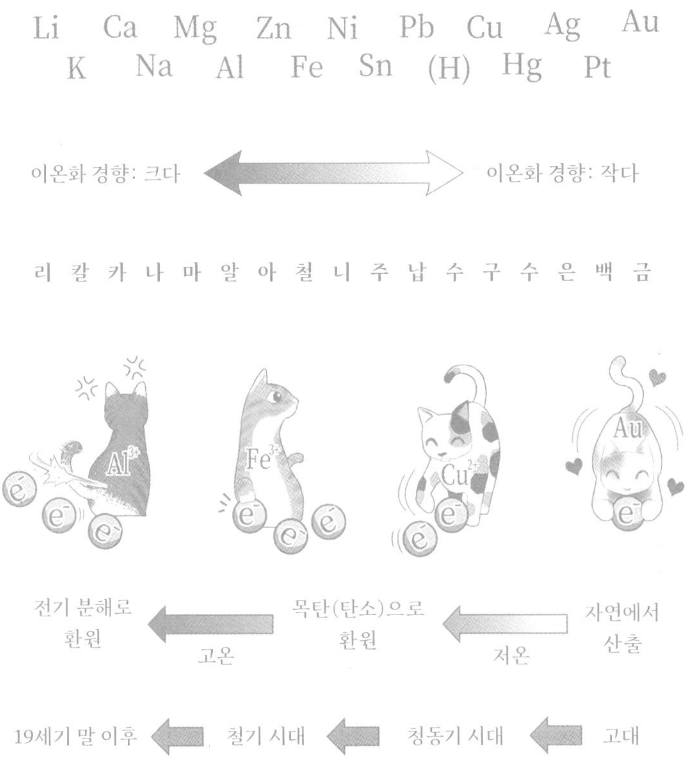

HISTORY OF CHEMISTRY

4

지중해 세계의 형성

고대 지중해 세계에서 페니키아인이 차지하는 위상은 매우 크다. 그들은 배를 타고 무역하며 많은 도시를 건설했고 그리스인과 패권을 다투며 지중해 세계를 만들어갔다. 기원전 1200년 무렵 고대 그리스에서는 와인·올리브 등을 주요 품목으로 하는 지중해 무역을 통해 부유층이 탄생하고 문화가 발달했다.

다른 지역과 마찬가지로 고대 그리스 역시 평등한 공동체로 출발했다. 그러나 철기가 보급되면서 농업 생산량이 급격히 증가하자 모든 것이 달라졌다. 많은 토지를 가진 지주가 생겨나고 상업의 발달로 부유층이 형성되어감에 따라 귀족과 평민으로 나뉘는 계급사회가 만들어졌다. 그리고 이 귀족층을 중심으로 도시국가(폴리스)가 탄생했다. 기원전 8세기 즈음의 일이다. 또한 이탈리아반도와 시칠리아반도에는 그리스 식민도시가 건설되어 와인·올리브 등을 생산하고 무역하며 막대한 부를 축적해 나갔다.

도시국가 사이에 잦은 전쟁이 일어나고 삶이 피폐해지면서 현실주의가 대두했다. 사람들은 여러 가지 문제에 골몰하게 되었고 그런 흐름 속에서 인간 삶의 근원과 본질을 탐구하는 철학이 등장했다. 탈레스를 비롯해 소크라테스, 플라톤, 아리스토텔레스 등의 철학자가 등장해 우주와 물질의 근원을 밝히고자 애썼다. 그리고 그 과정에 오늘날 자연과학의 근간을 이루는 원소·원자 등의 개념이 생겨났다. 그중에서도 특히 아리스토텔레스의 철학과 우주관, 물질관은 훗날 그리스도교 교리와 결합하며 교의(教義)가 되었다. 물론 아리스토텔레스의 주장 중에는 '무거운 물체가 가벼운 물체보다 먼저 떨어진다'나 '우주에 진공은 없다'처럼 잘못된 논리로 밝혀진 것도 많았으나 어쨌든 그의 이론은 2,000년 가까이 당연한 상식을 넘어 진리처럼 받아들여져 왔다.

또한 고대 그리스 시대에는 수학이 발달했다. 수학은 왜 필요했을까? 토목·건축을 위해, 그리고 다양한 무기를 개발해 전쟁에서 사용하기 위해 거리와 각도를 계산해야 할 필요가 있었기 때문이다. 그 시대에는 위대한 수학자도 여럿 등장했다. 기원전 6세기 이탈리아반도 남단의 크로톤에서 이름을 떨친 피타고라스와 기원전 3세기 시칠리아섬 시라쿠사에서 활약한 아르키메데스가 대표적이다.

고대 그리스 세계는 폴리스 사이에 전쟁이 끊이지 않았고 페르시아제국과도 여러 차례 전쟁을 치렀다. 그 흐름의 끝에서 그리스의 변방 국가이던 마케도니아의 알렉산드로스 대왕(Alexander the Great, 재위 336~323 BC)이 그리스의 패권을 장악한 뒤 페르시아제국을 정복하고 인도 일부까지 영토를 확장했다. 알렉산드로스 대왕의 눈부신 동방 원정을 통해 그리스 문화가 오리엔트 문화를 융합하면서 헬레니즘(Hellenism) 문화가 탄생했다. 참고로 헬레니즘은 '그리스풍'이라는 의미다. 그리스인이 자신을 헬렌(Hellen)의 후손이라는 뜻의 '헬레네스(Hellenes)'라고 부른 데서 유래했다.

마케도니아왕국의 영광은 오래가지 않았다. 희대의 영웅 알렉산드로스 대왕이 세상을 떠나자 마케도니아왕국은 구심력을 잃고 분열되었다. 이윽고 지중해 세계에 새로운 패자가 탄생했다. 그 주인공은 바로 이탈리아반도의 지방 도시국가를 형성하고 있던 로마인이었다. 로마인은 그리스 문화를 흡수하고 주위의 강력한 경쟁국을 차례로 무너뜨리며 제국을 건설해 나갔다.

기원전 1600년 무렵

보라색은 제왕의 색

고대인은 왜 그토록 '보라색'에 집착했나

⊙ 보라색 염료 1.5그램을 얻는 데 뿔고둥 1만 2,000개가 필요했다는데?

페니키아인은 지중해 무역을 통해 번성한 민족이다. 오늘날 우리가 사용하는 알파벳은 그들이 발명한 문자가 근간이 되었다. 좀 더 구체적으로, 페니키아어의 첫 글자는 A를 뒤집어놓은 모양인데 이는 뿔 달린 소를 상징한다. 또 B는 방이 두 개 있는 집을 상징했다. 페니키아인은 이처럼 부유함이나 권력과 연결되는 문자를 고안해 무역 거래 내역을 기록하는 데 사용했다.

이 시대에는 소금에 절인 생선 무역이 활발히 이루어짐에 따라 소금에 절인 어패류가 대량 생산되었다. 당시 지중해에서는 뿔고둥이 많이 잡혔는데 사람들은 이를 소금에 절이는 가운데 뿔고둥에서 보라색 염료를 얻을 수 있다는 것을 간파했다. 오늘날 레바논공화국 수르 지역인 당시 티로스(오늘날의 티레)의 한 마을에서는 뿔고둥에서 얻는 염료가 대규모 산업이 되어갔다. 이 염료는 '티로스 보라색(Tyrian Purple)'이라는 별칭으로 지중해 세계에서 유명해졌다. 참고로, 기원전 1600년 무렵 문서에도 이 염료에 관한 기록이 남아 있다.

뿔고둥에서 추출한 보라색 염료는 비할 바 없는 귀중품이었다. 그도 그럴 것이 염료 1.5그램을 얻으려면 뿔고둥 1만 2,000개가 필요했기 때문이다. 이렇듯 어렵게 생산한 보라색 염료는 사람들을 매료시켰다. 훗날 고대 로마가 페니키아를 멸망시킨 뒤 로마인은 이 염료와 뿔고둥 요리를 즐겼다. 강력한 권력자이던 율리우스 카이사르(Julius Caesar, 100~44 BC)는 사실상 황제나 다름없던 자신과 자신의 핏줄을 이어받은 사람만 보라색 염료로 물들인 토가를 입을 자격이 있다는 규정을 만들었다. 카이사르의 연인이던 이집트 여왕 클레오파트라는 여왕 전용 군함의 돛을 보라색으로 물들였다. 이렇듯 보라색은 고대 로마 시대에 고귀한 신분을 드러내는 상징색이 되었다.

귀중한 보라색 염료는 아라비아 세계를 넘어 인도, 그리고 한 발 더 나아가 중국까지 전래되었다. 그와 함께 보라색을 고귀한 색으로 여기는 문화도 염료와 함께 전해졌다. 자금성(紫禁城)이나 자신전(紫宸殿) 같은 건물 명칭에 보라색[紫]이 사용되고, 쇼토쿠 태자(聖德太子, 574~622)가 603년에 관위십이계(冠位十二階, 일본 최초의 위계 제도)를 제정하면서 가장 높은 지위를 보라색으로 정한 것도 그 영향이라고 할 수 있다.

⊙ 보라색 염료의 비밀을 3,500년 만에 밝혀낸 독일 화학자 파울 프리틀랜더

독일 화학자 파울 프리틀랜더(Paul Friedländer, 1857~1923)가 뿔고둥으로 만든 염료의 분자 구성을 밝혀내는 데 성공했다. 맨 처음 이 염료를 개발한 때로부터 3,500여 년이 지난 1909년의 일이다. 뿔고둥 분비물은 처음엔 옅은 황록색을 띤다. 그것이 공기를 만나 산화하면 구조가 변화해 '디브로모인디고(dibromoindigo, $C_{16}H_8Br_2N_2O_2$)'라는 분자가 된다. 이것이 바로 선명한 보라색의 주성분이다.

디브로모인디고는 인디고(indigo, $C_{16}H_{10}N_2O_2$)와 같은 구조를 이루고 있다. 인디고는 오랜 세월 동안 인류가 이용해온 남염(藍染)이라는 염료의 남색을 이루는 분자다. 디브로모인디고는 인

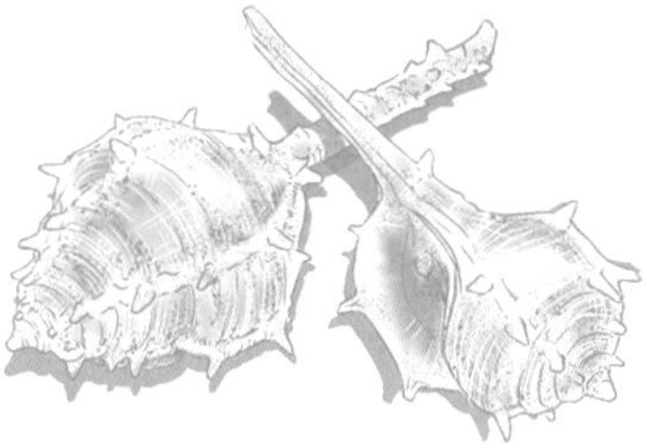

뿔고둥

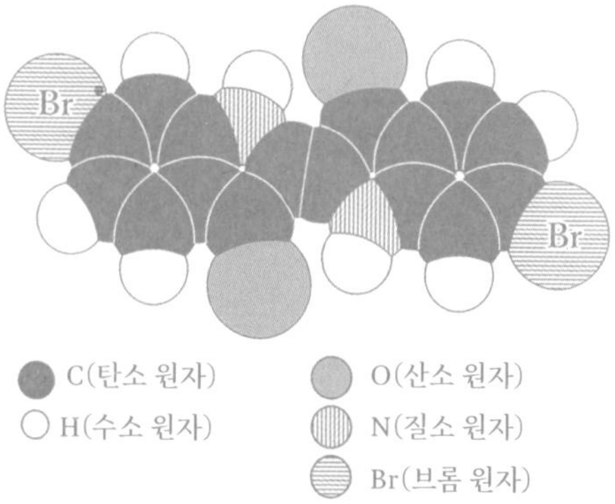

디브로모인디고($C_{16}H_8Br_2N_2O_2$)

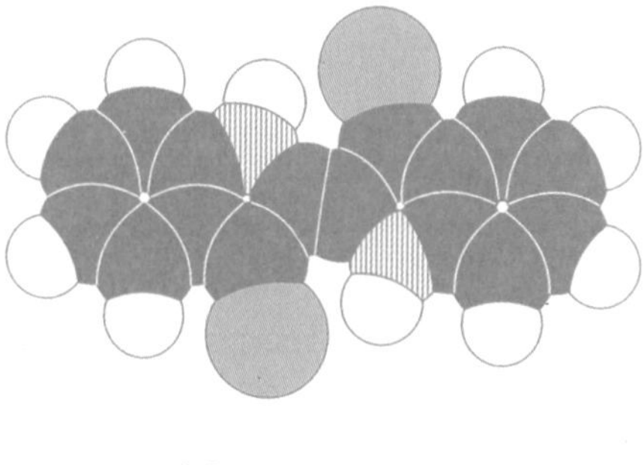

인디고($C_{16}H_{10}N_2O_2$)

디고 분자에 브롬(Bromine, Br) 원자가 2개 붙어 있는 구조다. 바닷물에는 브롬이 이온화되어(브롬화 이온 Br^-) 육지보다 많이 존재하는 까닭에 브롬 원자가 결합한 분자가 된 것이다.

식물과 연체동물인 뿔고둥이라는 전혀 다른 생물에게서 비슷한 분자가 생성되는 것은 그 자체로 진화의 신비라고 할 만하다.

기원전 1323년 무렵

투탕카멘의 가면

고대부터 사람들을 매료시킨 광물, 금

⊙ 투탕카멘과 암모니아의 어원이 같은 이유는?

고대 이집트는 다신교 사회였다. 많은 신 중에서 신들의 왕으로 숭배된 가장 중요한 신은 아멘(Amen, '아몬', '암몬', '아문'이라고도 함)이었다. 황금가면으로 유명한 왕 투탕카멘(Tutankhamen, 재위 1332~1323 BC)을 좀 더 정확히 읽으면 '투트 앙크 아멘'('아멘의 살아 있는 이미지'라는 의미)이 된다. 투탕카멘은 기원전 1332년에 9세 나이로 즉위해 9년 동안 왕좌에 있다가 세상을 떠났다.

흥미롭게도, 암모니아(ammonia)의 어원도 '아멘'이다. 당시 사막 민족은 낙타 똥을 귀중한 연료로 사용했다. 낙타 똥을 사원 내부에서 태우면 벽이나 천장에 하얀색 결정이 생겼다. 사람들은 이것을 '살 암모니악(Sal Ammoniac, '아멘의 소금'이라는 의미)'이라고 불렀다. 고대 이집트의 가장 중요한 신 아멘과 낙타의 똥에서 산출된 하얀 결정 암모니악이 연결고리를 갖게 되는 것이 바로 이 지점이다. 참고로, 살 암모니악의 성분은 염화암모늄(NH_4Cl)으로, 훗날 이 결정에서 발생한 가스에서 암모니아가 발견된다.

여담 하나. 고대 이집트 아멘 신 숭배는 고대 그리스로 확산되어 암몬 신이 되었다. 암몬 신은 그리스 신들의 왕 제우스와 동일시되었으며 이집트 아멘 신의 상징인 숫양의 뿔을 가진 형태로 주로 등장했다. 이 '암몬의 뿔'과 비슷하게 생겼다고 해서 고둥의 화석에 '암모나이트(ammonites)'라는 이름이 붙었다. '-ite'는 '돌'이라는 의미로, 광석이나 단단한 것을 나타내는 접미사다(예를 들면 아주라이트(azurite), 다이너마이트(dynamite) 등).

⊙ 금이 녹슬지 않는 금속일 수밖에 없는 화학적 원리는?

투탕카멘 가면의 소재인 금의 원소기호는 Au다. 이는 라틴어 '아우룸(Aurum, '반짝반짝 빛나는 것'이라는 의미)'에서 유래했다. 금은 녹슬지 않는 금속이다.

금속의 성질을 한마디로 요약하면, 원자가 전자를 방출해 양이온이 되기 쉽다는 것이다. 금속의 원자가 모이면 일제히 수많은 전자를 방출해 양이온이 된다. 그리고 이때 흘러나온 전자가 일제히 같은 방향으로 움직이면서 전기의 흐름을 만든다.

또한 빛이 닿으면 금속 표면으로 흘러나온 무수히 많은 전자와 빛이 상호작용을 일으켜 광택이 발생한다. 이때 흘러나온 전자를 공기나 물속 산소(O_2)에 빼앗기면 녹이 발생한다.

금의 원자는 전자를 방출하려는 경향, 즉 이온화 경향이 작은 까닭에 영원히 녹슬지 않는 가치를 지니는 귀금속이 된다. 백금도 같은 원리로 녹이 잘 슬지 않는 금속이다. 백금 또한 언제까지나 반짝반짝 빛을 내기 때문에 귀금속으로 인정받으며 높은 가치를 지닌다.

한편 다른 금속은 전자를 빼앗겨 양이온이 되며 다른 음이온과 결합해 화합물이라는 형태의 광물로 존재한다. 그런 까닭에 금속을 추출하려면 화학 반응으로 양이온에 전자를 주어야 한다.

기원전 700년 무렵

올리브기름

고대 그리스 도시국가를 지탱해준 두 가지 핵심요소 중 하나

⊙ 올리브 압착기를 이용해 철학자도 얼마든지 돈을 벌 수 있음을 보여준 고대 그리스 철학자 탈레스

고대 그리스에서는 올리브 재배와 올리브기름 생산, 무역이

활발했다. 기원전 700년 즈음의 상황이다. 고대 그리스 도시국가의 번영을 뒷받침한 가장 든든한 두 가지 요소를 꼽으라면 '올리브'(기름)와 '포도'(와인)를 들 수 있다.

올리브 열매를 압착하면 올리브기름을 얻을 수 있다. 참고로, 영어 단어 oil의 어원은 올리브기름에 있다. 즉, 올리브기름을 의미하는 라틴어 '올레움(oleum)'에서 oil이 파생된 것이다. 올리브기름 등의 유지(油脂)는 화학적으로 글리세린이라는 분자에 지방산 분자 3개가 결합된 형태다. 올리브기름의 경우, 올레산(oleic acid)이라는 지방산 분자가 3개 결합한 것(트라이올레인(triolein))이 많이 들어 있다.

탈레스(Thales, c. 624~c. 545 BC)는 기록이 전해지는 인류 최초의 철학자로 유명하다. 그에게는 올리브기름과 관련된 유명한 일화가 있다.

어느 날 탈레스는 주위 사람에게 "철학 따위를 해서 부자가 될 수는 없지 않소!"라는 말을 들었다. 이에 그는 철학자가 마음만 먹으면 얼마든지 돈을 벌 수 있음을 보여주기로 결심했다. 어느 해에 탈레스는 자신의 특기 중 하나인 천체 관측을 통해 올리브가 대풍작이 될 것을 예측했다. 그는 수확기가 되기 훨씬 전에 올리브 열매를 짜는 기계(압착기)를 저렴한 가격에 빌리기로 예약해두었다. 수확기가 되자 그는 자신이 빌린 압착기를 다른 사람들에게 웃돈을 받고 빌려주어 막대한 이익을 남겼다. 이와 같이 미래의 거래 권리를 사고파는 행위를 '옵션거래'라고 한다. 탈레스는 오늘날 일반적인 옵션거래의 창시자인 셈이다.

고대 그리스인은 특산물인 올리브기름을 무역의 주요 상품으로 삼았다. 당시 사람들은 올리브기름에 여러 가지 향료를 첨가해 피부에 바르기도 했다.

트라이올레인: 올리브기름

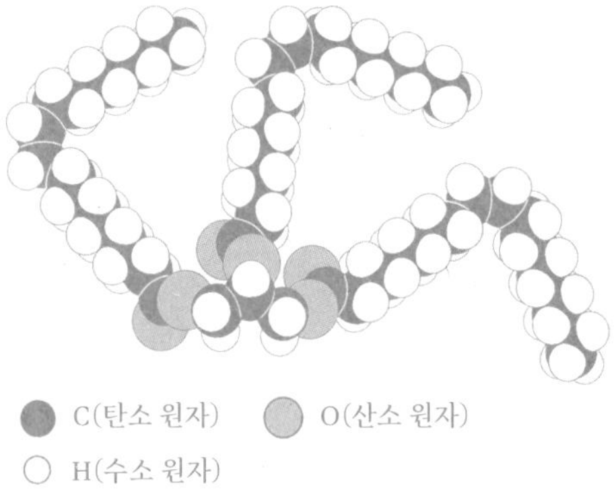

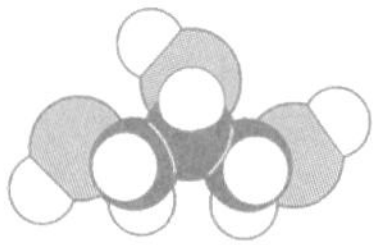

글리세린($C_3H_8O_3$)

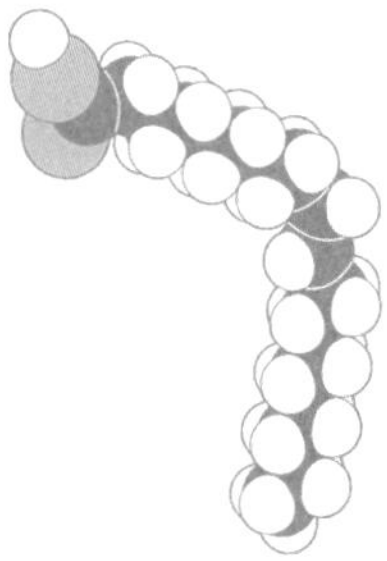

올레산($C_{18}H_{34}O_2$)

기원전 500년 무렵

철의 주물 제작

철제 농기구·무기로 국력을 강화해 통일국가를 건설하다

⊙ 춘추시대에 철기 기술이 발명되지 않았다면

진시황제의 전국 통일도 없었다?!

고대 세계에서 최초로 제철 기술을 개발하고 발전시켜 전쟁에 이용한 나라는 어느 나라일까? 바로 히타이트다. 그러나 당시의 제철 기술은 그리 뛰어난 수준은 못 되었다. 높은 온도를 만들 수 없던 탓에 저온 용광로에서 오랫동안 스펀지 상태의 철을 달구고 두들겨 탄소 등을 연소시키면서 형태를 바꿔 나가는 번거로운 작업을 감당해내야 했다.

중국에서는 춘추 시대에 탄소와 규소가 다량 함유된 주철을 용광로에서 얻은 뒤 그것을 주형에 부어서 철기를 양산하는 기술이 개발되었다. 이것을 '주조(鑄造)'라고 한다. 이는 기원전 500년 즈음의 상황이다. 이 기술 덕분에 중국은 철기 양산 시대를 맞이했다. 중국은 유럽보다 1,800년가량 먼저 탄소량이 많고 불에 잘 녹는 주철을 얻게 된 셈이다.

철제 농기구가 양산된 덕분에 농업 생산성이 향상되었다. 그 영향으로 농지 확대를 위한 관개와 치수 같은 인프라 정비사업이 전개되었다. 따라서 이러한 대규모 사업을 강력히 추진하기 위해 정교한 사회 시스템을 갖춘 권력 집중화가 절실해졌다. 한때 작고 약한 나라이던 진(秦)이 강력한 통일국가를 건설할 수 있었던 비결도 철제 농기구와 공구를 사용해 농업을 발전시키고 치수 사업을 성공적으로 이끌어 국력을 강성하게 만든 결과였다.

철 등의 금속 가공 방법에는 단조(鍛造)와 주조가 있다. 단조는 두들기거나 압축해서 제품을 만드는 방법이다. 주조는 액체 상태로 만든 것을 틀에 흘려 넣어 제품을 생산하는 방법이다. 단조는 상대적으로 품이 많이 드는 대신 강도가 높은 제품을 만들 수 있다. 주조의 경우, 강도는 높지 않지만 대량 생산이 가능하다는 장점이 있다.

기원전 429년

세계 최초로 독가스가 사용된 전쟁

전쟁의 패러다임이 바뀌다

⊙ 기원전 5세기, 펠로폰네소스전쟁에 화학무기인 독가스를 사용한 고대 그리스인

고대 그리스 세계는 중국의 춘추전국 시대와 마찬가지로 수

많은 도시국가로 이루어져 있었다. 그리고 도시국가 사이에서는 자주 분쟁이 발생했고 빈번히 전쟁으로 비화되어 서로 죽고 죽이는 일이 마치 먹고 마시는 일상사처럼 벌어졌다.

고대 그리스인이 벌인 전쟁 중에는 인류 역사상 가장 유명한 철학자이자 4대 성인에 속하는 소크라테스(Socrates, c. 470~399 BC)가 참전한 유명한 전쟁도 있다. 그것은 바로 학교 역사 시간에 배워 누구나 한 번쯤 들어보았을 펠로폰네소스 전쟁이다. 아테나이(아테네의 고대 명칭)가 중심이 된 델로스 동맹과 스파르타가 중심이 된 펠로폰네소스 동맹 사이에 벌어진 이 전쟁은 기원전 431년에 시작해 기원전 404년에 막을 내렸다. 이때 스파르타군은 아테나이군의 요새를 공격할 때 석유와 송진, 유황을 섞은 물질을 성벽의 갈라진 틈으로 던져 넣었다. 학자들은 이 무기를 인류 역사상 전쟁에서 최초로 사용된 화학병기로 추정한다. 그 화학병기란 다름 아닌 '독가스'다.

이산화황(SO_2, 과학자들은 이 물질을 '아황산가스'라고도 부른다)은 유황이 연소할 때 발생하는 물질이다. 이 물질은 호흡기를 자극해 호흡 곤란을 일으킬 위험성이 있다. 이산화황은 불꽃놀이용 폭죽에 불을 붙였을 때 나는 독특하고 자극적인 냄새로 알려져 있기도 하다. 말하자면, 펠로폰네소스 전쟁에서 스파르타군은 아테나이군을 상대로 이 물질을 적극적으로 이용한 것이다. 그들은 납 등의 금속을 광석에서 추출하는 공정, 즉 제련 과정에 이산화황이라는 이름의 유독가스가 발생한다는 사실을 경험적으로 알고 있었다고 추정해볼 수 있다.

기원전 400년 무렵

데모크리토스의 원자론

우주 만물이 원자로 구성돼 있음을 주창한 고대 그리스 철학자

⊙ 노벨상을 받은 과학자가 "원자 같은 것은 환상에 지나지 않는다"라며 그 존재를 부정했다고?

물질은 원자로 구성되어 있다. 이는 초등학생도 쉽게 대답할 수 있을 정도로 기초적인 지식이다. 그러나 물질이 원자로 이루어져 있다는 사실이 상식으로 자리 잡은 지는 고작 100년 정도밖에 되지 않았다. 실제로 20세기 초엽에는 노벨상을 수상할 정도로 학식과 권위를 가진 과학자 중에도 "원자 같은 것은 환상에 지나지 않는다"라며 원자의 존재 자체를 부정하는 사람이 많았다.

만물을 만드는 입자(원자)라는 개념이 인류 역사상 최초로 등장한 때는 언제일까? 놀랍게도 고대 그리스 시대까지 거슬러 올라간다.

고대 그리스의 압데라라는 도시에 데모크리토스(Dēmókritos, c. 460~c. 370 BC)라는 유쾌한 성격의 괴짜 철학자가 살고 있었다. 어느 날 데모크리토스는 스승 레우키포스(Leúkippos, ?~?)와 함께 바닷가에 산책을 나갔다. 그곳에서 그는 머릿속에 한 가지 매우 흥미롭고도 기발한 생각을 떠올렸다. 기원전 400년 무렵의 상황이다. '만물은 이 모래처럼 아주 작은 뭔가가 모여서 만들어진 게 아닐까? 더는 나눌 수 없는 궁극의 입자(원자)가 존재하며, 그 입자가 만물을 형성하고 있는 게 아닐까'라는 획기적이고도 위대한 발상이었다. 그는 그 궁극의 입자를 '아톰(atom, 원자)'이라고 불렀다. 이는 그리스어에서 '~하지 않다'라는 부정적 의미의 접두어 '아(a)'와 '자르다'라는 의미의 '템네인(temnein)'으로 구성된 '아토모스(atomos, '더는 자를 수 없다'라는 의미)'에서 유래한 어휘다.

어느 날, 데모크리토스는 우연히 진한 치즈 냄새를 맡게 되었다. 그는 이 현상을 자신이 새롭게 구상한 '원자론'의 관점에서 해석했다. 그는 다음과 같은 말로 이를 해석했다. "치즈 원자가 내 몸속으로 날아 들어왔기 때문에 치즈 냄새를 느낄 수 있는 것이다"라고 설명했다. 그는 또 "이 치즈를 잘라서 나누고, 다시 잘라서 나누기를 반복하다 보면 결국 더는 자를 수 없는 상태가 된다. 그것이 바로 원자다"라고 말했다. 그는 이런 명언도 남겼다.

"이 세상에는 원자와 텅 빈 공간 이외에는 아무것도 존재하지 않는다. 다른 것은 모두 견해에 불과하다."

데모크리토스는 실재론(리얼리즘)의 관점에서 원자의 세계가 전부라고 주창한 위대한 철학자이자 과학자였다.

⊙ 실재론의 본질을 파고든 에피쿠로스 철학이 당대 학자들에게 조롱의 대상이 된 까닭

데모크리토스가 세상을 떠난 후 그의 이론은 어떻게 되었을까? 또 다른 고대 그리스 철학자 에피쿠로스(Epikouros, 341~270 BC)에게 계승되고 발전했다. 에피쿠로스 철학은 비록 정확한 의미를 담아내고 있다고 보기는 어렵지만 흔히 '쾌락주의(hedonism)'로 번역된다. 그 탓에 그의 철학은 '흥청망청 돈을 쓰며 맛있는 음식을 먹고 즐겁게 살자' 식의 철부지 어른의 생활방식으로 터무니없는 오해를 받곤 한다. 에피쿠로스 철학을 어떻게 이해해야 할까? 한마디로 말해, 이 철학은 우리가 단순히 생각하는 '쾌락'이 아닌 '고통이나 공포가 없는 상태'를 추구한다.

에피쿠로스 철학을 간략히 설명하면 다음과 같다. '이 세상은 전부 원자로 구성되어 있다. 그 이상도 그 이하도 아니다. 인간도 마찬가지다. 인간의 몸 전체가 원자로 이루어져 있으므로 죽으면 그것으로 끝이다. 그러니 최선을 다해 지금을 살자!' 이렇듯 그의 철학은 실재론의 본질을 관통하는 메시지를 담고 있다.

에피쿠로스는 '사물은 원자가 우연히 혹은 필연적으로 모이고 흩어진 결과물에 지나지 않는다'고 생각했다. 그러나 고대 그리스 철학자들은 목적과 사실을 무엇보다 중시하고 아름다움을 추구했기에 실재론에 기반한 에피쿠로스 철학은 많은 사람에게 비웃음의 대상이 되었다.

와인주머니를 들고 있는 사티로스가 그려진 고대 그리스 레키토스
c. 470 BC, 테라코타, 높이 19.7cm, 월터스미술관

기원전 385년 무렵

플라톤의 『향연』

와인이 낳은 철학과 민주정

⊙ 고대 그리스인의 '와인=문명인, 맥주=야만인'이라는 공식 같은 인식은 어떻게 만들어졌나?

고대 그리스와 그 주변 지역은 포도를 재배하기에 적합한 기후였다. 그러므로 고대 그리스에서 와인이 활발히 제조된 것은 어쩌면 당연한 결과였다. 고대 그리스인은 와인을 물에 희석해서 마시는 것을 매너로 여겼으며 와인을 마시는 연회 '심포시온(symposion, '함께 마시다'라는 의미로 '심포지엄(symposium)'의 어원)'을 개최해 '문명인의 행위'를 즐겼다.

한편 당대에 맥주는 야만인이 마시는 음료로 간주되었다. 그에 따라 동쪽 페르시아제국에 속하는 사람들은 자연스럽게 야만인으로 여겨졌다. 그들은 텁텁한 맥주를 주로 마셨기 때문이다. 반면 서쪽에 그리스어를 말하는 사람들(지중해 주변 그리스 식민도시 여기저기에 흩어져 사는 이들)은 향기로운 풍미를 지닌 와인을 즐겨 마시는 문명인이라는 자부심을 가졌다. 그러고 보면 훗날 동양과 서양을 나누는 기준과 근거가 되는 개념이 이때 이미 만들어진 셈이다.

⊙ 와인이 고대 그리스를 지탱해준 철학과 민주정을 탄생시켰다고?

소크라테스와 그의 계보를 잇는 철학자들은 고대 그리스를 대표하는 수많은 철학자 중에서도 그야말로 군계일학(群鷄一鶴)이라 할 만한 철학자들이었다. 소크라테스와 그의 제자 플라톤(Plátōn, 428(?)~347(?) BC), 그리고 플라톤의 제자 아리스토텔레스(Aristotélēs, 384~322 BC)가 바로 그들이다. 고대 그리스 세계는 어떻게 이런 걸출한 철학자들을 배출할 수 있었을까? 앞서 언급한 '심포시온'이 있었기에 가능한 일이었다.

여럿이 함께 모여 먹고 마시는 심포시온은 플라톤이 기원전 385년 즈음 저술한 명저 『향연(Symposion)』의 원제이기도 하다. 또한 심포시온은 고대 그리스 민주정(사실 이 시대의 민주주의는 오늘날의 민주주의와는 차이가 컸다. 말하자면 그것은 특권 계급의 시민, 그중에서도 여성을 완전히 배제한, 오직 남성만 참여할 수 있는 반쪽짜리 민주주의였다)에서 정치·철학·문학 등의 주제를 토론하는 특별한 장소로 자리 잡았다. 참고로 영어에서 '민주주의'를 의미하는 '데모크라시(democracy)'는 그리스어에서 '민중'을 의미하는 '데모스(demos)'와 '권력'·'지배'를 의미하는 '크라토스(kratos)'에서 나온 말이다.

고대 그리스 시대에 와인은 문화적인 음료로 확고한 지위를 누렸고 한 발 더 나아가 고대 그리스를 지탱한 철학과 민주정을 탄생시켰다.

기원전 334년
향료를 찾아서
알렉산드로스 대왕이 페르시아 원정에 나선 숨은 이유

⊙ 스승 아리스토텔레스에게 배운 과학 식견과 지식을 자신의 군대에 지혜롭게 접목시킨 알렉산드로스 대왕

알렉산드로스는 고대 그리스 북쪽의 작은 나라 마케도니아의 왕 필리포스 2세(Philippos II, 재위 359~336 BC)의 아들로 태어났다. 그는 당대 최고의 지성으로 추앙받던 아리스토텔레스를 스승으로 삼아 고대 그리스 철학과 과학을 배웠다. 그의 나이 열세 살 때인 기원전 343년의 일이다. 그 후 아버지 필리포스 2세의 뒤를 이어 왕위에 오른 알렉산드로스는 거대한 페르시아제국과 이집트를 정복했다. 그리고 기원전 327년에는 파죽지세로 인도까지 진군해 불과 10년 만에 대제국을 건설했다. 경이롭다고밖에 말할 수 없을 정도의 속도인데, 그는 아케메네스왕조 페르시아가 무역을 위해 닦아놓은 길(누구나 한 번쯤 들어보았을 법한 "모든 길은 로마로 통한다"라는 말은 사실 "모든 길은 페르세폴리스로 통한다"라는 말을 패러디해 만든 말이다)로 대군을 진군시켜 주요 도시와 도로를 정복했다.

알렉산드로스는 인류 역사를 통틀어 과학적 사고와 식견을

갖춘 최초의 정복자라 인정할 만한 인물이다(그가 실제로 정교하고 체계적인 과학 지식을 활용해 매우 불리한 처지의 전투에서 오히려 유리한 고지를 차지하거나 눈부신 승리로 이끈 사례는 많은 역사적 자료를 통해 확인할 수 있다).

알렉산드로스가 동방 원정을 감행한 이유 중 하나로 '향료'에 관한 일화가 전해 내려온다. 아직 소년이었을 때 그는 신들의 제단에 유향(乳香, 중동이나 아시아, 아프리카에서 채취한 수지로 만든 향료)을 잔뜩 들이부으며 즐거워했다. 그 모습을 본 가정교사는 "향료를 재배하는 민족을 정복해 값비싼 향료를 마음껏 사용할 수 있게 될 때까지는 그것을 낭비해선 안 됩니다"라며 그를 나무랐다.

알렉산드로스 대왕은 아시아에서 산출되는 수많은 물자를 접했다. 그의 군대가 페르시아제국과 이집트를 정복한 뒤 인도에까지 도달하는 과정에서의 일이었다. 그는 시나몬(cinnamon, 계피), 미르라(Myrrha, '몰약'이라고도 불리는 방향성 수지로 몰약나무에서 채취한다. 고대 이집트에서는 이 물질을 미라를 만들 때 주로 사용했다), 로즈워터(rose water, 장미수. 장미꽃을 수증기로 증류하거나 장미유를 물에 녹여 얻는 투명 액체로 대부분 엷은 노란색을 띠며 진한 향기를 내뿜는다), 샤프란, 유향, 허브의 일종인 마저럼, 호로파 등을 손에 넣었다. 알렉산드로스는 과학적 식견을 가진 군주답게 그 향료들을 적절히 조합해 새로운 향을 만들어내도록 지시하기도 했다. 이후 그의 군대는 야영을 할 때마다 향기 나는 수지를 태워 달콤한 향을 즐겼다고 한다.

⊙ 고대 그리스 세계의 뛰어난 '염색 기술'을 활용해 페르시아 대군을 격파하다

알렉산드로스 대왕은 전략·전술의 천재였다. 그런 그는 페르시아 대군을 격파할 때 다음과 같은 흥미로운 일화를 남기기도 했다. 페르시아제국에 발을 디딘 지 얼마 지나지 않았을 때 알렉산드로스는 자신의 군대를 부상병으로 보이게 하는 위장 전술을 펼쳤다. 어떻게 했을까? 그는 서양꼭두서니에서 얻을 수 있는 알리자린(alizarin)이라는 빨간색 염료로 병사들의 군복을 물들여 마치 피범벅이 된 것처럼 보이게 함으로써 페르시아군을 속인 것이다. 이에 페르시아군은 알렉산드로스 대왕의 군대가 약하다고 여겨 방심했다. 그 천재일우의 기회를 놓칠 알렉산드로스가 아니었다. 그는 적군의 허점을 찌르고 들어가 수적으로 훨씬 우위였던 페르시아군을 격파하고 값진 승리를 거두었다.

당시 고대 그리스의 염색 기술은 이미 상당한 수준까지 발전해 있었다. 좀 더 자세히 살펴보자. 알리자린 색소 그 자체로는 염료로 사용할 수 없다. 섬유에 부착되지 않기 때문이다. 이것을 염료로 사용하려면 어떻게 해야 할까? 색소를 섬유에 접착시키는 '매염제'가 필요하다. 천연섬유를 염색할 때 매염제가 필요한 경우가 많은데, 금속 이온을 바꾸면 색이 변한다. 알리자린의 경우, 알루미늄 이온(Al^{3+})을 매염제로 사용하면 빨간색, 크롬 이온(Cr^{3+})을 사용하면 갈색을 띤 짙은 보라색, 알루미늄 이온과 칼슘 이온(Ca^{2+})을 함께 사용하면 선명한 빨간색이 된다. 당시 염색 기술자들은 꼭두서니 뿌리를 말려서 만든 분말에 다양한 이온이 포함된 광물이나 흙을 절묘하게 첨가해 원하는 색깔을 냈던 것으로 추정된다. 이러한 초목 염색은 오늘날에도 흔히 활용되고 있다.

기원전 300년 무렵

고대의 아로마 열풍

'의학의 아버지' 히포크라테스가 아로마 사용을 적극 권장한 까닭은?

⊙ 납 화합물로 고대 그리스 사회에 '미백 열풍'을 불러일으킨 아리스토텔레스의 제자 테오프라스토스

고대 그리스인은 그 지역 특산품인 올리브기름에 여러 가지 향료를 적절히 첨가한 향유를 대량으로 제조했다. 그도 그럴 만한 것이 당대인은 다양한 종류의 향료에 무척이나 열광했으며 마음에 드는 물건을 서로 경쟁하듯 사들였다. 왜 그들은 향료에 그토록 매료되고 집착했을까? 어쩌면 당연하게도 지중해의 강렬한 햇빛으로부터 피부를 보호하기 위해 향유나 크림을 바르지 않으면 안 되었기 때문이다.

오늘날 의사들의 선서에 등장하는 고대 그리스 의사 히포크라테스(Hippokrátēs, c. 460~c. 370 BC)는 '의학의 아버지'로 많은 이들에게 추앙받는 인물이다. 그런 그도 '식물 향이 몸과 마음을 이완시켜 줄 뿐만 아니라 약으로서도 효과가 있다'고 주장하며 적극적으로 사용을 권장했다.

테오프라스토스(Theóphrastos, c. 371~c. 287 BC)는 아리스토텔레스의 수많은 제자 중 한 명이다. 스승에게 인정받은 덕분에 그는 아리스토텔레스 학교인 리케이온의 학장을 지내기도 했다. 흥미롭게도 테오프라스토스는 '식물학의 시조'로도 널리 알려져 있다. 실제로 그는 500여 종에 이르는 아라비아 향료 등을 소개하는 9권짜리 서적 『식물지(Historia Plantarum)』를 저술하기도 했다. 이 시리즈는 향료나 향신료로 사용하는 식물, 조선이나 토목에 사용하는 목재부터 약용식물에 이르기까지 다양한 식물을 소개한 실용서다. 그 내용 중에는 장미, 민트, 시나몬, 아몬드기름 등 다양한 식물 성분을 올리브기름에 녹여서 바르는 치료법 등이 자세히 소개되어 있다.

테오프라스토스는 납 화합물로 만든 '연백(鉛白)'이라는 흰색 분말을 발견하기도 했다. 훗날 사람들은 연백을 화장품으로 사용했다. 말하자면 고대 그리스 시대에도 오늘날과 마찬가지로 '미백 열풍'이 분 셈이다. 물론 최근 화학 지식에 따르면, 납 화합물은 독성을 지니고 있어 인체에 해롭다. 그러나 당대 사람들은 그런 사실을 알 리 없었기에 미백 효과를 위해 해로운 물질을 직접 몸에 바르며 그에 따르는 비싼 비용도 아까워하지 않았다. 물질을 다루는 화학 지식이 얼마나 중요한지 일깨워주는 대표적인 일화 중 하나다.

기원전 250년 무렵

알렉산드리아

거대한 소비 도시에 전 세계 지식을 축적하다

⊙ 무세이온을 건설해 전 세계의 지식을 알렉산드리아에 모으고자 한 이집트 왕 프톨레마이오스 1세

알렉산드로스 대왕이 건설한 대제국은 그가 갑자기 사망하자 허무하게도 무너져내리기 시작했다. 그의 많은 부하 장수들이 많은 우여곡절을 겪으며 서로 다투다가 급기야 가장 강력한 후계자 3명이 패권을 다투는 구도로 자리 잡았다. 알렉산드로스의 가장 강력한 후계자 중 한 명인 프톨레마이오스 장군은 그가 어린 시절부터 가까이 지낸 친구이자 매우 아끼는 신하였다. 이집트 총독이던 그는 프톨레마이오스왕조 이집트를 세우고 프톨레마이오스 1세(Ptolemaîos I, 재위 304~282 BC)로 놀라운 신분 상승을 이루었다. 이는 기원전 304년의 일이다.

헬레니즘 시대 도시 가운데 가장 번영을 누린 도시는 어느 도시였을까? 바로 이집트의 알렉산드리아다. 이름으로도 충분히 짐작할 수 있듯 알렉산드리아는 알렉산드로스 대왕이 건설을 명령하고 직접 거리를 설계하며 깊이 관여한 도시이기도 했다. 프톨레마이오스 1세는 뛰어난 입지를 갖춘 항구가 있어 무역으

로 번영을 구가하던 알렉산드리아에 실험시설과 천문대, 동물원과 식물원, 50만 권에 달하는 장서를 보유한 도서관 등으로 구성된 무세이온(Mouseion)을 건설했다. 이는 알렉산드로스 대왕이 갑자기 사망하기 전 열정적으로 계획하고 추진했던 정책을 이어받은 것이었다. 프톨레마이오스는 '전 세계의 지식을 무세이온에 모은다'라는 원대한 계획을 세웠다. 그리고 그 계획을 구체적으로 실행에 옮기기 위해 항구에 정박한 선박에 관리를 파견하여 그곳에 실려 있는 책을 모조리 제출하도록 했다. 그러고는 전부 사본을 만들어 소장했다고 한다.

"기하학을 배우는 지름길은 없는가?"
"기하학에 왕도는 없습니다."

이는 이집트 왕 프톨레마이오스와 당시 그리스에서 알렉산드리아로 이주해 살고 있던 위대한 수학자 유클리드(Euclid, c. 300 BC)가 어느 날 만나 진지하게 나누었다는 흥미로운 대화 중 한 토막이다.

알렉산드리아에는 세상의 부가 집중되었다. 도시 인구는 순식간에 50만 명으로 늘어났고, 금과 은, 그 밖의 온갖 사치품을 손에 넣고 싶어 하는 부유한 사람들이 급속도로 증가하면서 거대한 소비 사회가 형성되었다. 사람들의 욕망이 꿈틀대는 이 거대한 도시에서는 납·구리 등 금속으로 금을 만들려고 하는 연금술도 발달했다.

기원전 221년

진나라의 중국 통일

소금이 세계사를 바꾸다

⊙ 소금을 대체하는 짠맛을 내는 분자는 존재하지 않는다?!

소금은 인류가 생명을 유지하는 데 없어서는 안 될 중요한 물질이다. 인간의 신경 시스템은 소금의 나트륨 이온(Na^+), 염화물 이온(Cl^-) 없이는 작동하지 않는다. 두 이온이 세포 안팎을 드나들면서 발생한 전기를 전달하기 때문이다. 소금이 미각에서 중요한 역할(짠맛)을 담당하게 된 것은 아마도 이 시스템을 유지하기 위한 인체의 노력이 아닐까.

단맛은 프룩토오스나 수크로오스(sucrose) 같은 분자이므로 대체 가능한 인공 감미료 분자가 존재한다. 그러나 소금을 대체할 수 있는 짠맛을 내는 분자는 없다. 짠맛의 원인 물질인 나트륨 이온이 단순한 이온이기 때문이다.

필수품 중 필수품인 소금이 세계사에서 매우 중요한 역할을 담당해온 것은 그런 연유에서였다. 먼저 소금과 관련한 유럽의 상황을 간략히 살펴보자면, 북유럽에서 암염이 주요 상품으로 등장하고 북해에서는 소금에 절인 청어가 탄생해 한자동맹 등의 거대한 상업권을 발전시켰다. 이는 13세기의 상황이다. 역사

장 바티스트 샹파뉴, 〈알렉산드리아 도서관을 방문한 프톨레마이오스 2세〉

1672, 캔버스에 유채, 245x377cm, 베르사유궁미술관

프톨레마이오스 2세는 아버지 프톨레마이오스 1세의 뒤를 이어 알렉산드리아 무세이온을 중심으로 한 학문과 문화의 발전을 이끌었다.

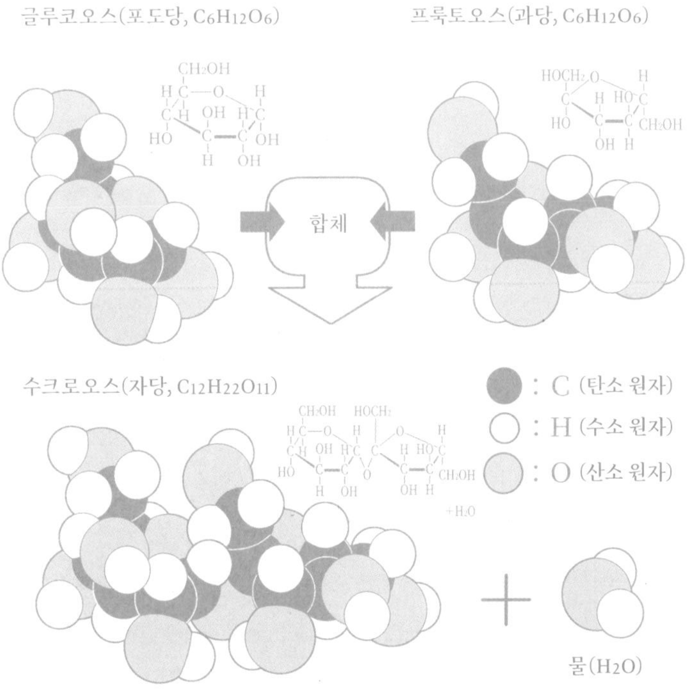

글루코오스(포도당, C6H12O6)
프룩토오스(과당, C6H12O6)
합체
수크로오스(자당, C12H22O11)
: C (탄소 원자)
: H (수소 원자)
: O (산소 원자)
물(H2O)

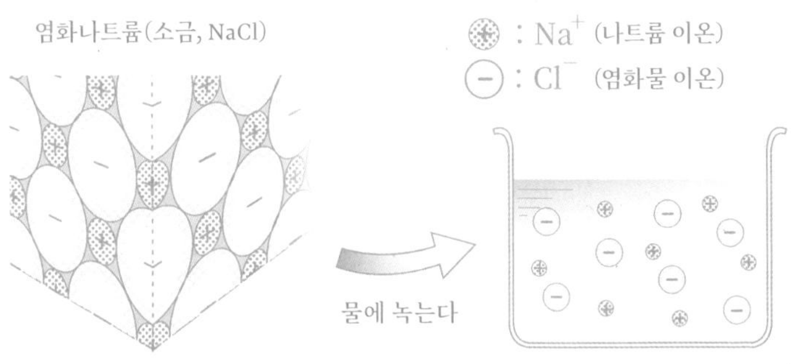

염화나트륨(소금, NaCl)
: Na+ (나트륨 이온)
: Cl− (염화물 이온)
물에 녹는다

적으로 동서고금의 위정자들은 소금 전매 제도를 시행하며 무거운 세금을 부과했다. 그리고 그로 인해 수많은 민중 반란이 일어났다. 소금 밀매 상인이 주도해 당(唐)나라를 멸망으로 이끈 황소(黃巢)의 난에서 소금세(가벨(gabelle))에 대한 민중의 불만이 폭발해 일어난 프랑스혁명에 이르기까지, 소금은 그야말로 세계사를 바꾼 가장 대표적인 물질의 하나라는 것은 누구도 부정할 수 없을 것이다. 프랑스혁명으로 1790년에 폐지되었던 소금세는 그 후 나폴레옹(Napoleon I, 재위 1804~1814, 1815~1815)의 유럽 정복 전쟁 비용을 충당할 목적으로 1805년 부활되었다(소금세 부활을 나폴레옹 몰락의 신호탄으로 보는 학자도 적지 않다). 그리고 이 정책은 1945년까지 유지되었다.

소금의 중요성은 우리가 사용하는 많은 어휘가 소금에서 유래했다는 사실만으로도 충분히 짐작이 간다. 예를 들어 급여를 의미하는 영어 단어 '샐러리(salary)'는 라틴어 '살라리움(salarium, 소금을 사기 위한 은화)'에서 유래했다. 샐러드, 소시지, 살라미도 라틴어에서 '소금'을 의미하는 '살(sal)'에서 유래한 말이다.

인간이 생명을 유지하는 데 꼭 필요한 물질인 소금은 무역의 역사를 만들고 혁명이나 전쟁의 불씨가 되곤 했다. 그러나 오늘날에는 아무도 신경 쓰지 않는, 지극히 당연한 물질로 인식되고 있다. 아니, 한 발 더 나아가 고혈압 같은 현대 질병을 유발하는 대표 물질로 취급받으며 눈총을 받는다. 온갖 식품에서 소금 사용량을 줄이기 위해 어마어마한 노력과 최첨단 기술까지 동원되는 것은 그런 연유에서다.

⊙ 진시황제의 '소금전매제도'가 중국 통일의 밑거름이 된 이유는?

중국에서는 춘추 시대 이후 전국 시대가 시작되면서 약육강식의 시대가 계속되었다. 기원전 247년 서쪽의 진(秦)나라에서 영정(嬴政)이 열세 살 어린 나이에 왕위에 올라 통치하기 시작했다. 그는 자신의 국가를 부강하게 하고 주변 국가를 차례로 정복하며 중국 통일의 길로 달려갔다.

전국 시대 통일의 위엄을 달성한 영정은 중국 최초의 황제가 되어 스스로 '시황제(始皇帝, 재위 221~210 BC)'라 칭했다. 이는 진나라가 이웃 한(韓)나라를 공격해 정벌한 지 9년 만인 기원전 221년의 일이다. 이때부터 1912년 청(淸)나라 마지막 황제 푸이(溥儀, 재위 1908~1912)가 제위에서 물러날 때까지 수많은 황제가 중국이라는 광대한 나라를 통치했다.

진나라 시황제는 흉노족을 막기 위해 만리장성을 쌓고 자신의 사후를 대비해 병마용(兵馬俑, 흙으로 구워 만든 병사와 기마장군상)을 제작하는 등 대규모 사업과 공사를 과감히 추진했다. 당연하게도 여기에는 막대한 자금이 투입되었는데, 소금과 철 전매제도가 중요한 재원 마련 수단이었다.

전매 제도란 국가가 생산과 유통, 판매를 관리하는 시스템을 의미한다. 말하자면, 국가가 중요한 생활필수품을 저렴한 가격에 사들인 후 민중에게 비싸게 판매함으로써 막대한 수익을 얻는 방식이다. 역사상 가장 오래된 이 소금 전매 제도는 머지않아 전 세계로 확산된다. 참고로, 일본에서는 1905년부터 1997년까지 소금 전매 제도가 시행되었다(한국에서는 1962년에 소금 전매 제도가 폐지되었다.—옮긴이).

HISTORY OF CHEMISTRY

5

로마제국 시대

고대 로마는 라틴인이 건국한 작은 도시 국가로 출발했다. 기원전 8세기, 정확히 말하자면 기원전 753년의 일이다. 그 무렵 지중해에서 무역을 발판 삼아 세력을 떨치던 이들은 페니키아인이었다. 페니키아인이 지중해를 장악한 가운데 페니키아인과 그리스인이 대립하는 상황이 벌어졌고 수세에 몰린 그리스는 로마에 원군을 요청했다. 지중해 패권을 호시탐탐 노리고 있던 로마는 이 기회를 놓치지 않았다. 이제 상황은 페니키아인이 북아프리카에 세운 식민도시 카르타고(오늘날의 튀니지 부근)와 로마의 대립으로 전개되었다. 한때 로마는 카르타고의 명장 한니발(Hannibal, 247~183/181 BC) 군대에 의해 이탈리아반도를 유린당하고 칸나에 전투에서 치명적 패배를 당하기도 했으나 결국 카르타고를 멸망시켰다. 그 결과 지중해 경제권은 단숨에 로마의 차지가 되었다.

로마는 본래 공화정 국가였으나 정치적 혼란이 이어지는 가운데 갈리아 원정을 성공적으로 이끈 영웅 율리우스 카이사르가 독재 정치를 펼쳤다. 그러다 카이사르가 정적에게 암살당하자 격렬한 패권 다툼이 벌어졌다. 그리고 결국 마르쿠스 안토니우스(Marcus Antonius, 83~30 BC)와의 권력투쟁에서 승리한 옥타비아누스가 로마제국 제1대 황제 아우구스투스(Augustus, 재위 27 BC~14)로 등극하면서 로마는 제정(帝政)의 길로 나아갔다.

로마제국은 많은 영역에서 고대 그리스를 계승했다. 기술 분야도 예외는 아니어서 로마는 그리스 기술을 배우고 응용해 수도교, 터널, 대성당, 콜로세움, 교량, 포장도로 같은 토목 기술을 발전시켰다. 로마의 주요 도시에는 상하수도가 정비되었고 민중은 황제가 제공하는 빵과 오락거리에 열광했다. 당시 생활상은 오늘날과 비슷한 측면이 있었다. 도시에 사는 사람들은 하루 일과를 마치고 나면 공중목욕탕에 가서 땀이 나도록 운동을 한 다음 욕탕에 들어가곤 했고 와인, 채소, 과일 등을 즐겨 먹었다. 로마제국은 압도적인 군사력을 앞세워 북쪽으로는 브리튼섬, 남쪽으로는 북아프리카와 이집트까지 자기 영토로 만들고 영향력을 확대했다. 이는 여담이지만, 시칠리아섬 시라쿠사가 배출한 위대한 수학자 아르키메데스(Archimedes, 287~212 BC)는 시라쿠사가 포에니 전쟁 당시 카르타고의 편을 든 데 대한 보복으로 로마군이 시라쿠사를 침략했을 때 살해당했다.

로마제국이 이민족을 포섭하는 데 있어 구심력이 된 것은 로마의 융성한 문화와 빵이었다. 그 상징과도 같은 장소가 바로 프랑스 아를 근교에 있는 바르브갈(Barbegal) 제분소다. 이곳은 경사면을 따라 떨어지는 물줄기를 이용해 16개나 되는 수차를 돌림으로써 거대한 맷돌을 회전시켜 밀가루를 만드는, 말하자면 고대 로마 시대의 '콤비나트(kombinat, 서로 연관된 업종의 공장이나 기업이 모여 있는 단지)'인 셈이었다. 그러나 로마제국은 기본적으로 노예제 사회였기에 기계 발명이나 개량 같은 과학 기술 발전은 상대적으로 더디게 이루어졌다.

로마제국은 현대사로 이어지는 수많은 흐름과 연결고리를 남겼다. 대표적인 것 몇 개를 꼽아보면, 로마제국은 오늘날 이스라엘 부근에 살고 있던 유대인과 전쟁을 벌이고 그들을 박해해 유대인이 전 세계로 퍼져 나가게 만들었다. 또 런던, 파리, 빈 등의 식민도시를 건설해 현대 유럽의 초석을 쌓고 기반을 다졌다.

기원전 55년(?) 무렵

루크레티우스의 시

뛰어난 통찰력을 지닌 '원자론'을 노래한 그의 시는 왜 배척당했나

⊙ **『사물의 본성에 관하여』라는 7,400행의 라틴어 시를 통해 우주 만물이 원자로 이루어져 있음을 주창한 루크레티우스**

고대 로마는 혼란기에 접어들었다. 스파르타쿠스(Spartacus, c. 111~71 BC)와 70여 명의 검투사들이 노예 반란을 일으키고 로마의 전통적인 정치 체제였던 공화정이 붕괴되면서 혼란상은 극심해졌다. 기원전 73년 무렵의 상황이다. 이후 반란을 진압하는

데 공을 세운 크라수스(Marcus Licinius Crassus, 115~53 BC), 폼페이우스(Pompeius, 106~48 BC), 카이사르가 로마의 권력을 독점하는 삼두정치(The First Triumvirate)가 기원전 60년부터 시작되었다. 이 즈음 시인이자 철학자인 루크레티우스(Lucretius, c. 99~c. 55 BC)가 『사물의 본성에 관하여(De rerum natura)』라는 7,400행의 아름다운 라틴어 시를 통해 우주의 만물은 원자로 이루어져 있다는 '원자론'을 노래했다. 이는 고대 그리스 철학자 에피쿠로스의 이론을 이어받은 것이었다.

루크레티우스의 논리에 따르면, 우주의 삼라만상은 온갖 원자의 이합집산이며 우리 미각이나 연애감정 또한 원자의 운동에 불과하다. 그는 대중이 그릇된 정치권력자와 종교 세력의 협박과 회유에 속지 않기 위해서는 우주 만물이 원자로 구성되어 있다는 실재론의 관점에 서서 생각해야 한다고 주창했다. 왜냐하면 기득권 세력은 호시탐탐 대중의 마음속에 공포를 심음으로써 전쟁이나 미신에 맹목적으로 매달리도록 부추기려 하기 때문이다.

루크레티우스는 상세한 논증을 통해 원자설을 주창했다. 즉, 돌로 만든 계단이 닳거나 동상이 사람들의 손길에 닿는 것 모두 눈에 보이지 않는 원자라는 미세한 알갱이로 이루어져 있기 때문이라는 주장이다. 한 발 더 나아가 그는 포옹·키스·섹스 같은 성적 행위까지도 원자의 움직임에 의한 결과로 설명했다. 그의 시는 오늘날에도 고대 로마를 대표하는 문학으로서 높은 평가를 받고 있다.

⊙ 루크레티우스 원자론이 아리스토텔레스 철학 때문에 매장당했다고?

루크레티우스의 원자론은 매장당했다. 아리스토텔레스의 가르침이 그리스도교 교리와 결합하는 시대가 도래하며 나타난 현상이었다. 그 후 그의 저작뿐 아니라 루크레티우스라는 인물 자체가 대중의 기억에서 사라졌다.

그러나 후대에 루크레티우스의 철학이 부활해 사회에 커다란 영향을 미치는 시대가 온다. 어떻게 이런 일이 가능했을까? 루크레티우스가 남긴 사본 몇 권이 기적적으로 살아남아 발견된 덕분이었다.

기원전 51년

갈리아의 와인

오늘날의 '와인 왕국' 프랑스를 만든 일등공신 카이사르

⊙ 갈리아 원정을 떠난 카이사르 군대의 진군과 함께 퍼져 나간 와인 제조법

율리우스 카이사르는 로마군을 이끌고 갈리아(오늘날의 프랑스) 정벌에 나섰다. 로마의 서쪽 영토 확장을 위해서였다. 이것

고대 로마인의 와인잔

2세기, 도자기, 높이 9.2cm, 헌트박물관

이 바로 기원전 58년에서 기원전 51년까지 이어진, 그 유명한 갈리아 전쟁이다. 카이사르는 갈리아 전쟁을 자세히 다룬 책 『갈리아 전기(Commentarii de Bello Gallico)』를 직접 집필했다. 이 책을 읽어보면 그가 얼마나 대단한 문학적 소양을 갖춘 인물인지 확인할 수 있다.

8년에 걸쳐 전개된 갈리아 전쟁은 갈리아 전체가 완전히 정복되어 로마의 속주가 되면서 막을 내렸다. 기원전 51년 즈음의 상황이다. 그에 따라 로마 문화가 서쪽으로 확산되었는데, 그중 하나가 와인 제조다. 와인 문화는 애초 고대 그리스에서 꽃을 피웠고, 이후 고대 로마로 이어져 더욱 발전했다. 그리고 갈리아 원정 당시 카이사르 군대의 진군과 함께 프랑스 내륙부인 코트뒤론, 보졸레, 부르고뉴, 알자스, 샹파뉴 등지로 와인 제조법이 전파되면서 오늘날의 찬란한 와인 왕국 프랑스를 만들어냈다.

⊙ 전 세계 와인 산업을 주도하는 2대 산지, 보르도와 부르고뉴

대서양 연안의 보르도와 파리 남동쪽의 부르고뉴는 프랑스를 대표하는 와인 산지로 오늘날에도 여전히 전 세계적 명성을 자랑하는 최고급 와인을 생산한다.

보르도에는 거대한 샤토(Château, 성·성채·저택·궁의 의미로, 여기서는 '생산자'를 의미한다)가 곳곳에 자리하고 있다. 그들은 밭에서 포도를 재배해 수확하고 그 포도로 와인을 제조해 병에 담기까지의 모든 과정을 체계적으로 진행한다. 최고 등급 와인으로 한 병에 100만 원이 훌쩍 넘는 보르도 와인 샤토 마고(Château Margot)가 이곳에서 연간 12만 병 이상 생산된다.

한편 부르고뉴에는 과거 부르고뉴공국 수도이던 디종으로부터 남쪽으로 펼쳐진 구릉지대에 작은 밭이 조각보처럼 펼쳐져 있다. 부르고뉴 지방에는 3,500개가 넘는 생산자가 존재한다. 이들 가운데 '그랑크뤼(Grand Crus)' 즉, 특급 포도밭으로 인정받는 로마네콩티(Romanée-Conti), 리슈부르(Richebourg), 샹베르탱(Chambertin)에서 생산된 와인은 한 병에 100만 원이 넘는 경우가 일반적이며 한 병에 2,000만 원에 이르는 것도 흔할 정도다. 포도밭 크기가 작아서 연간 생산량이 각각 수백~수천 병 정도에 불과하기 때문으로, 전 세계 애호가들은 한정된 와인을 놓고 치열한 쟁탈전을 벌인다.

기원전 1세기
유리 제조 기술 혁신

획기적인 유리 제조 기술·문화를 유럽 전역으로 확산시킨 로마제국

⊙ 고대 로마 유리 공업의 원동력이 된 와인 산업

독자 여러분은 유리 공방 장인이 유리를 만드는 장면을 본 적

이 있는가? 파이프 끝에 붙인 새빨갛게 녹은 유리에 숨을 불어넣어 부풀리는 모습 말이다. 이는 기원전 50년 즈음 고대 그리스에서 발명된 '대롱불기(glassblowing)' 방법이다. 2,000년이 넘는 유구한 이 방법이 최첨단을 달리는 오늘날에도 여전히 유리 제조의 왕도로 통하는 것은 무척 흥미로운 일이다. 대롱불기를 기계화하는 방법이 1820년대에 발명되었으나, 그 원리는 동일하다.

유리 공업은 고대 로마와 그 영향력이 미치는 지역에서 비약적으로 발전했다. 그 덕분에 로마의 유리 기술자들은 유리컵, 유리병 등의 다양한 유리 용기를 능숙하게 제작했다. 한데 여기서 고개를 드는 의문점 하나. '고대 로마에서는 왜 유리 공업이 그토록 발달했을까?' '와인 산업'이 강력한 추진력이 되어주었다는 사실을 알게 되면 역사를 공부하는 재미가 더욱더 쏠쏠해진다. 덧붙이자면, 이탈리아에서 전래된 와인은 갈리아 지방에서 거대 산업으로 발전했다. 그리고 갈리아의 와인이 로마제국 곳곳의 도시로 수출됨에 따라 와인병과 와인잔 또한 대량으로 생산될 필요가 생겼다.

로마제국 내 주요 도시에 많은 유리 공방이 세워졌다. 그곳에서 유리 기술자들은 납작한 판에 유리를 누르며 부는 방법으로 작지만 평평한 유리창을 만드는 데 성공했다. 당시에는 오늘날과 같은 커다란 판유리를 만드는 기술이 없었기에 그들은 작은 평면 유리를 H형 단면으로 된 납 틀에 끼워서 연결시켰다. 이렇게 작은 유리를 연결시켜 나가는 기법은 훗날(9세기 무렵) 다채로운 색의 작은 유리를 잔뜩 붙여서 원하는 모양이나 그림을 만드는 스테인드글라스 기술로 발전한다.

당시 유리 제조가 대규모로 활발히 이루어지던 도시 중 하나가 콜로니아(colonia), 즉 오늘날의 독일 쾰른이다. 참고로, 라틴어 '콜로니아'는 '식민지'를 의미한다. 영어 단어 '콜로니(colony)'가 여기에서 파생되었으며 콜로니아는 훗날 '쾰른(Köin)'으로 변형되었다. 여하튼 유리 공업은 이탈리아는 물론 프랑스, 스페인, 영국 본섬인 브리타니아에서도 성행했다. 당대 유리 산업과 유리 문화를 전 유럽으로 확산시킨 주역은 바로 로마제국이었다.

⊙ 로마제국 영토가 크게 확장되면서 유럽의 한랭지에까지 유리가 보급되다

로마제국의 국력이 뻗어 나가고 영향력이 커지면서 북부 유럽에도 로마군 주둔지가 건설되었다. 당시 유럽은 한랭기를 맞이하고 있었다. 그 여파로 빙하 지대가 확장하면서 해수면이 현재보다 2.5미터 정도 낮았다. 로마군이 한랭지의 추위를 견딜 수 있도록 주택에 난방 시스템과 유리창을 채용한 것은 위와 같은 특수 상황을 반영한 조치였다.

유리 원료는 소다(탄산나트륨)와 규사(이산화규소), 석회석(탄산칼슘)이다. 이 가운데 소다는 로마제국령이던 이집트의 특산품이었다. 이집트의 소다는 알렉산드리아에서 배에 실려 지중해를 건넌 뒤 도나우강(다뉴브강)이나 론강 등을 거슬러 올라가 유럽 내륙 지역으로 운반되었다.

70년 무렵

약의 백과사전

이슬람 의사에게도 전파된 고대 로마 최고의 약학서

⊙ 고전 의약을 집대성한 책 『데 마테리아 메디카』를 집필한 로마군 군의, 페다니우스 디오스 코리데스

네로(Nero Claudius Caesar Augustus Germanicus, 재위 54~68) 황제 시대 로마제국에서 약의 역사에 있어 찬란한 업적이 탄생했다. 바로 고전 의약의 집대성이라 할 만한 약학서 『데 마테리아 메디카(De materia medica)』라는 다섯 권짜리 책이 집필된 것이다. 이 책의 저자는 로마군 군의이던 페다니우스 디오스코리데스(Pedanius Dioscorides, c. 40~90)다. 이 책이 나오기 전까지만 해도 대중의 약에 관한 지식은 전승이나 미신에 근거한 것이 많았다. 디오스코리데스는 로마군을 따라 오늘날의 스페인에서 튀르키예에 이르는 각지를 다니며 현지에서 약초로 사용되는 식물을 조사하며 날카롭게 관찰하고 분석해 실용적인 약학서를 정리했다. 약에 관한 백과사전인 이 책에는 식물약 600종, 광물

13세기에 출간된 『데 마테리아 메디카』 삽화

약 90종, 동물약 35종이 소개되어 있다.

『데 마테리아 메디카』는 이후 1,500년이라는 긴 시간 동안 '약 교과서'로 사용되었다. 5세기 후반 서로마제국이 멸망한 뒤에는 유럽의 수도원에 전래되어 명맥을 이어갔다. 또 동로마제국 수도 콘스탄티노폴리스(콘스탄티노플)를 거쳐 중근동으로 알려지는 과정에서 아라비아어로 번역되어 이슬람 의사들에게 전해졌다.

1세기 무렵(?)
연금술의 마리아

뛰어난 연금술사이자 화학자였던 유대인 마리아

⊙ 알렉산드리아를 세계 최고의 화학 도시로 만든 걸출한 여성 연금술사·화학자

이집트 프톨레마이오스왕조 말기는 '세기의 미녀'로 유명한 클레오파트라 7세(Cleopatra VII Philopator, 재위 51~30 BC) 여왕이 등장한 시대다. 그 무렵에는 나일강 하구 삼각주 서쪽 끝에 건설된 항구 도시 알렉산드리아가 지중해의 문화와 학문의 중심지로 발전했다.

고대 메소포타미아나 고대 이집트에서는 여러 명의 여성 화학자가 향료·화장품 제조에 참여했다. 그 흐름을 타고 연금술 분야에서도 많은 여성이 활약했다. 한때는 연금술이 '여성의 분야'로 불렸을 정도다.

유대인 마리아(Maria the Jewess)라는 유명한 여성이 있다. 그는 1~3세기에 알렉산드리아에서 연금술사로 활약했던 인물로 『마리아 프락티카(Practica Mariae prophetissae sororis Moysi)』라는 책을 썼다. 현재 이 책은 대부분 소실되고 극히 일부만 전한다.

마리아는 증류·승화 등의 화학 실험을 했다. 그는 뜨거운 물로 직접 가열하는 중탕과 '트리비코스(Tribikos)'라는 증류기를 발명했다. 그는 '케로타키스(Kerotakis)'도 발명했는데, 이는 발생한 수은이나 황의 주기를 냉각시켜 원래 상태로 되돌리기 위해 지붕을 씌운 반응장치(현재는 '환류냉각기'라고 부른다)다.

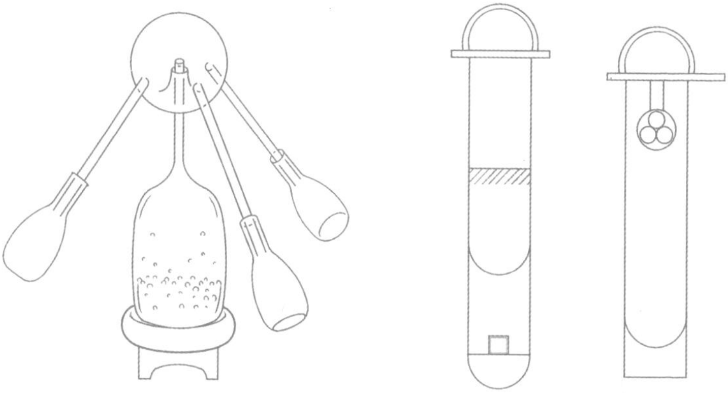

트리비코스와 케로타키스

이런 연금술 분야의 다양한 화학 실험은 알렉산드리아가 쇠락하면서 사라져갔으나 그 후 이슬람 세계로 계승되어 크게 발전했다.

105년
제지법 개발
지식 세계를 확장시킨 중국의 제지 기술

⊙ 인류 기록 문화에 대혁명을 일으킨 후한 시대 환관 채륜의 종이

오랜 옛날부터 인류가 이용해온 주요 기록 매체에는 무엇이 있을까? 고대 이집트의 파피루스(파피루스(papyrus) 풀의 줄기로 만든다)와 양피지(양의 표피를 무두질해서 만든다)를 무엇보다 먼저 꼽을 수 있다. 오늘날 사람들이 사용하는 종이와 같은 물질은 중국에서 개발되었다. 이것을 발명한 이는 식물 섬유(셀룰로오스)를 물속에서 분산시킨 다음 촘촘한 망으로 걷어 올리는(종이뜨기) 방법을 사용했다.

기원전 2세기 무렵 이미 이러한 방법이 사용된 것으로 추정된다. 이와 관련해 현재 남아 있는 가장 오래된 문헌은 5세기 전반에 쓰인 『후한서(後漢書)』의 기록이다. 이에 따르면, 후한(後漢)

시대 환관 채륜(蔡倫, ?~121)이 셀룰로오스로 만든, 오늘날의 종이와 같은 것을 황제에게 바쳤다고 한다. 이는 후한 4대 황제 화제(和帝, 재위 88~105) 때인 105년의 일이다. 그전까지 중국에서는 비단을 종이처럼 사용했다.

128년
시멘트 사용
로마는 '시멘트 제국'이었다?

⊙ 시멘트와 콘크리트로 건설된 제국, 로마

시멘트(cement)는 '쇄석', '거친 작은 돌'을 의미하는 라틴어 '카이멘툼(caementum)'에서 유래했다. 로마의 공용어인 라틴어에 이미 단어가 있었다는 사실로 알 수 있듯 이는 고대 로마에서 꽃피운 기술이다.

참고로, 시멘트 분말에 물이나 자갈을 넣고 굳힌 콘크리트(concrete)는 '농축되다', '단단해지다', '굳어지다'라는 의미의 라틴어 '콘크레투스(concretus)'에서 파생되었다. 여기서 '콘(con)'은 '함께', '크레투스(cretus)'는 '생겨나다', '성장하다'라는 의미다. '크레투스'는 '커지다'라는 이미지를 지니고 있어서 이와 연관된 단어로 '점점 강하게'라는 의미의 음악 용어 '크레센도

(cresendo)', '초승달'을 뜻하는 '크레센트(crescent)' 등이 있다.

베수비오산의 화산재에서 생긴 응회암(규소 산화물이나 알루미늄 산화물이 주체)에 소석회(수산화칼슘)를 섞으면 훌륭한 시멘트가 만들어진다.

이는 고대 로마를 대표하는 건축가 비트루비우스 폴리오(Vitruvius Pollio, ?~?)의 10권에 달하는 기록 『건축에 대하여(De architectura)』에 나오는 내용이다.

로마인은 뛰어난 토목 기술을 바탕으로 자연에서 얻은 천연 시멘트를 사용해 도로, 수도교, 항구 등의 호안(護岸, 강이나 바다 기슭, 둑 따위가 무너지지 않게 하는 일—옮긴이) 시설과 제방, 카라칼라 대중욕탕·판테온 신전 등을 지었다. 로마의 많은 건축물은 돌덩이나 경석(輕石, 화산 용암이 갑자기 식어서 생긴, 다공질의 가벼운 돌_옮긴이), 벽돌 부스러기 등을 천연 시멘트로 굳힌 콘크리트 건축물로, 표면을 돌이나 벽돌로 마감했다. 이렇듯 로마는 시멘트와 콘크리트로 건설된 제국이었다.

⊙ 고대 로마의 뛰어난 건축 기술을 상징하는 판테온 신전

다신교 사회였던 고대 로마에서는 신들을 한 신전에 모시고 그 신전을 '판테온(Pantheon)'이라고 불렀다. 라틴어 '판(pan)'은 '모든', '테온(theon)'은 '신'이라는 의미다. '모두 흉내 내다'

라는 의미의 '팬터마임(pantomime)', '아메리카대륙 전체'라는 의미의 '팬아메리칸(pan american)' 등의 '팬(pan)'이 라틴어 '판(pan)'에서 유래했다.

판테온의 주재료는 천연 콘크리트다. 물론 대리석이 사용된 곳도 일부 있기는 하다. 판테온 신전을 지은 이는 누구일까? 오현제 중 한 명인 하드리아누스(Caesar Trâiānus Hadriānus, 재위 117~138) 황제이며, 판테온은 128년에 완공되었다. 그로부터 1,900년이 다 되어가는 지금까지도 온전한 모습으로 남아 있다.

이런 고대 건축물의 내구성은 현대 철근 콘크리트 고층 건물이나 아파트가 흉내 낼 수 없는 수준이다. 월등히 발전한 기술로 지은 현대 건축물이 당연히 훨씬 더 내구성이 좋을 것이라고 생각하는 이들이 많겠지만, 실제로는 그렇지 않다.

⊙ 다양한 소재를 지혜롭게 활용해 최첨단 문명을 뒷받침하다

고대 로마는 압도적인 토목 기술을 자랑했다. 이는 콘크리트 건축 기술뿐 아니라 로마 영토 전역에 깔린, 전체 길이 8만 5,000킬로미터에 이르는 주요 간선도로만 봐도 알 수 있다. 율리우스 카이사르도 공병대를 우대하며 적극적으로 활용했다. 그 결과 전선에서 공병대가 단 며칠 만에 엄청난 규모의 다리를 건설하는 등 크게 활약했다. 특히 갈리아의 알레시아 공방전 당시 공병대는 엄청난 양의 흙을 파내고 해자와 함정을 설치해 로마군에 눈부신 승리를 가져다주었다.

로마인은 콘크리트 건축 기술로 높은 문명 수준을 증명해냈다. 여기에 더해 그들은 납 수도관으로 상수도 시스템을 구축하고 수세식 화장실까지 완비했다. 이런 최첨단 문명을 뒷받침한 것은 바로 로마인이 지혜롭게 활용했던 다양한 소재다.

로마인이 사용한 소재에는 오늘날 환경오염 문제로 종종 도마 위에 오르는 '석면'도 있었다. 석면은 규소와 산소가 주체인 화합물이다. 이는 현미경으로 보면 머리카락 굵기의 1,000분의 1밖에 안 되는, 바늘 끝 같은 가는 섬유로 구성된 광물이다. 석면을 의미하는 단어 '아스베스토스(asbestos)'는 그리스어에서 '~하지 않다'라는 부정의 의미를 가지는 접두사 '아(a)'와 '사라지다'라는 의미의 '스베스토스(sbestos)'가 합쳐진 단어로, '불멸'을 의미한다. 왜 이런 이름이 붙었을까? 석면은 불꽃 속에서도 타지 않기 때문이다.

석면 광석에서 섬유를 추출한 다음 이것을 짜면 천처럼 만들 수 있다. 고대 로마 시대에 석면은 램프의 심으로 사용되었다. 또한 화장할 때 시신을 감싸서 장작의 재와 시신의 재가 섞이지 않게 하는 용도로도 쓰였다.

HISTORY OF CHEMISTRY

6

로마제국 멸망과 이슬람 세력의 발흥

콘스탄티누스 대제(Flavius Valerius Constantinus, 재위 306~337)는 혁명과도 같은 대개혁을 단행했다. 로마제국이 서서히 구심력을 잃어가는 시점에 현명한 군주가 내린 위대한 결단의 결과였다. 먼저, 그는 로마가 오랫동안 탄압해온 그리스도교를 공인했다. 민중 사이에 이미 폭넓게 확산해 있던 그리스도교라는 종교를 통해 국론을 통일하기 위한 조치였다. 곧이어 그는 로마제국의 수도를 로마에서 콘스탄티노폴리스(오늘의 이스탄불)로 옮겼다.

그 후 로마제국은 동서로 분열되었다. 395년 무렵의 상황이다. 그리고 476년에 서로마제국이 게르만족에 의해 멸망했다. 이탈리아반도는 물론이고 갈리아와 이스파니아, 옛 메소포타미아 영역의 상당 부분, 그리고 이집트를 비롯한 북아프리카에 이르기까지 지중해 전역으로 영토를 확장했던 위대한 로마제국의 시대가 막을 내린 것이었다.

무함마드(Muhammad ibn Abdullah, c. 570~632)가 동굴에서 신의 계시를 받은 일을 계기로 이슬람교가 탄생했다. 610년 즈음의 상황이다. 이슬람교는 632년 무함마드가 죽은 뒤에도 신자가 계속 증가하며 아라비아반도 전역으로 빠르게 확산했다. 이후 이슬람 세력은 비잔틴제국과 사산왕조 페르시아를 격파하고 시리아, 이라크, 이란, 이집트 등을 정복하며 30년도 되지 않는 짧은 기간 동안 아랍인의 거대한 제국을 건설했다. 이슬람 세력이 지중해 세계 패권을 차지하자 기존의 로마 문화는 게르만족의 땅으로 이동했다. 오늘날 지도에서 살펴보면 따뜻한 지중해 부근에서 추운 지방인 알프스 북쪽과 서쪽, 독일과 프랑스에 해당하는 영역이다.

로마제국의 멸망은 유럽에서 옛 시대의 구심점이 완전히 사라졌음을 의미한다. 그리고 이를 대신해 새로운 권위를 갖게 된 그리스도교라는 종교 세력이 무소불위의 지배력을 갖게 되었다는 것을 의미하기도 한다. 바야흐로 그리스도교가 유럽을 지배하는 시대가 열린 것이다. 그 결과 얼마나 성경의 가르침을 충실히 따르며 천국을 지향하느냐가 인생과 사회에서 가장 중요한 일이 되었다. 이런 시대가 되면 과학도 발전하기 어려워진다. 당대 사람들은 고대 그리스 철학자 아리스토텔레스가 주창했던, 신의 존재에 기반한 우주관과 물질관을 더욱 제대로 구현하는 것이 과학의 목적이라고 여겼다.

상황이 이렇게 전개되자 유럽에서는 과학적 식견의 발전과 축적도 눈에 띄게 정체되었다. 그 연장선에서 시대의 중심은 610년 무렵 무함마드가 계시를 받아 탄생시킨 이슬람교 세력, 새롭게 발흥한 이슬람권으로 급격히 이동해갔다.

552년
비단의 비밀
산업 스파이가 유럽에 양잠을 확산시키다

⊙ 그리스도교 이단파 수도사 두 명을 파견해 누에고치를 몰래 가져오는 데 성공한 비잔틴제국의 유스티니아누스 1세

동로마제국은 수도 콘스탄티노폴리스를 중심으로 발전했다. 476년, 서로마제국이 멸망한 이후의 상황이다. 동로마제국을 '비잔틴제국'이라고도 부르는데, 왜일까? 이는 콘스탄티노폴리스의 본래 명칭인 '비잔티움'에서 유래했다. 콘스탄티노폴리스는 동양과 서양의 접점으로 무역을 통해 번성했다. 훗날 이 도시는 로마 교회와 결별하고 새로운 그리스도교 정파인 동방정교회의 성지가 되었다.

비잔틴제국은 당시 실크로드를 통해 들어오는 중국 비단의 생사를 비싼 가격에 사들였다. 중국에서는 기원전 3000년 무렵부터 비단을 생산해왔으나 그 방법을 철저히 비밀에 부쳤다. 비잔틴제국과 서유럽인이 부르는 값에 생사를 사는 수밖에 없었던 이유도 여기에 있다. 다만 생사를 염색하거나 피륙을 짜는 기술은 콘스탄티노폴리스에서도 이미 확립되어 있었다.

비잔틴제국의 유스티니아누스 1세(Justinianus I, 재위 527~565)

는 비단을 생산하는 비법을 밝혀내는 사람에게 막대한 포상금을 지급하겠다고 공표했다. 552년의 일로, 사산왕조 페르시아와의 전쟁으로 비단 공급이 불안정해지면서 치솟은 가격 문제를 해결하기 위한 조치였다. 이에 그리스도교 이단파 수도사 두 명이 중국으로 들어가 목숨을 걸고 누에고치를 몰래 가져오는 데 성공했다. 그 덕분에 고치 안에서 누에나방이 나온다는 사실과 비단을 생산하는 방법을 밝혀냈다. 오늘날에 빗대어 말하자면, 그 수도사들은 국가적 차원의 산업 스파이였던 셈이다.

그 후 비잔틴제국 황제는 국영 비단 공장에 독점권을 부여하고 비단의 생사를 본격적으로 생산하기 시작했다. 그 결과 서유럽에서도 비단을 생산하는 시대가 열리면서 비단 생산량이 가파르게 치솟았다. 그리고 마침내 유럽, 그중에서도 특히 이탈리아와 프랑스로 양잠이 확산해갔다.

⊙ 누에고치 한 개에서 얻을 수 있는 섬유의 양은?

누에나방 유충이 고치를 만들기 위해 토해내는 섬유인 비단은 단백질로 구성되어 있다. 좀 더 구체적으로, '피브로인(fibroin)'이라는 섬유성 단백질이 축을 이루고 '세리신(sericin)'이라는 점착질 단백질이 그 주위를 덮고 있다. 이들 단백질로 이루어진 비단은 가벼우면서도 광택을 낸다.

누에고치 한 개에서 어느 정도의 섬유를 얻을 수 있을까? 놀랍게도 1,000~1,500미터에 달하는 엄청난 양의 섬유를 얻을 수

있다. 오랜 세월 동안 비단은 중국에서 독점적으로 생산되어 이 나라의 풍요와 번영을 뒷받침해주었다

673년
그리스의 불
비잔틴제국을 절체절명의 위기에서 구한 가공할 신무기

⊙ 위기에 빠진 비잔틴제국의 구세주, '그리스의 불'을 발명한 이가 시리아 출신 건축가·과학자였다?

비잔틴제국이 초강대국 사산왕조 페르시아 군대를 괴멸시켰다. 627년의 일이다. 사산왕조 페르시아는 로마제국 시절부터 동방의 숙적이던 나라다. 당시 모든 이가 로마제국이 잃어버린 과거의 영광을 되찾게 되리라 확신했다. 그러나 이는 섣부른 예단이었음이 머지않아 드러난다. 그 무렵 아라비아반도에서 강력한 세력이 새롭게 등장했기 때문이다.

아라비아반도 바깥쪽으로 진출한 아랍인 이슬람교도가 약해질 대로 약해진 사산왕조 페르시아를 무너뜨렸다. 632년의 일이다. 그 직후 또 다른 이슬람 국가인 우마이야왕조가 세워진 것은 정해진 수순이었다. 그들은 서쪽으로 영토를 확장해 나가다가 마침내 비잔틴제국의 수도 콘스탄티노폴리스를 위협했다.

아랍군의 대함대가 콘스탄티노폴리스 근해로 밀어닥쳤다. 673년의 상황이다. 콘스탄티노폴리스의 운명은 바람 앞의 촛불과 같았다. 절체절명의 위기에 빠진 콘스탄티노폴리스를 구해준 구세주와도 같은 무기가 있었다. '그리스의 불(Greek fire)'이다. 이 무기를 개발한 사람은 시리아 건축가이자 과학자인 칼리니쿠스(Callinicus, ?~?)였다. 비잔틴제국은 획기적인 신무기를 개발하기 위해 그를 고용했고, 그는 멋지게 기대에 부응했다. 콘스탄티노폴리스는 로마제국의 영향권 아래 편입되기 전 그리스 식민지였기에 그리스 과학의 전통을 계승한 도시였다. 이 신무기는 바로 고대 그리스에서 사용되던 연소(燃燒) 병기를 발전시킨 것이었다.

⊙ 그리스의 불, 당대 국제정세까지 뒤바꿔놓다

'그리스의 불'은 석유를 주연료로 하는 무기였다. 이 무기는 물 위에서도 꺼지지 않고 계속 불타도록 만든 연료를 탱크에 채워 넣고 수동 펌프와 짐승 가죽으로 만든 호스를 사용해 연료를 발사하는 방식으로 사용되었다. 또한 이 무기는 불꽃을 만들어서 불을 붙이는 노즐도 갖추고 있었다. 이것을 쉽게 설명하자면, 일종의 강력한 화염방사기를 소형 갤리선에 장착했다고 보면 된다.

기동성이 뛰어난 소형 갤리선이 아랍 함대에 접근해 최대 45미터에 이르는 화염을 발사한다. 그러자 아랍 해군의 목조선이 차

레로 불타고 파괴되었다. 그 위력은 그야말로 대단해서 '그리스의 불'이라는 별명으로 불리며 콘스탄티노폴리스의 수호신이 되었다. 이 무시무시한 신무기에 관한 소문이 삽시간에 주변 국가로 퍼져 나가면서 강력한 억지력을 발휘한 것은 말할 나위도 없다.

비잔틴제국은 이 신무기 기술이 새어나가지 않도록 제조법과 사용법을 철저히 비밀에 부쳤다. 좀 더 구체적으로, '그리스의 불'을 사용하는 사람은 절대로 제조법을 알 수 없게 하고, 제조할 때에도 여러 단계로 나누어서 각각의 공정에 관여하는 사람이 다른 공정이나 비법을 전혀 알지 못하게 했다.

그러나 비잔틴제국은 이 대단한 신무기가 자신들을 영원히 지켜주리라는 생각에 마음을 놓고 있다가 급속도로 기술을 발전시킨 이슬람 세력의 압도적인 무기에 의해 멸망하고 만다.

아랍 해군을 상대로 사용된 '그리스의 불'

HISTORY OF CHEMISTRY

7

몽골제국과 이슬람제국 시대

+

−

유럽은 게르만 민족이 세운 국가들이 비 온 뒤 여기저기 솟는 죽순처럼 어수선하게 존재하는 혼란기에 접어들었다. 서로마제국이 멸망한 이후의 상황이다. 그런 가운데 프랑크왕국의 샤를마뉴 대제(Charlemagne, 재위 800~814)는 거침없이 영토를 확장했고 교황에 의해 황제로 추대되었다. 800년의 일로, 이는 비잔틴제국에 대항하기 위한 목적에서였다. 샤를마뉴 자신은 게르만인이므로 사실 로마와는 아무런 관련이 없었다. 그럼에도 그가 통치하던 시대에 그 찬란했던 로마제국이 '개념'의 형태로 부활했다. 그리고 그 후 위대한 '로마제국'에 대한 동경심에서 그것을 닮고 싶어 하고 따라 하고 싶어 하는 크고 작은 나라가 연이어 나타났다. 그중 가장 주목할 만한 존재가 훗날 등장하는 신성로마제국이었다.

한편 유라시아대륙 북동쪽 드넓은 평원에서는 기마민족 몽골인이 파죽지세로 세력을 확장해 가고 있었다. 그리고 그 무렵 지중해 세계 패권은 이슬람 세력이 거머쥐었다.

사막이라는, 극도로 척박한 환경에 뿌리내린 이슬람인은 어떻게 그런 만만치 않은 악조건을 딛고 말할 수 없이 경쟁이 치열한 지중해 세계의 패권을 차지할 수 있었을까? 그 이유로 네 가지를 들 수 있다. 첫째, 그들이 가혹한 자연환경 속에서 강인한 정신력을 길렀다는 점이다. 둘째, 새롭게 등장한 종교의 엄청난 열정과 에너지가 원동력이 되었다는 점이다. 셋째, 거칠고 메마른 사막지대에서 말과 낙타를 이용해 물자를 원활히 이동시키고 보급하는 시스템에 최적화되어 있었다는 점이다. 그리고 마지막으로, 이슬람군의 규율이 엄격했으며 점령지 민중에게 관용적이었다는 점이다.

아무튼, 이 시대에 지중해의 드넓은 영역 대부분이 마치 진공청소기 속으로 빨려 들어가는 먼지들처럼 이슬람의 세력권 안으로 들어왔다. 그 연장선에서 유럽 세력은 자연스럽게 북쪽으로 밀려났다. 당대에 세계의 중심축을 이룬 두 세력은 몽골과 이슬람이었다. 한때 번영을 구가하던 유럽은 중세에 이르러 중심무대인 지중해에서 밀려나 궁박한 처지에 놓여 있었다.

당시 지중해 일대를 장악한 이슬람제국 안에서도 권력의 소용돌이가 몰아쳤다. 그 중심 세력이 아랍인에서 이란인, 그리고 튀르키예인으로 바뀌며 정국이 요동친 것이다. 그리고 바야흐로 오스만제국 시대가 도래했다. 1517년 이후의 상황이다. 이슬람제국은 당대 최고의 선진국이었다. 이슬람인이 인류 역사와 문명에 끼친 영향은 매우 컸다. 대표적인 하나를 들자면, '아라비아 숫자'를 꼽을 수 있다. 예를 들어 어느 나라에서나 IV×XII가 아니라 4×12를 써서 쉽게 계산할 수 있다. 또 조지 오웰의 대표 작품을 구매할 때 『MCMLXXXIV』가 아니라 『1984』를 찾으면 된다. 모두 아라비아 숫자 덕분이다.

아라비아 숫자는 이름만 보면 이슬람인의 발명품으로 생각하기 쉽다. 그러나 당연한 사실이지만, 그렇지 않다. 본래 인도인이 개발한 인도 숫자가 이슬람 세계를 경유하면서 아라비아 숫자 시스템(0~9까지의 숫자를 조합하는 방식)으로 발전해 유럽으로 전파되고 전 세계로 퍼져 나간 것이다. 말하자면, 인도인에 의해 발명된 획기적인 세계 상품이 아랍인에 의해 전 세계로 유통된 셈이다.

이슬람인이 인류 문명에 기여한 것으로 아라비아 숫자만 있는 것은 아니다. 이 밖에도 셀 수 없이 많다. 구체적으로 어떤 것이 있을까? 수차와 펌프 같은 뛰어난 기계와 토목 기술이 그런 대표적인 예다. 그도 그럴 것이 드넓은 사막지대가 있는 혹독한 자연환경에서는 지하의 물을 퍼 올리고(양수) 하천의 물을 끌어 쓰는(관개) 일이 너무도 중요했기에 이슬람인이 거주하는 지역에서는 관련 분야의 기술 발전이 자연스럽게 이루어졌다.

아무튼, 이슬람제국은 세계사의 중심축으로서의 역할을 충실히 해내며 막대한 부를 축적하고, 스스로 동양과 서양을 연결하는 가교가 되어 인류 문화 발전에 이바지했다. 또한 그들은 고대 그리스 시대에 발달했던 철학과 수학, 수력학 등을 사본 형태로 도서관에 소장해 그리스 문화를 계승하고 보존하는 역할도 훌륭히 해냈다. 그 덕분에 훗날 서유럽인은 그것을 재발견하고 발전시켜 르네상스 문화를 태동시키는 밑거름으로 삼게 된다.

800년 무렵

우연한 폭발

세계사를 송두리째 바꾼 화약의 발명

⊙ 도교의 연단술이 흑색화약 발명으로 이어졌다고?

오늘날 불꽃놀이에 사용되는 화약은 1,200년이 넘는 유구한 역사를 자랑한다. 그도 그럴 것이 800년대 초엽 중국에서 발명된 화약과 거의 같은 것이기 때문이다.

중국을 통일한 진의 시황제는 불로장생 약을 만들어내거나 찾아오라고 명령을 내렸다. 기원전 3세기 무렵의 일이다. 이를 위해 많은 신하가 약초를 찾고 광물 등을 배합하는 과정에서 연단술(鍊丹術) 분야가 확립되었다. 불로불사, 불로장생을 추구하는 가운데 발전한 지식과 기술은 도교라는 고대 중국의 사상 체계와 떼려야 뗄 수 없는 밀접한 관련을 맺고 있었다. 도교는 노자와 장자의 사상을 근간으로 하는 민족 종교다. 이 종교는 현세에서의 실리를 중시하는 사상에 기반을 두고 있으며 불로불사와 경제적 풍요로움을 추구한다.

도교의 연단술을 익힌 사람들은 수백 년 동안 자신이 원하는 물질을 얻기 위해 다양한 물질의 조합을 시도하고 또 시도했다. 언젠가 도교의 연단술사가 약을 만들기 위해 목탄(C)과 유황

(S), 초석(질산칼륨, KNO_3)을 섞어 검은색 혼합물을 만들었다. 그러던 중 우연히 발생한 사고로 이 혼합물에 불이 붙었다. 그러자 혼합물이 불을 뿜으면서 커다란 굉음과 함께 폭발했다. 이는 9세기 초엽의 일이다.

유황, 계관석(황화비소, AsS_2), 초석, 꿀을 섞었다가
단순히 조금 데고 만 것이 아니라 집을 태운 자가 있다.

이는 850년 무렵 완성된 도교 경전에 기록된 흥미로운 일화다. 이때 발명된 화약은 '흑색화약'이라는 이름으로 불렸다. 그 이유는 이 화약이 목탄을 함유하고 있어 검은색 분말이 되기 때문이다. 흑색화약에 불을 붙이면 탄소, 황, 질산칼륨이라는 세 가지 물질 속에서 원자의 재편성, 즉 화학반응이 일어난다. 또 그 과정에 고체가 분해되어 이산화탄소나 일산화탄소, 질소 등의 기체 분자가 발생한다. 이때 연쇄반응으로 생겨나는 열과 함께 가스가 뜨겁게 팽창하는 것이다.

프로판가스나 휘발유 폭발을 일으키기 위해서는 공기 속 산소가 필요하다. 반면 흑색화약의 폭발은 화약 성분끼리의 반응이므로 공기(속 산소)에 의존하지 않는다.

⊙ 화학의 관점에서 초석은 어떻게 세계사를 바꿨나?

영어 단어로 초석은 niter다. 질소의 원소명은 '니트로젠(nitrogen)'으로 본래 프랑스어다. 이 둘은 모두 그리스어에서 '초석'을 의미하는 단어 '니트론(nítron)'에서 유래했다. Nitrogen에서 -gen은 '-을 만드는 것', '-의 근원'이라는 의미이며, 역시 그리스어에 그 기원을 두고 있다. 콜라겐(collagen), 게놈(genom), 제너레이터(generator) 등에 사용된 -gen이 같은 의미를 지닌다.

초석은 어떤 기후, 어떤 조건, 어떤 지역에서 산출될까? 우선, 건조한 지역에서 주로 산출된다. 중국 내륙를 비롯해 스페인·이탈리아·인도·이란 등의 사막지대 같은 곳이다. 이는 초석 성분인 질산칼륨이 물에 잘 녹아 비가 내리면 빗물에 씻겨 내려가기 때문이다. 그런 터라 습윤한 기후 지역에서는 천연 광석 형태의 초석이 거의 존재하지 않는다.

연단술사는 과연 어떤 방법으로 초석을 찾았을까? 관련 분야를 연구한 학자들에 따르면, 초석을 함유한 것으로 보이는 광물에 불꽃을 갖다 대어 보라색으로 변하는지를 확인하는 방법을 사용했다고 한다. 이는 곧 우리가 화학 시간에 배운 '불꽃 반응'이다. 칼륨 이온(K^{-})을 함유하고 있으면 불꽃은 자홍색으로 변한다. 불꽃 반응이 사실은 연단술과 관련 있었던 것이다. 말하자면, 화학 교과서는 수천 년에 걸쳐 인류가 거둔 성과가 기록된 '대하소설'이라고 말해도 지나치지 않다.

질산칼륨은 중학교 과학 시간이나 고등학교 화학 시간에 단골 주제로 다루는 물질이다. 예를 들어 "섭씨 60도의 물 200그램에는 몇 그램의 질산칼륨이 녹을까?"와 같은 계산 문제에 주로 등장한다. 그런 질산칼륨을 주 원료로 만든 흑색화약이 1,000년에 가까운 기나긴 시간 동안 일어난 수많은 전쟁에서 성을 파괴하고 장궁병과 기마대를 괴멸시키며 역사의 굵직한 물줄기를 바꿨다. 비록 지금은 전 세계 수많은 학생이 시험이라는 전쟁터에서 질산칼륨 용액이나 석출(용액에서 용질인 성분이 고체 형태로 나타나는 것을 의미함)을 계산하는 문제를 푸느라 끙끙대고 있지만 말이다.

⊙ 이민족과의 전투에 독가스탄·수뢰와 지뢰·다연장 로켓포 등 현대 병기의 기원이 되는 무기를 투입한 중국 송나라

중국 이민족 정에 기마 군단에서는 인류 역사상 최초로 오늘날의 '폭죽' 비슷한 것을 제작했다. 이는 훗날 '화전(火箭)'으로 불리는 로켓 폭죽 형태의 병기로 발전했다. 이 무기는 실제 전쟁에서 어떤 방식으로 활용되었을까? 학자들은 화전을 사용하는 군대가 이것을 대량으로 투입해 굉음을 내어 말을 놀라게 함으로써 싸움을 자신의 군대에 유리한 방향으로 몰아간 것으로 추정한다.

중국 송(宋)나라는 이민족을 상대로 한 전투에 독가스탄, 수뢰와 지뢰, 다연장 로켓포 같은 현대 병기의 기원이 되는 무기류를 투입했다. 송나라가 소이탄, 화약 등을 이용한 이들 병기로 싸우던 1100년 무렵 유럽에서는 여전히 검과 활을 들고 전쟁터에 나갔다.

815년 무렵

이슬람의 연금술

연금술을 넘어 화학으로 나아가다

⊙ 유럽에 지대한 영향을 끼친 이슬람 연금술사·화학자 자비르 이븐 하이얀의 『검은 땅의 책』

고대 그리스인은 고대 이집트 도시 알렉산드리아에서 연금술을 꽃피웠다. 그리고 이 기술은 이슬람의 연금술로 발전되고 현대의 화학으로 연결된다. 이슬람 연금술사는 화학자로 불러도 손색이 없을 만큼 위대한 업적을 남기며 세계사에 큰 영향을 미쳤다. 그중에서도 특히 자비르 이븐 하이얀(Jabir ibn Hayyan, c. 721~815, 라틴어 이름은 게베르(Geber))이 남긴 업적은 눈부실 정도였다. 그는 약초 의사가 생업이었으나 화학, 철학, 천문학에도 해박한, 레오나르도 다빈치(Leonardo da Vinci, 1452~1519) 같은 인물이었다.

화학 연구에서는 광물·금속 등을 산(酸)으로 녹이는 반응이 중요하다. 그러나 당시에는 식초의 자극적인 냄새를 구성하는 성분인 아세트산 같은 약한 산밖에 없었다. 그런 까닭에 자비르를 비롯한 이슬람 연금술사들은 염산·황산·질산 등의 강한 산을 광석에서 추출하는 방법을 찾아야 했다. 또한 그들은 효율적인 증류 방법과 기구도 발명했다.

자비르 이븐 하이얀이 아라비아어로 쓴 『검은 땅의 책(Kitab al-Kimya)』은 금속과 관련된 화학을 집대성한 책이다. 이 책은 12세기에 라틴어로 번역되어 유럽에 지대한 영향을 끼쳤다. 여기서 '검은 땅(Kimya)'은 이집트를 지칭하며 이 책이 전반적으로 이집트 연금술을 다루는 것으로 알려져 있지만 그 밖에 여러 해석이 존재한다. 한편 책 제목의 Kimya는 연금술을 의미하는 Alchemy와 화학을 의미하는 Chemistry의 어원이 되었다.

⊙ 세계사를 바꾼 음료, '위스키'와 '럼주' 탄생을 가능케 한 자비르 이븐 하이얀과 이슬람 연금술사들

알라지(Abū Bakr al-Rāzī, c. 865~c. 925, 라틴어 이름은 라제스(Rhazes))는 의사 겸 연금술사였다. 그는 자비르 이븐 하이얀의 물질 탐구를 계승한 인물로, 바그다드에서 연구에 몰두했다. 철학과 천문학까지 섭렵한 알라지는 평생 물질 탐구에 열정을 쏟아부었고 의사로서 안과, 소아과, 뇌신경과 분야에 중요한 연구 성과를 남겼다.

알라지는 다양한 실험을 하고 그 결과를 꼼꼼히 기록하는 방식으로 광물 등 물질의 성질을 체계적으로 정리했다. 이는 연금술이라기보다는 현대의 화학에 훨씬 가깝다. 이렇듯 이슬람 연금술은 이미 화학이라고 불러도 손색이 없을 만큼 수준 높은 경지에 도달해 있었다. 다시 말해, 주로 가열을 통해 물질을 변화시키려 했던 기존의 연금술과 달리 본격적으로 약품과 약품의 화학 반응을 깊이 있게 연구했던 것이다.

오늘날까지 우리가 사용하는 단어에도 그 흔적이 남아 있다. 예컨대, 알코올은 '알쿠흘(al-kuhl)'이라는 아라비아어에서 유래했다. 여기서 al은 영어의 the와 같은 정관사, kuhl은 '눈꺼풀에 바르는 바슬바슬한 분말'을 뜻한다.

이 분말은 정제한 안티몬(안티모니)이다. 이는 고대 이집트에서부터 사람 눈에 알을 낳으려고 집요하게 날아드는 파리를 쫓기 위해 사용해온 약품이다. kuhl에 '정제된 것'이라는 뜻이 있어 '증류를 통해 정제한 것'을 지칭하는 단어 '알쿠흘'이 만들어졌다.

알칼리(alkali), '증류기'를 의미하는 알렘빅(alembic) 등도 비슷한 맥락의 단어들이다. 알칼리는 정관사 al에 '나뭇재'를 의미하는 단어 qalīy가 결합해서 만들어졌다. 나무나 숯의 재는 알칼리성을 띤다. 여기에 탄산칼륨(K_2CO_3)이 들어 있기 때문이다. 알렘빅은 정관사 al에 그리스어 ambix에서 파생된 아라비아어 anbiq가 결합된 단어에서 유래했다. ambix, anbiq는 모두 '증류용 항아리'를 의미한다.

자비르 이븐 하이얀과 이슬람 연금술사들은 와인을 증류함으로써 알코올 농도를 진하게 한 액체를 얻었다. 와인을 증류하면 가장 먼저 에탄올이 끓어오르는데, 이 증기를 식힌 다음 액체로 되돌리면 에탄올 농도가 높아진다.

알코올을 증류하면 에탄올이 응축되어 농도가 높아진다. 그리고 이 증류 기술을 통해 세계사를 바꾼 음료가 탄생한다. '위스키'와 '럼주' 등 증류주라고 부르는 술이다.

1085년

레콩키스타

르네상스와 과학혁명의 문을 활짝 열어준 영토 재탈환 전쟁

⊙ 알폰소 6세의 '톨레도 탈환'은
왜 역사의 물줄기를 바꾼 결정적 분기점이 되었나?

우마이야왕조는 북아프리카를 지배한 이슬람 세력이다. 이 왕조는 모로코와 스페인 사이에 있는 지브롤터 해협을 넘어 이베리아반도를 침략했다. 710년의 일이다. 이후 이베리아반도는 오랫동안 이슬람 세력의 지배를 받았다. 이베리아반도 북쪽 카스티야왕국과 레온왕국의 가톨릭 세력이 이슬람 세력(이 시대에는 무라비트왕조)으로부터 빼앗긴 영토를 차츰 탈환하기 시작한 것은 거의 800년이 지나서였다. 이러한 기독교도의 국토 회복 운동을 '레콩키스타(Reconquista)'라고 한다.

카스티야왕국의 '카스티야'라는 이름에서 '카스텔라'라는 빵 이름이 기원한 것을 아는가? 레콩키스타가 한창이던 시대에 이슬람 세력에 맞서기 위한 성이 많이 지어졌다. 그에 따라 '성'을 의미하는 라틴어 '카스텔룸(castellum, 영어 castle의 어원)'이 그대로 나라 이름이 되었다.

카스티야왕국은 올리브기름을 원료로 만든 현대식 흰 비누를 새롭게 보급했다. 그때까지 유럽은 짐승 기름을 활용한 검고 냄새 나는 비누를 사용해왔다. 그 후 카스티야식 비누 제조법은 프랑스 마르세유와 이탈리아 베네치아로 퍼져 나갔다.

비누가 만들어지기까지

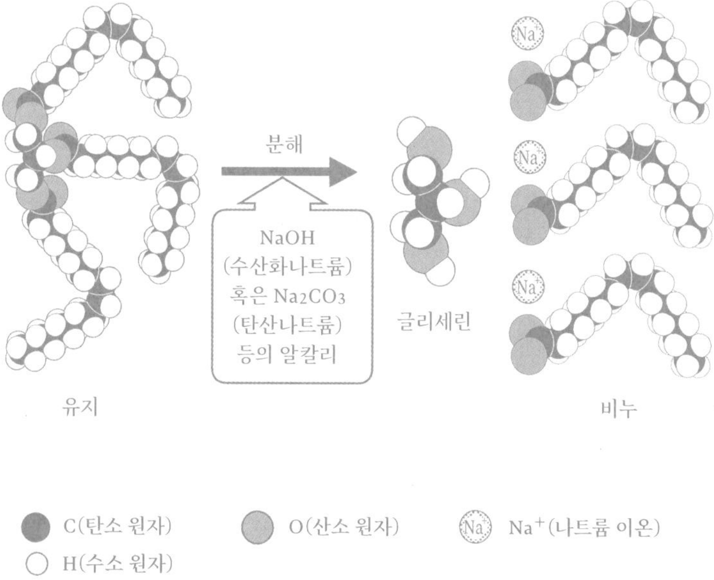

레온왕국의 알폰소 6세(Alfonso VI, 재위 1065~1109)는 갈리시아 왕국과 카스티야왕국을 통치한 군주였다. 그는 차츰 남쪽으로 세력을 확장하며 이베리아반도 중앙에 자리한 톨레도를 공격해 점령하는 데 성공했다. 1085년의 일이다. 이는 오랜 기간 수세에 몰렸던 가톨릭 세력이 본격적으로 공세로 전환하는 중요한 계기가 되었다. 말하자면 알폰소 6세의 톨레도 탈환은 역사의 물줄기를 바꾼 결정적 분기점이 된 셈이다. 그리고 이때 알폰소 6세는 점령군의 약탈과 파괴를 금지하고 이슬람의 여러 기술과 풍물까지 흡수하고자 노력했다.

⊙ 세계사의 주도권이 아라비아에서 유럽으로 넘어가게 한 결정적 원동력, 알폰소 10세의 방대한 문헌 번역 프로젝트

11세기 후반에 일어난 알폰소 6세의 톨레도 탈환 사건은 그야말로 쓰나미와 같은 엄청난 파장을 몰고 왔다. 그것은 세계사를 통틀어 살펴보아도 중요도 면에서 손에 꼽을 만한 사건으로, 굳이 비교해보자면 스페인의 신대륙 발견을 능가할 만큼 대단한 사건이었다.

레온·갈리시아·카스티야 왕국의 군주 알폰소 6세가 이끄는 군대가 천신만고 끝에 되찾은 톨레도 거리는 활기가 넘쳐났다. 거리마다 화려한 옷차림을 한 사람들, 푸짐한 코스 요리, 계산판, 항해에 사용하는 별자리 관측용 기구(아스트롤라베), 미용실, 독특한 선율의 음악 등이 한데 뒤섞여 활력을 불어넣고 있었다.

그 모든 것이 당대 유럽 국가들보다 몇 단계 앞선 명실상부한 선진국의 모습이었다. 그중에서도 가장 중요한 발견은 고대 그리스인이 창조한 지식과 과학 기술 사본이었다. 그 위대한 인류의 지적 유산은 유럽인이 이미 오래전에 잃어버린 것으로, 이슬람 도서관에 소장돼 있었다. 이로써 유럽 가톨릭 세계 지식인들이 플라톤과 아리스토텔레스, 피타고라스, 유클리드 등이 남긴 방대한 저작을 다시 제대로 마주하게 된 것이다.

이슬람 세계에서 유럽으로 역수입된 방대한 문헌을 체계적으로 분류하고 라틴어로 번역한 뒤 사본을 만드는 원대한 계획을 세우고 하나하나 착실히 실행에 옮긴 인물이 있다. 알폰소 6세의 후손 알폰소 10세(Alfonso X, 재위 1252~1284)가 바로 그다. 알폰소 10세가 주도한 프로젝트는 위대한 결과를 낳았으며 세계사의 거대한 흐름을 바꿨다. 그도 그럴 것이 알폰소 10세의 앞을 내다볼 줄 아는 탁월한 혜안과 실행력에 힘입어 이루어진 고대 그리스 문화와 과학의 재발견이 문예 부흥 운동인 르네상스를 이끌고 추동했기 때문이다.

서유럽 사람들은 로마제국이 멸망한 후 오직 '그리스도교'라는 필터를 통해서만 사물과 사회, 그리고 세상을 바라보며 이해해왔다. 그러나 새롭게 조우한 이슬람 세계 덕분에 그들은 수 세기 동안 잊고 지내던 고대 그리스 시대, 즉 그리스도교가 탄생하기 이전의 실재론, 철학, 과학을 다시 접하게 되었다. 그리고 이를 기반으로 서유럽인이 새롭게 만들어낸 과학이 오늘날의 과학혁명 시대까지 이어졌다.

1096년

십자군 원정

탐욕스런 유럽이 운명적으로 조우한 미지의 세계

⊙ 인류 역사상 최초로 프로파간다에 성공한 권력자, 교황 우르바누스 2세

대나무를 쪼개는 기세로 세력을 넓혀 나간 이슬람의 셀주크 왕조가 그리스도교 성지 예루살렘을 점령했다. 11세기의 상황이다. 이후 이슬람 세력은 비잔틴제국(동로마제국)을 압박하기 시작했다. 이에 동방정교회 수장인 비잔틴제국 황제가 가톨릭교회를 대표하는 로마 교황에게 구원군을 파견해달라고 요청했다. 당시 서방 세계는 비잔틴제국의 동방교회와 로마 가톨릭의 서방교회로 분열되어 오래도록 갈등하고 대립하는 관계가 이어져오고 있었다.

로마 교황 우르바누스 2세(Pope Urbanus II, 재위 1088~1099)는 다시없는 기회를 맞이했다고 판단했다. 바야흐로 가톨릭교회 대표자로서의 자기 권력을 과시하는 동시에 다툼과 내전 등 분쟁이 끊이지 않는 서유럽이 일치단결할 수 있는 때가 온 것이다. "싸움을 멈추고 하느님을 위해 검을 드시오!" 우르바누스 2세는 예루살렘 탈환을 위한 성전(聖戰)에 나설 것을 열정적으로 호소했다.

이렇게 해서 유럽의 제후와 기사로 구성된 십자군이 출격했다. 이는 1096년의 일이다. 그리스도교 제후와 국왕, 민중은 성지 예루살렘을 이교도 세력에게서 되찾겠다는 거룩한 대의명분에 열광하며 원정길에 나섰다.

교황 우르바누스 2세는 인류 역사상 최초로 프로파간다에 성공한 권력자라고 할 만한 인물이다. 그가 교묘한 책략과 선전·선동·정보 조작을 통해 서유럽 전체를 뒤흔들어 놓았다는 점에서 그렇다. 참고로, 프로파간다는 '씨앗을 뿌리다', '번식시키다'라는 의미의 라틴어 '프로파가레(propagare)'에서 기원한 단어다. 프로파간다는 '대중을 선동하는 정보 조작'을 의미한다.

⊙ 십자군의 예루살렘 탈환, 그리고 이슬람의 예루살렘 재점령

제1차 십자군은 프랑스 귀족·기사와 남이탈리아 노르만인으로 구성된 정예부대였다. 그들은 대부분 열광적인 신도였으며 사기가 높았다. 그랬기에 그들은 원정 초반 여러 곳에서 내분으로 약해진 상황에 놓인 이슬람군을 격파하기도 했다. 그러나 승리의 기쁨은 오래가지 않았다. 애초 원정을 떠난 7,000여 명의 장졸 가운데 예루살렘에 도착한 인원은 1,200명 정도에 불과했다.

1099년 7월, 예루살렘 성 안으로 들어간 십자군은 민간인 대량학살과 약탈을 자행한 후 예루살렘왕국을 세웠다. 그러나 이

에밀 시뇰, 〈1099년 7월 15일, 십자군의 예루살렘 탈환〉
1847, 캔버스에 유채, 324x557cm, 베르사유궁미술관

슬람 세력은 조용히 물러나지 않았다. 다시 기세를 올린 이슬람 세력이 예루살렘을 재점령하는 데는 100년도 채 걸리지 않았다. 아이유브왕조를 세운 쿠르드인 명장 살라흐 앗딘(Ṣalāḥ al-Dīn Yūsuf ibn Ayyūb, 재위 1169~1193, 흔히 '살라딘(Saladin)'이라고 불린다)이 탁월한 전략과 리더십으로 예루살렘왕국을 멸망시켰다. 이는 1187년의 일이다.

⊙ 십자군을 혼비백산하게 만든 이슬람의 가공할 신무기, 소이병기

당시 서유럽 군대는 스스로 다른 민족, 다른 나라 군대에 대해 압도적으로 우위에 있다고 자부했다. 그런데 실상은 그 반대에 가까웠다. 서유럽 군대는 소이병기를 앞세운 이슬람군에 맥을 못 추었다. 십자군이 각종 무기를 앞세워 성 가까이 접근하면 이슬람군이 발리스타(캐터펄트로 화살을 먼 곳까지 날리는 공성용 병기)를 사용해 화약과 석유를 담은 화염병('이라크의 항아리'라고 불린 소이탄)을 발사했다. 십자군 장졸은 이 가공할 병기가 하늘 높은 곳에서 날아오기 시작하면 그야말로 혼비백산했다. 피할 도리가 없어 꼼짝없이 죽게 되리란 걸 알고 있었기 때문이다. 오늘날에 빗대어 말하자면 원자폭탄 같은 무기라고나 할까. 이슬람 공병대는 소이병기를 발사할 발리스타를 전쟁터에서 빠르게 조립할 수 있었다. 체계적인 훈련을 통해 조직력과 전투력이 크게 향상된 군대를 보유한 덕분이었다.

아프리카 북서부의 튀니지와 모로코 등을 포괄하는 마그레브 지방에서는 중동 지역처럼 석유를 무기로 사용할 수 없었다. 그런 터라 이곳에서는 1200년대 후반에 이미 원시적인 화포를 전쟁에 사용하기 시작했다.

1202년
변질되는 십자군
이슬람 세계 조우에서 엄청난 문화 충격을 받은 유럽

⊙ 잉글랜드의 유명 축구 클럽 '아스널'이 왕립 병기 공장에서 일하는 사람들로 구성된 팀에서 유래했다는데?

이 시대 지중해에서는 십자군의 해상 운송 건수가 많아졌다. 또한 유럽과 이슬람권 사이에 경제 활동이 활발해지면서 선박을 이용한 무역이 발전했다. 당대 대표적인 해양 도시국가 베네치아는 국영조선소 '아르세날레(arsenale, 해군 공창(工廠). 어원은 '제조장'을 의미하는 아라비아어 dar as-sina'ah)'를 설립했다. 이는 그때까지 여기저기 흩어져 있던 민간조선소를 국가가 통합해 관리하는 방식으로 운영되었다. 참고로, 이탈리아어 '아르세날레'의 영어식 표현은 '아스널(arsenal)'로, 잉글랜드의 유명 축구 클럽 '아스널'은 왕립 병기 공장에서 일하는 사람들로 구성된 팀에서 유래했다. 이렇듯 아라비아어는 우리가 일상적으로 사용하는 많은 단어 속에 스며들어 있다. 아무튼, 베네치아공화국은 그 일을 계기로 지중해 일대 해상활동에서 존재감을 드러내기 시작했다.

제4차 십자군 원정이 시작되었다. 1202년의 상황이다. 베네치아 공화국은 국가적 사업의 강력한 경쟁자인 비잔틴제국의 수도 콘스탄티노폴리스를 손에 넣고자 책략을 짰다. 십자군은 당시 예루살렘을 점령하고 있던 이집트 아이유브왕조를 공격하기 위해 모였다. 그러나 그들은 자금 부족으로 함대를 동원할 수 없었다. 그 상황에서 십자군은 어떤 선택을 했을까? 그들은 대출에 의지해 막대한 자금을 조달하는 대신 베네치아군에 합류해 콘스탄티노폴리스를 점령하고 라틴제국을 세우는 길을 택했다.

상황이 이런 방향으로 돌아가자 본질이 변하고 목적이 바뀌었다. '그리스도교 성지 탈환'은 명목상으로만 목적일 뿐 '비즈니스적 이권 추구'가 전면에 드러나기 시작했다. 십자군이 돈벌이에 혈안이 돼 있는 상황에서 소년 십자군을 비롯한 순수한 병사들이 고향에서 멀리 떨어진 이국땅에서 목숨을 잃어갔다. 당연하게도, 십자군과 교황의 신용은 바닥으로 곤두박질쳤다.

⊙ 유럽에 '비단 시대'를 불러온 제4차 십자군의 콘스탄티노폴리스 점령

콘스탄티노폴리스에서는 양잠 기술을 활용한 비단 생사의 생산, 염색과 직포 등이 활발히 이루어졌다. 이는 이미 6세기부터 이어져온 상황이다. 콘스탄티노폴리스를 점령한 십자군은 누에고치와 양잠 기술을 가지고 유럽으로 돌아왔다.

이후 베네치아와 피렌체를 중심으로 양잠 기술이 확산된 데 이어 15세기에 이르러서는 프랑스 왕 루이 11세(Louis XI, 재위 1461~1483)가 비단 생산을 장려했다. 프랑스에서는 특히 리옹에서 양잠과 견직물 생산이 활발히 일어났고 곧 리옹은 세계 최대 비단 생산지로 발전했다. 그 덕분에 절대왕정 시대에 이르러 비단으로 제작한 화려한 의류가 궁정을 장식했다.

⊙ 이슬람 세계와의 조우로 인한 문화 충격이 향신료 경쟁을 통한 신항로 개척시대의 막을 열다

인간은 누구나 고난과 역경 속에서, 혹은 새로운 환경에 적응해가는 과정에서 성장하고 성숙해진다. 그 점에서는 국가나 사회도 다르지 않다. 어찌 됐든 레콩키스타와 십자군 원정은 여러 측면에서 서유럽 국가와 사회에 성장과 성숙을 가져다주었다. 그도 그럴 것이 당시 서유럽인이 접한 이슬람의 문화와 예술, 철학 수준은 서유럽의 그것을 훨씬 능가했기 때문이다.

그런 상징성과 대표성을 모두 지닌 사례 가운데 하나가 바로 이슬람 세계에 설치되어 운영되고 있던 병원이다. 오늘날 시리아아랍공화국의 수도이기도 한 다마스쿠스에 비마리스탄(Bimaristan, 페르시아어로 '병자가 있는 곳'을 의미)이 역사상 최초로 세워졌다. 이는 707년의 일이다. 비마리스탄은 오늘날의 현대식 병원으로 이어진 가장 오래된 기관이라고 할 수 있다. 이 일을 계기로 중동 전역에 비마리스탄이 차례로 들어섰다. 놀랍게도 당대의 가장 규모가 큰 비마리스탄의 경우 8,000명이나 되는 환자를 수용할 수 있었다고 한다. 이런 비마리스탄의 경우 내과의와 외과의, 간호사, 약제사를 두고 있었으며, 직원들이 시간 근무제로 환자를 24시간 동안 돌보는 거대한 의료 센터였다. 심지어 잠을 못 자는 환자를 위해 음악을 연주해주는 직원이나 재미있는 이야기를 들려주는 직원도 있었다.

북방 유럽 출신인 서유럽 제후나 십자군 병사들은 소금에 절인 청어·뿌리채소류·썩기 시작한 고기나 생선을 구워서 먹곤 했다. 그런데 놀랍게도 이국땅 이슬람 세계에서는 유럽에서라면 왕이나 제후, 귀족조차 평생 몇 번 먹어볼까 말까 한 맛있는 식사를 일상적으로 맛볼 수 있는 레스토랑이 존재하는 게 아닌가. 심지어 그곳 사람들은 식사 때마다 음식에 기묘한 가루를 첨가해 조리하곤 했다. 십자군 제후와 장졸들은 그때까지 눈으로 본 적도 맛본 적도 없던 신기한 가루를 챙겨 고향으로 돌아갔다. 그 가루는 후추·사프란·설탕·시나몬·생강·클로브 등의 향신료였다. 이것이 기폭제가 되어 유럽 열강이 너나 할 것 없이 향신료를 손에 넣기 위한 경쟁에 뛰어들었고 신항로 개척시대의 막을 열었다. 또 그 연장선에서 무역이 활발해진 결과 경제가 급속도로 발전했다. 여기에 더해 이슬람의 음악, 화려한 의복과 문화도 서유럽 세계에 커다란 영향을 끼쳤다.

⊙ "이슬람의 칼 '다마스쿠스 검'에 이슬람 과학이 집결돼 있다"라고 말하는 진짜 이유는?

이슬람군과 격돌한 십자군은 그때까지 서유럽에서는 본 적 없는 날카롭고 튼튼한 칼을 마주했다. 이 칼은 '다마스쿠스 검'으로 불렸는데, 카라반이 인도에서 들여온 우츠강(wootz steel, 우츠는 '강철'이라는 의미)이라는 철로 된 재료를 다마스쿠스에서 제련하고 가공해 만든 것이다.

우츠강은 풍부한 철광석을 기반으로 고대부터 제철업을 발달시킨 인도의 특산품이었다. 한데 오늘날 그 누구도 우츠강 제조법을 알지 못한다. 당시 제조법을 철저히 비밀에 부쳤기 때문이다. 그 탓에 다마스쿠스 검은 명맥이 끊기고 말았다. 우츠강 같은 양질의 재료를 구할 수 없게 되었기 때문이다. 이는 1700년대의 상황이다.

우츠강으로 만든 다마스쿠스 검에는 아름다운 무늬가 나타난다. 그런 면에서 볼 때 다마스쿠스 검은 무기의 예술성을 한 차원 높였다고 할 수 있다.

이슬람 아이유브왕조의 명장 살라흐 앗딘과 십자군 원정의 최고 영웅인 잉글랜드의 리처드 1세(Richard I, 재위 1189~1199)에 관한 흥미진진한 일화가 오늘날까지 전해 내려온다. 1192년 양측이 휴전 협정을 맺을 때의 일이다. 두 사람은 서로 만나 자신의 칼이 얼마나 잘 들고 성능이 우수한지 자랑하는 일에 목소리를 높이고 올렸다. 이 다소 유치한 경쟁에서 과연 어떤 판정이 났을까? 살라흐 앗딘의 다마스쿠스 검이 압도적으로 우수하다는 판정이었다. 이후 그 소문은 유럽에서 퍼져나가 십자군 제후들은 다마스쿠스 검을 악착같이 수집해 보물로 삼았다고 전해진다. 다마스쿠스 검의 비밀은 그 후 수백 년간 베일에 싸여 있었다. 그러다가 다마스쿠스 검의 화학적 조성을 밝혀내려고 시도하는 사람이 나타나기 시작했다. 이는 제철업이 활황을 띤 19세기에 들어서서의 일이다. 그중에는 영국 물리학자 마이클 페러데이(Michael Faraday, 1791~1867) 같은 저명한 과학자도 있다. 그러나 오늘날까지 이 세상 그 누구도 다마스쿠스 검과 똑같은 것을 만드는 비밀을 알아내지는 못했다. 다만 우리가 대략적으로나마 알 수 있는 것은 다음과 같은 내용이다.

일반적인 제철 과정에는 시간이 지나면서 도가니 속에서 철이 식는다. 우츠강을 만들 때도 마찬가지다. 이때 철 속의 탄소를 많이 포함해 단단해지는 부분과 탄소가 적어서 강해지는 부분이 모자이크처럼 조합되어 조직을 만든다. 이로써 '단단하고, 강하다'라는 상반된 성질(금속은 지나치게 단단하면 오히려 쉽게 깨진다)이 나타난다. 우츠강의 원료를 채굴할 수 있는 인도 어느 지방의 철광석으로 만든 검은 더욱 강하고 단단하다. 비결이 뭘까? 그 철광석이 바나듐 원소를 미량 함유하고 있기 때문에 강도와 내구성이 높아지는 것이다.

우츠강 연구를 통해 철 합금이 탄생했다. 이는 20세기에 들어서서의 일이다. 그리고 그중 하나가 바로 녹슬지 않는 철, 스테인리스강이다.

1221년

세계에서 가장 오래된 약국

유럽 약품 공급망을 장악한 메디치 가문

⊙ 인류 역사상 가장 오래된 약국은 언제, 어디에서 영업을 시작했을까?

오늘날 우리는 몸이 아플 때 필요한 약을 어떻게 구하나? 나라마다 사회마다 차이는 있겠지만 어느 곳에서든지 허용된 범위에서, 그리 어렵지 않게 필요한 약을 구하고 이용할 수 있다. 그 이유는 도시마다 동네마다 병원과 약국이 상시적으로 문을 열고 영업을 하기 때문이다. 그러나 현대사회처럼 약을 손쉽게 구할 수 있게 되기까지 오랜 시간과 많은 사람의 노력이 있어야 했다.

지금까지 남아 있는 약국 중 세계에서 가장 오래된 약국은 언제, 어디에서 맨 처음 영업을 시작했을까? 1221년, 이탈리아반도의 주요 도시국가였던 피렌체에서다. 무려 800년 전의 일이다. 이 약국은 산타 마리아 노벨라 성당 수도사들이 직접 키운 약초를 조합해서 약을 만들고 판매하던 곳이다. 지금도 산타 마리아 노벨라 성당 옆에 본점이 있는데, 미술관을 연상시키는 외관에서 유구한 역사를 느낄 수 있다.

산타 마리아 노벨라 약국을 사랑하고 즐겨 찾은 이들 중에는 저명한 인물이 적지 않다. 피렌체 통치자였던 메디치 가문의 토스카나 대공도 그중 한 명이다. 한데 그가 이 약국의 수많은 상품 중 특히 좋아한 것은 약제가 아니었다. 그럼 뭘까? 재미있게도 향수였다고 한다. 어쨌든 이후 이 약국은 그 시대의 그야말로 무소불위의 권력을 자랑하던 메디치 가문에 정기적으로 약품을 납품하게 되었다. 그로써 유럽의 여러 왕과 제후, 귀족이 산타 마리아 노벨라 약국의 단골 고객이 되는 것은 예정된 수순이 되었다. 향수를 유난히 사랑한 나폴레옹 보나파르트도 그중 하나였다. 유럽의 왕과 제후, 귀족 그리고 교황, 추기경 등이 사용하는 향수와 향목, 향료의 원료는 어디에서 들여왔을까? 저 멀리 떨어진 아시아와 중동 지역에서 통상 무역을 통해 수입되었다. 좀 더 구체적으로 말하자면, 유향·몰약·안식향·소합향·시나몬 등이 실크로드와 바닷길(홍해나 페르시아만에서 인도를 경유해서 중국에 이르는 경로)을 통해 유럽으로 실려온 것이다.

⊙ 유라시아대륙을 종횡무진 휩쓸고 송두리째 뒤흔들어놓은 칭기즈칸의 몽골군

몽골 고원은 가혹한 환경이라는 측면에서 중동과 견주어도 뒤지지 않을 정도다. 이곳에는 오랜 옛날부터 유목민이 살고 있었다. 한때 이 땅의 강력한 지배자였던 금(金, 여진)은 여러 부족이 서로 반목하고 대립하도록 부추기고 이간질했다. 보르지긴 테무친(Borjigin Temuchin, c. 1162~1227)은 온갖 고난과 역경을 이기고 쿠릴타이(부족장 모임)에서 칸(Khan, 왕)으로 인정받았다. 이후 그는 자신을 칭기즈칸(Chingis Khan, 재위 1206~1227), 즉 '세계의 왕'으로 불렀다. 1206년의 일이다. 드넓은 초원을 평정하고 하나의 세력권으로 통합한 칭기즈칸과 몽골인은 더 넓은 세계를 차지하기 위해 유라시아대륙으로 진출하기 시작했다. 이는 13세기 전반의 일이다.

몽골인은 뼛속까지 유목 기마민족이다. 그들은 아주 어렸을 때부터 말 타는 법을 배우거나 말과 함께 생활하는 것을 마치 먹고 자고 입는 일이 그러하듯 당연하게 여겼다. 그들은 말을 타고 질주하며 재빠르게 움직이면서 무기를 휘두르는 전투에 능했다. 평소에는 농사를 짓다가 갑자기 전쟁에 동원된 농민 위주의 군대가 그들의 적수가 되지 못한 것은 어쩌면 당연한 일이었다. 지금으로 치면 전투기를 몰고 전차를 타고 훈련하는 민족이 물밀 듯이 쳐들어온 상황과 비슷하다고 할까.

초원을 모두 평정한 칭기즈칸은 호라즘왕조에 무역 사절단을 파견했다. 당시 호라즘은 튀르키예인이 세운 신흥 국가였다. 한데 무모하게도 호라즘왕조의 군주는 결과적으로 매우 어리석고 무모하게도 몽골 사절단 전원을 참혹하게 살해해버렸다. 이에 칭기즈칸은 분노로 치를 떨었고 호라즘왕조를 거세게 공격해 멸망시켰다. 오고타이칸(Ogotai Khan, 재위 1229~1241)은 칭기즈칸에 이어 두 번째 대칸의 자리에 오른 인물이다. 그는 엄청난 대군을 몰아 러시아와 동유럽으로 진출했다. 그의 군대는 거기서 한발 더 나아가 그때까지 금이 지배하고 있던 중국 북부를 점령했다.

1257년

몽골군과 화약의 확산

유라시아대륙 동서에 걸친 대제국을 건설한 몽골족

⊙ 몽골초원 기마민족, 드넓은 유라시아대륙 동쪽에서 서쪽에 걸친 거대 제국을 건설하다

몽케칸(Möngke Khan, 재위 1251~1259)은 몽골제국의 제4대 칸이다. 그는 이슬람 아바스왕조의 수도 바그다드를 공격해 점령함으로써 아바스왕조를 멸망시켰다. 1257년의 일이다. 당시에는 이미 이슬람 세계에도 화약이 전래되어 있었다. 그러므로 몽골군과 이슬람군 모두 로켓 폭죽을 크게 만든 것 같은 화약 병기를 동원해 싸웠다.

쿠빌라이칸(Kublai Khan, 재위 1264~1294)은 몽골제국의 제5대 칸이다. 그는 중국 남부의 남송을 멸망시켰다. 이후 그는 원(元)을 건국해 중국을 몽골제국 지배 아래에 두었다. 훗날 베네치아 상인이자 여행가인 마르코 폴로(Marco Polo, 1254~1324)는 제노바에서 출발해 육로를 통해 원나라에 도착해 쿠빌라이칸을 섬겼다. 이때 경험을 마르코 폴로가 구술한 내용으로 1300년 무렵 펴낸 책이 『세상에 대한 서술(Livres des Merveilles du Monde)』, 흔히 말하는 '동방견문록'이다.

원나라는 일본 규슈를 두 차례 공격했다. 1274년과 1281년의 일이다. 이때 '데쓰하우(철포)'라고 불리는, 지름 20센티미터 정도의 폭탄(도기로 만들었으며 화약이 폭발하면 철 조각 등을 사방으로 흩날렸다)이 가마쿠라 막부의 무사들을 괴롭혔다는 유명한 일화가 전한다.

몽골초원의 기마민족은 드넓은 유라시아대륙 동쪽에서 서쪽에 걸친 거대한 제국을 건설했다. 이로써 유라시아에서는 이슬람 시대가 끝나고 몽골 시대가 열렸다. 동아시아, 중동, 나아가 서유럽이 초원길과 실크로드로 연결된 것이다. 또한 중국의 항구와 호르무즈 해협이 배로 연결되어 거대한 경제 네트워크가 탄생하면서 무역이 활성화되었다. 다시 말해, 13세기에 글로벌리즘이 탄생한 것이다.

13세기

화약이 유럽으로

화포, 전 유럽을 뒤흔들다

⊙ 흑색화약에 관한 기록을 남긴 프란체스코수도회 수도사 로저 베이컨

13세기에 이르러 세계는 차츰 하나로 연결되어 갔다. 그 연장선에서 화약 병기를 앞세운 막강한 이슬람 군대가 서유럽으로 거침없이 짓쳐들어왔다. 이후 오랜 시간이 지나지 않아 마침내 유럽에도 화약이 전해지고 상용화되기에 이르렀다.

프란체스코회 수도사 로저 베이컨(Roger Bacon, c. 1219~c. 1292)은 박식하다는 점에 관한 한 둘째가라면 서러워할 가장 대표적인 인물이다. 베이컨은 잉글랜드 출신의 철학자이기도 했는데, 그런 그가 흥미롭게도 흑색화약에 관한 기록을 남겼다. 또한 이는 유럽인이 남긴 화약에 관한 첫 기록이기도 하다.

흑색화약은 어떻게 작동하고 사용될까? 이를 구성하는 초석과 탄소, 황이 화학반응을 일으키면 일산화탄소와 이산화탄소, 질소 등의 기체 분자가 급속히 발생한다. 그리고 이 과정에서 생기는 거대한 열로 인해 뜨겁게 팽창하는 가스가 된다. 이 가스를 통 속에서 한 방향으로 팽창시켜 가속력을 만들어 탄환을 밀어내면서 발사하는 것이다.

다만 대포나 로켓의 경우 화약 연소 속도가 상대적으로 느려야 한다. 왜 그럴까? 너무 급속히 연소되어 단번에 대폭발을 일으키면 자칫 포신 자체를 파괴할 위험성이 적지 않기 때문이다. 대포나 로켓 발사 과정에 속도 조절이 무엇보다 중요한 것은 바로 이런 연유에서다.

이 시대에 등장한 이런 유의 여러 화포(화약을 사용하는 다양한 종류의 포)가 세계사의 물줄기를 송두리째 바꿔놓았다. 곰곰이 생각해보면, 화포가 인류사에 미친 영향력은 그 초기 단계의 '불 이용'과 맞먹을 만큼 매우 크고 강력했다.

1300년 무렵

증류주 출현

활력을 되찾아주는 기적의 약으로 여겨진 새로운 알코올

⊙ 세계사를 바꾼 증류주, 브랜디와 위스키의 탄생

아르노 드 빌뇌브(Arnaud de Villeneuve, c. 1240~c. 1311)라는 인물이 있다. 그는 13세기 후반부터 14세기 초반에 활약한 의사이자 약제사였다. 그는 연금술사이며 몽펠리에 의학교 교수이기도 했다. 당시 그는 이미 곳곳에서 시도되던, 와인을 여러 번 반복해서 증류하는 방법으로 알코올 농도를 높이고 여기에 약초를 녹여 술을 만들었다.

1300년 무렵에는 와인 증류 매뉴얼을 소개하는 책이 나왔다. 이 책은 증류시켜 만든 술을 '활력을 가져다주는 음료수'라며 절찬했다. 농축한 술 증류주는 라틴어로 '아쿠아비타에(aqua vitae)', 즉 '생명의 물'로 불렸다. 이 술이 초자연적인 힘을 지니고 있다고 해서 붙여진 이름이었다. 사람들은 이 술을 살아갈 힘과 활력을 되찾아주는 기적의 약으로 여겼다. 그들은 이 약을 마시는 용도와 바르는 용도로 모두 사용했다.

자연 알코올 발효의 경우, 에탄올 농도가 15퍼센트 이상이 되면 발효를 일으키는 효모가 에탄올에 죽고 만다. 그러므로 에탄

16세기에 출간된 아르노 드 빌뇌브의 의학서

¶ Libro de medicina
llamado Thesoro de pobres/con vn regi-
miento de sanidad. Agora nueuamente
corregido y enmendado.
¶ Impresso con licencia/ en Alcala de He
nares/en casa de Sebastian Martinez
que sea en gloria. Año de
M.D.Lxxxiiij.

올 농도를 진하게 만들려면 인위적으로 증류하는 수밖에 없다.

와인을 구하기 힘들었던 북유럽, 잉글랜드, 스코틀랜드에도 마침내 증류주가 퍼져 나갔다. 이는 이 지역에 일찍이 맥주가 보급돼 있었기에 가능한 일이었다. 맥주를 증류해 증류주를 만들 수 있었기 때문이다. '아쿠아비타에'는 게일어(아일랜드와 스코틀랜드의 언어)로, '위스케바허(uisge beatha)'로 번역되었다. 그러다가 결국 usquebae로 변형되어 '위스키(whisky)'의 어원이 되었다.

증류주는 와인이나 맥주보다 한참 늦게 등장해 보급되었다. 와인을 증류한 것이 브랜디이고 맥주를 증류한 것이 위스키다. 여기에 더해 새로운 증류주인 럼주가 등장한다. 이들 증류주는 세계사를 바꿔 나갔다.

1300년 무렵

대포 굉음이 울려 퍼지는 유럽

신형 무기가 유럽 판도를 뒤흔들다

⊙ 교회 종을 만드는 당시 주물 기술자들이 특별히 주목받은 까닭은?

유럽에 대포가 등장했다. 1300년대의 일이다. 유럽에서 화포에 관해 오늘날까지 남아 있는 가장 오래된 기록은 무엇일까?

1327년에 제작된 한 필사본에 거대한 꽃병 모양 화포가 등장한다. 이것은 원래 흑색화약에 불을 붙여서 화살을 날리는 병기였다. 한데 발사할 때 엄청난 폭발력 탓에 화포까지 함께 폭발하는 사고가 자주 일어나 포수는 늘 죽음을 각오해야 했다. 그러다가 드디어 공 같은 둥근 돌을 발사하는 '사석포(bombard)'가 출현한다. 1300년대 후반의 상황이다.

오스만제국은 막강한 재력을 기반으로 이런 유의 화포를 대량으로 사들였다. 주요 수입 대상국은 이탈리아였다. 오스만제국은 곧 한 발 더 나아가 직접 화포를 제작하기 시작했다. 그리고 뛰어난 기술자들을 외국에서 스카우트해 강력한 '화포 제국'을 건설해 나갔다. 이슬람과 유럽 역사상 처음으로 화포가 투입된 전투가 벌어졌다. 세르비아가 중심이 된 그리스도교 연합군과 오스만제국 사이에 벌어진 코소보 전투에서였다. 1389년 일이다.

유럽에서 사용된 초기 대포는 한마디로 말해서 '나무통' 같은 구조였다. 즉, 금속판을 통 모양으로 배치하고 링으로 고정시킨 모양새였다. 이유는 단순한데, 통을 만드는 기술자가 제작했기 때문이다. 오늘날에도 포신을 '배럴(barrel, 통)'이라고 부르는 것은 이때의 흔적이라고 할 수 있다. 그러나 이 구조로는 강도가 낮기 때문에 화약 양이 많으면 포신 자체가 견디지 못하고 파열되고 만다.

그러므로 어떻게든 강도를 높여야 했다. 새로운 아이디어가 나온 것은 그 시점이었다. 그것은 바로 오랫동안 평화의 상징으로 자리 잡은 교회의 종을 만들던 주물 기술자에게 주목하자는 것이었다.

⊙ 신형 대포를 갖추지 못한 도시국가, 역사의 뒤안길로 사라지다

이렇게 해서 교회 종을 만드는 비법을 활용해 제작한 청동 대포가 등장했다. 이는 구리(Cu)와 주석(Sn)을 섞어서 만든 합금이었다. 이 대포를 '절구 구(臼)' 자를 써서 '구포(臼砲)'라고 불렀다. 떡을 찧는 절구 혹은 나무통처럼 땅딸막하게 생겼기 때문이다.

먼저, 포문에 흑색화약 가루를 넣고 그 위에 둥근 돌덩이를 놓는다. 그런 다음 도화선에 불을 붙여 화약을 폭발시킴으로써 연소 가스를 발생시켜 돌을 날려 보냈다. 이 유형의 대포를 동원할 때는 한 곳에 고정시킨 채 사용해야 했다. 크기가 너무 크고 무거워서 이동하기 어려웠기 때문이다. 이런 단점에도 불구하고 이 대포가 어떤 성이든 그 앞에 설치되기만 해도 성안 사람들은 공포에 질려 벌벌 떨곤 했다.

그 후 화약에 많은 개량이 이루어졌다. 대포도 마찬가지다. 무엇보다 대포는 자유롭게 이동할 수 있도록 수레바퀴가 부착되었다. 여기에 더해 철구를 발사할 수 있게 되면서 돌로 지어진 크고 튼튼한 성도 파괴할 수 있을 정도의 가공할 위력을 자랑하게 되었다. 상황이 이렇게 되자 영주들은 일제히 새로운 포를 장만하는 일에 사활을 걸 수밖에 없었다. 그 탓에 전쟁 비용이 기

14세기 화포

15세기 사석포(봄바드)

19세기 초 나폴레옹 시대의 포

하급수적으로 늘어났다.

이런 흐름 속에서 자금을 조달할 수 없어 신형대포를 갖추지 못한 도시국가는 도미노처럼 멸망해 역사의 뒤안길로 사라져갔다. 유럽에는 소규모 도시국가를 포함해 크고 작은 나라가 500개 이상 존재했다. 이는 1500년 무렵의 상황이다. 그러던 것이 전쟁에 신형 화포를 사용하게 되고 그로부터 400년이 지난 뒤에는 근대 국가 25개만 살아남게 되었다.

1346~1353년

페스트 전야

14세기 페스트가 식민지 도시 카파에서 시작된 이유

⊙ 여러 대륙으로 광범위하게 확산되는 '팬데믹'으로 발전한 최초 사례, '유스티니아누스 페스트'

페스트(Plague)는 수많은 종류의 감염병 중에서도 세계사를 가장 드라마틱하게 바꿔놓은 감염병으로 널리 알려져 있다. 역사의 기록상 인류가 맨 처음 페스트균에 감염된 것은 대략 5,000여 년 전의 일이다. 그러나 페스트가 여러 대륙에 걸쳐 광범위하게 확산되는, 그야말로 '팬데믹'으로 발전한 최초의 사례로는 '유스티니아누스 페스트'를 꼽는다. 이 제1차 페스트 팬데믹의 경우 학자들은 541년부터 본격적으로 퍼져 나간 것으로 추정한다. 또한 제2차 페스트 팬데믹은 중앙아시아에서 중국 전역에 이르는 광대한 지역에서 발생했다는 설이 있다. 당시 페스트는 몽골과의 무역을 통해 서쪽으로 확산해 갔다.

카파는 제노바인이 건설한 식민 도시로, 오늘날의 페오도시야다. 이 도시는 흑해와 인접한 크림반도의 항만 도시로 활발한 무역을 통해 번성했다. 카파의 주요 무역 상품은 '노예'였다. 오늘날 우크라이나 주변에는 강력한 국가가 존재하지 않은 까닭에 노예를 모으기에는 최적의 장소였다. 당시 제노바인을 포함한 지배세력이 주변의 슬라브인을 잡아 노예로 삼고(가톨릭교회 입장에서 동방정교회는 이교도였다) 동부 지중해(레반트) 등의 이슬람 상인에게 수출한 것은 이런 맥락에서였다. 노예를 의미하는 영어 단어 slave는 바로 '슬라브인 노예'에서 유래한 것이다.

1346년
페스트 = 생물병기

페스트에 걸린 시체를 성안으로 던져 넣어 화학무기로 활용한 몽골군

⊙ 유럽 인구 3분의 1의 목숨을 앗아간 최악의 감염병, 페스트

잉글랜드군이 프랑스군과 벌인 전투에서 프랑스군을 괴멸시

킨 때가 있었다. 백년전쟁(1337~1453년)이 한창일 때 벌어진 일이었다. 좀 더 구체적으로, 이는 1346년에 일어난 크레시 전투(Battle of Crécy)에서였다. 그 즈음 서진하던 몽골군(킵차크칸국)은 카파를 포위했으나 딜레마에 빠져버렸다. 몽골군 내부에서 페스트가 유행한 탓이었다. 결국 몽골군은 어쩔 수 없이 포위를 풀고 철수해야만 했다. 한데, 이때 그들은 단순히 퇴각하지 않고 페스트에 걸려서 죽은 시체를 투석기를 이용해 성안으로 던져 넣는 만행을 저질렀다. 오늘날에 빗대어 말하자면, 생화학 무기를 전투에 사용한 셈이라고나 할까.

그 결과 당연하게도 카파의 성안에서 페스트가 무서운 속도로 번져나가기 시작했다. 이에 혼비백산한 사람들은 여러 가지 물품을 싣고 제노바로 피신했다. 이때 카파에서 유입된 모피에 붙어 있던 벼룩 등을 매개체로 이탈리아 시칠리아섬의 메시나, 프랑스 마르세유로 페스트가 들불 번지듯 번져갔다. 곧이어 프랑스 파리와 스페인의 여러 도시, 영국 런던까지 페스트가 확산하면서 유럽 인구의 3분의 1 이상이 목숨을 잃었다.

전대미문의 재난에 휩싸인 유럽은 수습하기 어려운 대혼란에 빠졌다. 당연한 말이지만, 당시에는 페스트의 원인이 도대체 무엇인지 유럽인 중 어느 누구도 알지 못했다. 그런 까닭에 황당무계하게도 유대인이 우물에 독을 넣은 탓이라는 헛소문이 말이 달리는 속도보다 빠르게 퍼져나갔다. 이에 엄청난 광기에 사로잡힌 사람들이 유대인 사냥을 하기 시작했고, 수많은 죄 없는 유대인이 무참히 학살당했다.

14세기 말에 활동한 작가이며 궁정 역사가 장 프루아사르의
『연대기(Chronicles)』에 수록된 크레시 전투 장면 삽화

1377년

검역의 시작

역설적으로 사회 변화와 발전을 앞당긴 페스트 팬데믹

⊙ '검역'을 뜻하는 영어 단어 '쿼런틴'이 40을 의미하는 이탈리아어에서 유래한 까닭은?

얼마 지나지 않아 베네치아공화국은 동방에서 온 무역선에 페스트의 원인이 있음을 간파했다. 1377년 무렵의 상황이다. 이때 베네치아는 선내에 감염자가 있을 것으로 의심되는 배에 대해 30일 동안 정박한 뒤 상륙하도록 의무화했다. 이 조치는 이내 강화되어 '40일간 정박 의무화'로 바뀌었다. 이는 만약 선내에 감염자나 감염원이 있다면 그 사이에 발병하여 감염 여부가 판명되기 때문이다. 참고로 오늘날 '검역'을 영어로 '쿼런틴(quarantine)'이라고 하는데 이는 40을 의미하는 이탈리아어 '콰란타(quaranta)'에서 유래했다.

이 검역의 유효성을 증명하는 사건이 그로부터 250년 후 발생했다. 1629년의 일이다. 이때 페스트가 밀라노에 침투했는데, 초기에는 다행스럽게도 철저한 검역을 통해 대유행으로 번지는 것을 막을 수 있었다. 그러나 이듬해인 1630년 밀라노 카니발을 개최하기 위해 검역을 완화하자 걷잡을 수 없이 빠른 속도로 페스트가 확산하기 시작했다. 그 결과 밀라노의 하루 사망자 수가 3,500명에 이르렀다.

⊙ 가톨릭교회의 권위 추락으로 이어진 14세기 페스트 팬데믹

중세의 페스트 대유행은 전 유럽을 뒤흔들었다. 이는 사회 구조와 사람들의 정신세계에 엄청난 영향을 끼친 사건이었다.

페스트 대유행으로 혼란에 빠지자 사람들은 교회와 신이 구원해주기를 간절히 바랐다. 그러나 그들에게 불어닥친 태풍은 기존의 삶을 송두리째 날려버리는 위력을 떨쳤다. 이러한 참극을 마주하는 가운데 사람들은 이윽고 종교의 무력함을 깨닫게 되었다. 가톨릭교회의 권위는 추락할 수밖에 없었다.

페스트에 걸리면 신분에 상관없이 목숨을 잃었다. 귀족, 성직자, 영주, 부유층은 물론이고 왕이나 제후도 피해갈 수 없었다. 사람들은 '메멘토 모리(Memento mori)', 즉 '죽음을 기억하라'라는 라틴어 경구를 마음속에 새겼다.

페스트 유행이 지나간 후 죽은 이들이 두고 간 막대한 재산이 사람들에게 남겨졌다. 페스트로 기술자, 농민도 많이 죽었기에 노동력이 부족해지며 임금이 크게 상승했다. 부족한 노동력을 메우기 위한 기술 개발이 활발히 이루어지는 한편, 농촌 인구의 격감으로 인해 오랫동안 농노가 지탱해온 중세의 상징인 장원제도가 붕괴되었다. 이런 상황에서 농민의 지위는 자연스럽게 향상되었다. 이에 따라 영주의 부당한 요구에 대해 농민 봉기나

반란이 빈번히 일어나곤 했다.

14세기 페스트 팬데믹으로 인한 사회 구조와 시대정신의 커다란 변화는 르네상스와 종교개혁으로 이어졌다.

HISTORY OF CHEMISTRY

8

르네상스 시대

+

−

MARINONI

르네상스는 이탈리아를 중심으로 일어난 새로운 시대의 움직임이자 문예 부흥 운동이었다. 이는 그때까지 유럽 사회를 지배해온 그리스도교라는 고정관념과 거름종이를 과감히 버리고 자연과 인간과 사회를 있는 그대로 바라보자는 움직임이다. 그리스도교가 주류가 되기 전 고대 그리스 시대에 그렇게 했듯 말이다. 말하자면, 이로써 인류는 비로소 '어른'이 되기 위한 첫발을 내디딘 셈이다.

이 시대에 이르러 다양한 학문 분야를 다룬 고대 그리스 시대 책들이 쉼 없이 재발견되었다. 이는 십자군 원정으로 동방의 이슬람 세계와 교류가 활발해지면서 시작된 새로운 흐름이었다. 그도 그럴 것이, 유럽에서는 이미 오래전에 소실되어 잊힌 수많은 책의 사본이 이슬람 세계에 보관되어 있었다. 르네상스라는 '재발견'을 통해 유럽 세계는 새로운 도약의 발판을 마련했다. 사회 전체에 지적 풍토가 조성되었고 창조적 활동이 활발해졌다. 그리고 이러한 역동적인 흐름과 분위기는 신항로 개척시대와 과학혁명의 '씨앗'이 되었다.

이탈리아 도시 국가 피렌체는 공화정 시스템으로 유지되고 있었다. 1469년, 피렌체의 정치적 실권을 잡은 메디치 가문의 로렌초 데 메디치(Lorenzo de' Medici, 1449~1492)는 예술가들을 적극적으로 후원했다. 그는 당대 최고 기량을 떨치던 젊은 예술가 보티첼리, 레오나르도 다빈치, 미켈란젤로를 가족처럼 대하며 돌봐주었다.

같은 시기에 르네상스와 종교개혁을 뒷받침한 혁신적인 기계가 등장했다. 바로 인쇄기다. 이 기계가 영원히 계속될 것 같던 그리스도교(가톨릭)의 지배 체제를 무너뜨렸다. 인쇄기의 등장으로 오랫동안 일부 권력자와 성직자가 독점해온 지식과 정보가 대중 속으로 흘러넘치고 그들의 삶 속으로 스며들었기 때문이다.

포르투갈과 스페인은 이슬람 세력에 점령당한 국토를 회복했다. 두 나라는 여기에 만족하지 않았다. 본격적으로 영토 확장을 위해 발 벗고 나선 것이다. 포르투갈의 엔히크 왕자(Dom Henrique of Portugal, 1394~1460)는 선박 제조 기술과 항해술을 발전시키는 가운데 아프리카대륙 서부 해안을 따라 자국의 영향력을 확대해 나갔다. 이는 포르투갈이 대서양과 인접해 있다는 지리적 이점을 활용한 전략이었다. 그 결과 포르투갈은 인도양을 지나 아시아까지 도달했고 마카오에 식민 도시를 건설했다. 그뿐만이 아니었다. 포르투갈은 브라질을 자국령으로 만들었고 일본에도 진출했다. 한편 스페인은 남북아메리카대륙에 도달한 이후 태평양으로 나아갔다.

1415년
얀 후스의 교회 비판
한 성직자의 투쟁이 역사의 흐름을 바꾸다

⊙ 체코 독립운동에 투신하다 화형당한 불운의 성직자 얀 후스

잉글랜드의 성직자이자 종교개혁가인 존 위클리프(John Wycliffe, c. 1328~1384)는 "성경이야말로 신앙의 최고 권위다"라고 주장하며 당대 타락한 교회를 비판했다. 14세기 후반의 일이다. 그리고 위클리프는 가톨릭교회가 엄격히 금지하고 있던 성경의 모국어 번역, 즉 라틴어 성경을 영어로 번역하는 일을 과감히 실행에 옮겼다.

당시 라틴어를 읽고 쓸 줄 아는 사람은 교회의 권위를 부여받은 사제 등 소수 엘리트에 국한되어 있었다. 당연하게도 민중은 라틴어를 알지 못했다. 이런 사회 구조상 라틴어 성경밖에 존재하지 않던 시대에는 높은 수준의 교육을 받아 라틴어를 익혔다는 사실만으로 성직자의 권력과 부와 명예가 보장되었다.

민중도 읽을 수 있도록 성경이 각국의 모국어로 번역되면 무슨 일이 일어날까? 무엇보다 먼저 당대 최고 기득권 세력인 교황·추기경을 비롯한 가톨릭 관계자가 권력을 잃게 된다. 요즘

가톨릭교회 이단자로 몰려 화형대에 선 체코 종교개혁가 얀 후스

식으로 말하자면 '민주화'가 이루어지는 셈이다. 얀 후스(Jan Hus, c. 1370~1415)도 존 위클리프의 운동에 동참하며 타락한 교회를 비판했다. 후스는 당시 신성로마제국령이던 뵈멘(Böhmen, 라틴어로 '보헤미아'라고 하며 독일과 인접한 체코 서부 지역)의 고위 성직자였다.

그 무렵 로마 가톨릭교회는 '면벌부(免罰符)'라는 증명서를 팔아 돈을 모으는 일에 혈안이 되어 있었다. 얀 후스는 면벌부를 팔아 돈을 모으는 가톨릭교회의 추악한 행위를 맹렬히 비판했다. 나아가 그는 대학 강의와 설교도 라틴어가 아닌 체코어로 진행했다. 그 결과 후스는 프로테스탄트 운동과 체코 독립운동의 선구자가 되었다.

얀 후스는 가톨릭교회의 이단자로 몰려 화형을 선고받았다. 1415년에 열린 콘스탄츠 공의회에서 내려진 결정이었다. 그러나 후스가 남긴 말은 오늘날까지 계승되어 사람들의 가슴속에 살아 있다. "진실을 사랑하고, 진실을 말하고, 진실을 지켜라"라는 말이다. 이 문구는 프라하 구시가지 광장에 있는 얀 후스 동상 기단에 새겨져 있다. 그뿐만이 아니다. 이 문구는 오늘날 체코 대통령실에서 사용하는 깃발에도 "진실은 승리한다"라는 문구로 응용되어 새겨져 있다.

얀 후스를 추종하는 후스파는 거대한 세력이 되었다. 후스가 화형당한 뒤 보헤미아 독립운동, 농민반란 등과 결합한 결과였다. 이에 로마 교황 마르티누스 5세(Pope Martin V, 재위 1417~1431)는 십자군을 소집해 전쟁에 돌입했다. 당시 십자군이 주 타깃으로 삼은 세력은 후스파 가운데 보헤미아 타보르를 중심으로 급진적인 움직임을 보인 타보르파였다.

⊙ 타보르파의 리더 얀 지슈카는 여성과 아이가 포함된 오합지졸 농민군을 어떻게 최정예 부대로 만들었을까?

후스 전쟁은 다양한 종류의 화포를 본격적으로 사용한 최초의 전쟁이었다. 이는 1419년부터 시작된 새로운 흐름이다. 잠시, '야전(野戰)'의 정의를 내리고 넘어가자. 야전이란 양쪽 군대가 모두 성이나 보루 등 방어용 시설물에 의지하지 않고 탁 트인 들판 같은 곳에서 맞서 싸우는 전투를 말한다. 중세 전투는 성벽으로 둘러싸인 도시나 성 자체를 포위한 채 공격을 퍼붓는 형식이 많았다. 이른바 '공성전'인데, 야전은 공성전과 정확히 대비되는 용어다.

타보르파를 이끈 인물은 얀 지슈카(Jan Žižka, c. 1360~1424)라는 이름의 장군이었다. 그는 한마디로 말해 전략·전술이 뛰어난 명장인 데다 카리스마 넘치는 인물이었다. 당시 타보르파 농민군에는 여성과 아이도 포함돼 있었다. 지슈카 장군은 그런 오합지졸 농민군을 최정예 부대로 훈련시킨 것이었다. 어떻게 그런 일이 가능했을까? 무엇보다, 흑색화약을 사용하는 통 모양 수제 총과 짐수레에 실어 기동력을 향상시킨 대포 등 당시 최첨단이라 할 수 있는 병기가 든든히 뒷받침해준 덕분이었다. 여기에 더해 그는 고된 훈련을 통해 농민군을 최정예 군대로 탈바꿈시켰다.

⊙ 농민군 1만 명이 독일 기사단을 중심으로 한 신성로마제국의 십자군 10만 명을 괴멸시켰다고?

농민군 1만 명이 독일 기사단을 중심으로 한 신성로마제국의 십자군 10만 명과 대치했다. 그야말로 정확히 10배의 전력 차이였다. 1421년 12월 21일, 쿠트나호라(Kutná Hora, 프라하에서 동쪽으로 60킬로미터 남짓 떨어져 있는 도시)에서였다. 농민군이 승리할 가능성은 거의 없어 보였다.

그러나 전쟁이 벌어지자 기적과도 같은 일이 일어났다. 1만 명뿐인 지슈카의 군대가 무려 10배에 달하는 신성로마제국의 십자군 기사단을 상대로 단지 승리를 거둔 정도가 아니라 그야말로 괴멸시킨 것이었다. 어떻게 이런 일이 가능했을까? 신병기를 교묘히 운용해 화포를 집중적으로 발사함으로써 마구잡이로 공격해 들어오는 적군을 무력화시켰기 때문이었다. 독일 기사단이라는 명문 프로 집단의 최강 군대가 최신 화포로 무장하고 집중 훈련을 받은 농민군에게 패한 것이다. 이 전투는 현대로 이어지는 '전쟁의 대중화'에 크게 기여했다.

전쟁사에 길이 남을 이 흥미진진한 전투를 계기로 세계 전쟁사에 '화포의 시대'가 마침내 도래했다. 그리고 그와 동시에 '기사의 시대'는 영원히 종말을 맞이했다. 이 전투에서 사용된 총(핸드 캐넌)을 체코어로 '피스탈라(Píšťala)'라고 부른다. 참고로, 이것이 오늘날 전 세계적으로 널리 사용되는 권총의 일종인 피스톨(pistol)의 어원이다.

1415년

엔히크 항해 왕자

신항로 개척시대의 초석을 다지다

⊙ 신항로 개척시대의 트리거가 된 세우타의 향신료

포르투갈은 무려 800여 년 동안이나 이슬람의 세력권 안에 묶여 있었다. 그러다가 이베리아반도의 기독교 세력이 레콩키스타(그리스도교의 국토회복운동)를 통해 국토를 되찾는 과정에 마침내 독립하여 포르투갈왕국을 세웠다. 1143년의 일이다. 그 후 포르투갈은 대서양과 인접한 지리적 이점을 최대한 살리면서 해군력 증강에 힘썼다. 그러던 중 포르투갈 왕 주앙 1세(João I, 재위 1385~1433)는 아들 엔히크 왕자에게 세우타를 공격하라는 명령을 내렸다. 이는 1415년의 일이다. 세우타는 아프리카대륙 모로코에 있는 이슬람 세력의 성과 요새로 이루어진 도시였다. 오늘날 엔히크 왕자는 '항해 왕자'로 널리 알려져 있다. 그런 그가 실제로는 뱃멀미가 심해 배 타는 일을 좋아하지 않았다는 사실을 알지 못하는 독자도 적지 않을 것이다.

잉글랜드의 최정예 장궁(長弓) 부대가 프랑스군을 괴멸시켰다. 프랑스의 아쟁쿠르라는 곳에서 벌어진 아쟁쿠르 전투에서였다. 이 또한 1415년의 일이다. 엔히크 왕자는 뛰어난 외교력을 발휘하여 최신 병기인 장궁과 장궁병을 잉글랜드 군대에게 빌려 왔다. 아무리 엔히크 왕자의 외교력이 뛰어나다 한들 잉글랜드가 그로 인해 얻는 것이 없으면 성사되기는 어려운 법. 이때 잉글랜드가 포르투갈에 최신 병기를 순순히 빌려준 이유는 뭘까? 그것은 바로 레콩키스타 이후 급속히 세력을 키워가고 있던 스페인을 견제하기 위해서였다.

엔히크 왕자의 군대는 세우타를 함락한 후 금은보화를 약탈하기 위해 거리로 거침없이 밀고 들어갔다. 그런데 거기서 그들은 금은보화를 능가하는 대단한 물건을 발견했다. 그것은 바로 시장에 산더미처럼 쌓여 있는 '향신료'였다. 오늘날에는 슈퍼마켓에 후추, 타임, 바질 등의 향신료를 담은 병이 빼곡히 진열돼 있다. 더구나 값도 저렴하다. 그러나 당시 유럽에서는 향신료가 매우 희귀했기에 값이 상상을 초월할 정도로 비쌌다. 그도 그럴 것이 예를 들어 후추의 경우 인도 등 아시아 지역 특산품으로 육로나 해로를 통한 험난한 여정 끝에 이슬람 상인의 손을 거쳐 비로소 유럽에 도달했기 때문이었다. 다른 향신료 역시 사정은 그와 비슷했다.

그 순간, 엔히크 왕자의 뇌리를 번개처럼 스치고 지나가는 생각이 있었다. '그래, 배를 이용해서 동방의 향신료를 포르투갈로 직접 싣고 오면 되겠군!' 이후 그는 먼바다 항해에 적합하도록 선박 제조술과 항해술을 발전시키고 시스템화하기 위해 개발 센터를 설립했다. 이렇게 엔히크 왕자가 이끄는 포르투갈은 신항로 개척시대를 향한 첫걸음을 내디뎠다.

1417년

루크레티우스의 재발견

그리스도교라는 '거르개'를 거치지 않은 독창적 자연관

⊙ 독일 어느 수도원 서가에서
루크레티우스의 책 『사물의 본성에 관하여』를 발견한
이탈리아 학자 포조 브라촐리니

유럽에는 사실상 기원전 1세기에 활동한 루크레티우스가 지은 시의 사본이 남아 있지 않았다. 그런 까닭에 오랫동안 '루크레티우스라는 시인이 쓴 굉장한 우주론, 철학서가 있다더라'라는 이야기만 전설처럼 전해 내려오고 있었다.

이탈리아 학자 포조 브라촐리니(Poggio Bracciolini, 1380~1459)는 교황청의 비서로 일하고 있었다. 한데 그에게는 독특한 취미가 있었다. 장기 휴가 때마다 각지의 교회를 방문해 고서(古書)를 찾는 취미였다. 그런 그가 전설인 줄만 알았던 루크레티우스의 책 『사물의 본성에 관하여』를 발견한 것은 1417년의 일이다. 포조는 독일(중부에 위치한 풀다로 추정)의 어느 큰 교회 수도원 서가에서 이 책을 발견하고는 물고기처럼 뛰는 가슴을 진정시키며 책을 모두 베껴서 가지고 돌아왔다. 이후 그는 사본을 몇 권 더 만들어 소장하고 대중에 소개했다. 이로써 당대 지식인들이 그리스도교라는 관점을 거치지 않은 생생한 자연관과 우주관, 실재론을 접할 수 있게 되었다. 그리고 바로 여기에서부터 이탈리아를 중심으로 일어난 문예 부흥 운동 르네상스가 출발했다고 할 수 있다.

이후 『사물의 본성에 관하여』는 몇 세대에 걸쳐 유럽, 나아가 미국의 많은 정치인과 문화예술인, 지식인에게 지대한 영향을 끼쳤다. 이탈리아 철학자 조르다노 브루노(Giordano Bruno, 1548~1600), 프랑스 계몽주의 작가 볼테르(Voltaire, 1694~1778), 프로이센 국왕 프리드리히 2세(Friedrich II, 재위 1740~1786), 미국 대통령 토머스 제퍼슨(Thomas Jefferson, 재임 1801~1809)이 그 대표적인 인물이다.

1440년 무렵
활판 인쇄술 발명
전 세계적 지식의 빅뱅이 일어나다

⊙ 중국에서 발명된 활판 인쇄술이 동북아시아가 아닌 유럽으로 더 급속히 퍼져 나간 까닭은?

한 글자씩 새겨 활자를 만들고 그것을 조합해 인쇄하는 것을 '활판 인쇄'라고 한다. 중국 송(宋)나라 때 필승(畢昇, 972~1051)이라는 인물이 이것을 발명했다. 11세기 중엽의 일이다. 그 당시 활판 기술자들은 점토로 활자를 만든 다음 불에 구워서 사용했다.

활판 인쇄술은 한반도에 전래되었으나 널리 보급되지 못했다. 이유가 뭘까? 무엇보다 한자라는 문자의 특수성 탓이 컸다. 좀 더 구체적으로, 활판 인쇄술로 인쇄하자면 갖추고 있어야 할 활자 종류가 2만 가지가 넘는데, 그것을 모두 미리 준비해두기란 불가능에 가까웠기 때문이다.

활판 인쇄술은 중국에서 발명되었으나 중국을 비롯한 동북아시아의 한자문화권 사회에 적합한 기술이 아니었다. 그보다는 알파벳을 사용하는 유럽 국가에 훨씬 안성맞춤인 기술이었다. 왜냐하면 중국 한자는 2만 6,000자가 넘는 데 비해 알파벳은 대문자와 소문자가 각각 23문자(과거에는 26문자가 아니었다)밖에 되지 않는 데다 여기에 몇 가지 기호가 추가될 뿐이기 때문이다. 이로써 알 수 있듯, 유럽에 활판 인쇄술이 전래된 이후 그야말로 눈 깜짝할 사이에 대량 보급된 것은 어쩌면 당연한 일이 아니었을까.

⊙ 구텐베르크보다 200년 앞선 고려의 금속활자가 산업화·대중화에 실패한 뜻밖의 요인은?

한반도에서는 구리를 사용한 금속활자가 제작되어 활판 인쇄가 가능해졌다. 13세기 무렵의 상황이다. 그러나 고려는 활판 인쇄술을 널리 보급하는 데는 실패했다. 당연하게도 획기적인 기술은 더 발전하지 못하고 정체해버렸다. 앞에서 그 중요한 원인으로 '한자의 특수성'을 꼽았으나 주요 요인은 또 있다. 최첨단 기술을 얼마든지 독점할 수 있는 권력층이 그 고급 정보와 기술을 민중과 공유할 필요를 느끼지 못했다는 점이 그것이다. '한자의 특수성'과 '권력층의 편협함·폐쇄성' 이 두 가지가 바로 고려가 세계 최초로, 심지어 독일의 구텐베르크보다 200년 남짓 일찍 금속활자를 발명하고도 산업화와 대중화에 실패하게 된 결정적 요인이다. 이렇듯 아무리 창조적이고 훌륭한 기술을 탄생시켜도 대중의 욕구, 사회적 필요에 부합하지 않으면 널리 보급할 수 없다. 다소 과한 비유일 수 있겠으나, 가령 석기 시대 사람의 손에 스마트폰을 쥐여준다 한들 그것만으로는 아무런 변화도 일어나지 않는 것과 같은 이치가 아닐까. 한편 유럽은 아시아 국가와 달리 서둘러 인쇄해서 민중에게 보급해야 할 중요한 책이 있었다. 바로 '성경'이다.

한편 제지술이 이슬람 세계를 거쳐 유럽에 전래된 것은 12세기의 일이다. 그때까지 주로 이용되던 양피지에 비해 종이는 대량 생산이 가능하고 원료도 풍부한 까닭에 곧바로 주류로 자리잡게 되었다. 그러나 한 쪽씩 목판에 새겨 찍어내는 목판 인쇄는 방대한 시간과 노력을 필요로 하는 비효율적인 방식으로, 그 가격 또한 무척 비쌌다. 한쪽에서는 원본을 필사가들이 그대로 옮겨 적는 필사본이 보급되고 있었지만 페스트 대유행이 휩쓸고 간 이후 읽고 쓸 수 있는 이들이 급감한 탓에 필사본 가격 역시 무섭게 치솟았다.

결국 변화하는 시대와 사회에 맞춰 새로운 요구가 생겨나고 새로운 기술이 이러한 요구를 만족시킬 수 있을 때, 그 기술은 빅뱅을 일으키며 폭발적으로 확산되는 것이다.

⊙ 활판 인쇄 실용화라는 위대한 업적을 세운 구텐베르크

요하네스 구텐베르크(Johannes Gutenberg, c. 1400~1468)는 독일 라인강변에 위치한 항만 도시 마인츠에서 보석 세공사로 일했다. 그러던 중 그의 머릿속에 기발한 아이디어가 떠올랐다. '금속으로 문자 하나하나의 활자를 만들고 그것을 조합해서 문장을 만드는 방식으로 대량의 서적 인쇄가 가능하지 않을까' 하는 생각이었다. 그는 과감히 실행해보기로 했다. 그 과정에서 그는 납에 적은 양의 주석을 첨가해 합금(나중에는 여기에 '안티몬'을 추가했다)을 만들면 녹는점이 낮아져 쉽게 녹으면서도 단단해지고 잉크가 잘 묻는다는 사실을 알게 되었다. 그는 녹인 납과 주석(그리고 안티몬) 합금을 주형에 흘려 넣는 방법으로 금속제 활자를 만들었다.

보통 금속은 녹여서 주형에 붓고 굳히면 자연스럽게 주형에서 살짝 떨어지면서 활자의 가장자리가 뭉툭해진다. 이는 금속이 녹았다가 굳을 때 수축하기 때문이다. 그러나 안티몬은 굳으면서 팽창하는 성질이 있다. 이 때문에 안티몬을 첨가한 합금을 주형 구석까지 흘려 넣고 굳히면 가장자리가 각이 진 선명한 활자가 만들어진다. 납, 주석, 안티몬 합금은 그 자체로 위대한 발명이라 할 만하다. 구텐베르크 시대에 발명된 이 합금이 500년이 지난 20세기까지 꾸준히 사용돼온 사실로 이는 쉽게 증명되는 셈이다.

구텐베르크는 금속 활자를 나열해서 만든 판에 기름을 태운 검댕이나 목탄가루의 검은 성분을 아마인유(아마과 한해살이풀 아마의 씨를 짜서 얻는 기름)에 녹인 유성 잉크를 발랐다. 그런 다음 그는 와인 제작용 포도 압착기를 개조해서 만든 프레스기로 종이를 찍어 눌러 인쇄했다. 구텐베르크가 이 획기적인 활판 인쇄 시스템을 성공적으로 구축한 것은 1440년 무렵이다. 이후 그는

구텐베르크 인쇄기

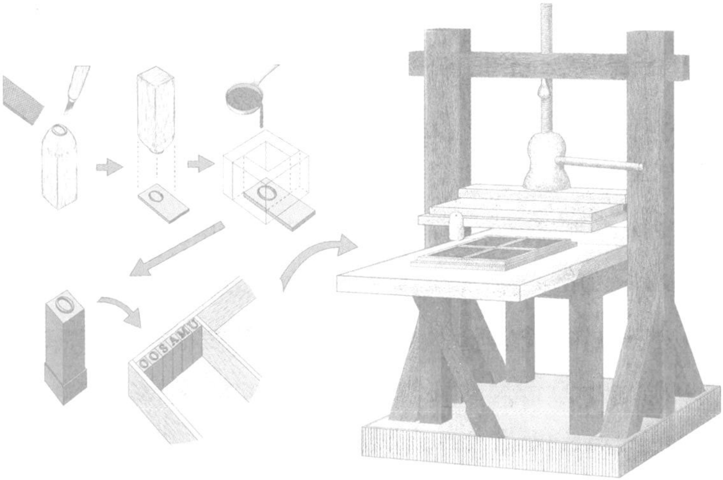

42행을 좌우 2단으로 구성하고 전체 1,282쪽인 활판 인쇄본을 양피지와 종이에 찍어 180부 정도 제작했다. 이것이 바로 유럽에서 가동활자를 이용해 인쇄된 최초의 책『구텐베르크 42행 성경』이다. 이는 1455년의 일이다.

이를 기점으로 활판 인쇄술은 유럽 전역으로 들불 번지듯 번져 나갔다. 이 정보화혁명으로 엄청나게 많은 책이 제작되었다. 그 결과 지식이 축적되고 확산되는 속도가 이전과는 비교할 수 없을 정도로 빨라졌다. 이때 인쇄된 구텐베르크 성경은 오늘날 전 세계에 48권이 남아 있다고 한다.

⊙ 인쇄 공장 화재라는, 구텐베르크에게 닥친 엄청난 재난이 역설적으로 활판 인쇄술의 대대적 확산으로 이어지다

피와 땀이 어린 구텐베르크의 인쇄 공장이 불탔다. 마인츠 대주교를 둘러싸고 일어난 내란의 참담한 결과로, 1462년의 일이다. 이때 일자리를 잃은 인쇄 기술자들이 유럽 전역으로 흩어졌다. 역설적이게도 구텐베르크에게 닥친 재난이 활판 인쇄술의 대대적인 확산으로 이어진 셈이었다. 한편 구텐베르크는 거액의 빚을 지고 파산했다. 이후 그는 마인츠 대주교에게 재정 후원을 받으며 쓸쓸하게 살다가 세상을 떠났다. 이는 1468년의 일이다.

구텐베르크의 활판 인쇄 발명은 지식의 빅뱅을 일으켰다. 그전까지 일부 성직자나 영주, 귀족 등 특권계층이 독점해온 지적 재산을 모든 사람이 공유하는 시대가 열린 것이다. 이제 경제적으로 여유만 있다면 누구나 대량 인쇄된 책에 담긴 지식을 자기 것으로 만들 수 있게 되었다.

크리스토퍼 콜럼버스(Christopher Columbus, 1451~1506)도 그런 사람 중 하나였다. 그의 아버지는 어린 콜럼버스에게 활판 인쇄로 제작한 지리책을 사주었다. 콜럼버스는 이 책을 읽으며 먼바다 항해와 미지의 땅을 동경하게 되었다. 그러나 활판 인쇄술이 무엇보다 중요하고 강력한 영향력을 발휘한 결과는 바로 종교개혁이라고 할 수 있다. 마르틴 루터(Martin Luther, 1483~1546)의 '95개조 반박문' 같은 글은 3년 동안 30만 부나 인쇄되어 프로테스탄트 세력 확대에 엄청나게 기여했다. 로마 가톨릭교회의 면벌부 판매를 정면으로 비판한 그 글은 '신문'이라는 이름의 미디어로 이어졌다.

1450년
백년전쟁 종결

과학·기술 혁신을 등한시한 나라는 반드시 멸망한다

⊙ 신무기 대포의 힘으로 잉글랜드군을 무찌르고 백년전쟁에 종지부를 찍은 프랑스

1337년에 시작된 프랑스와 잉글랜드의 전쟁이 100년 가까이 이어졌다. 이 백년전쟁은 '인쇄기 발명'이라는 역사적 사건을 전후해 지루하게 계속되었다. 잉글랜드 장궁 부대를 당해내지 못해 괴멸 직전에 몰린 프랑스군은 1444년부터 2년에 걸친 휴전 기간 동안 대개혁을 단행했다.

그때까지 유럽 국가들은 주로 용병을 모집해 전쟁을 수행해 왔다. 그러다가 이 시기에 이르러 상비군을 조직, 편성하고 운용하기 시작했다. 이로써 오랫동안 전쟁 상황을 기회로 삼아 약탈을 일삼고 무자비한 폭력을 저질러온 용병 집단이 해체되기에 이르렀다. 더불어 프랑스 정부는 화포 개량에 힘쓰는 가운데 포병 부대를 편성하고 재정 지원을 아끼지 않았다. 훗날 절대왕정의 기반이 되는 상비군은 이렇게 만들어졌다.

프랑스군은 잉글랜드에 빼앗긴 노르망디 지방을 탈환하기 위해 야심 차게 준비한 신무기를 투입했다. 잉글랜드군은 그들이 자랑하는 장궁 부대를 앞세워 전진해왔다. 1450년, 북프랑스 포르미니 마을에서였다. 이에 맞선 프랑스군은 잉글랜드군을 저지하는 대형으로 늘어서 대치한 채로 공격은 하지 않고 있었다. 잉글랜드군은 그런 프랑스군을 얕잡아 보았다.

프랑스군은 교회 종처럼 생긴 물건에 검은 가루를 채워 넣었다. 그러고는 그 안에 돌을 넣고 불을 붙였다. 잉글랜드군은 그러한 모습을 지켜보며 어이가 없다는 듯 웃음을 터뜨렸다. 그런데 이게 웬일인가. 갑자기 곳곳에서 일제히 커다란 폭발음이 들리기 시작했다. 그러고는 이내 하늘에서 헤아릴 수 없이 많은 돌이 잉글랜드군을 향해 쏟아져 내렸다.

어이없게도 잉글랜드군 장궁 부대는 4,500명 중 3,774명이 화살 한 발 쏘아보지 못한 채 전사했다. 최초의 폭발음이 들린 지불과 몇 분 뒤 벌어진 일이다. 잉글랜드 정예 장궁병을 몰살시킨 그 가공할 무기는 무엇이었을까? 바로 대포였다. 프랑스군은 신무기 대포의 힘으로 잉글랜드군을 무찔렀을 뿐 아니라 프랑스 영토에서 잉글랜드 세력을 쓸어버림으로써 백년전쟁에 종지부를 찍었다.

이 전투는 각국 국왕에게 중요한 사실을 깨닫게 해주었다. 그것은 바로 과학 기술 혁신을 등한시한 나라는 살아남을 수 없다는 냉엄한 현실이다.

1453년
콘스탄티노폴리스 함락
동로마제국, 역사 속으로 퇴장하다

⊙ 1,000년 동안 이민족 공격을 23차례나 막아낸
난공불락의 요새 콘스탄티노폴리스를
기상천외한 작전으로 무너뜨린 메흐메트 2세

몰락하고 있던 비잔틴제국 변경에서 오스만왕조가 빠른 속도로 세력을 확장하기 시작했다. 14세기의 상황으로, 그전까지 오스만왕조는 아나톨리아반도(소아시아)의 작은 나라에 지나지 않았다. 오스만왕조의 빠른 진격을 뒷받침한 것은 짐수레와 배에 탑재한 '화포'였다.

비잔틴제국의 위상은 시간이 갈수록 약화되었으나 그 수도 콘스탄티노폴리스는 여전히 전 세계가 동경하는 도시였다. 330년 콘스탄티누스 대제가 건설한 이 도시는 아시아와 유럽이라는 동서의 두 세계가 만나는 절묘한 지점에 위치한 덕분에 오랫동안 무역으로 번영을 누렸다. 지금으로 치면 뉴욕과 파리, 도쿄를 합친 것과 같은 위상이라고 할까.

콘스탄티노폴리스는 길이 20킬로미터가 넘는 복잡하고도 튼튼한 성벽으로 둘러싸여 있다. 한데 놀랍게도 이 성벽은 1,000년이 넘는 기나긴 세월 동안 무려 23차례나 주변 이민족의 공격을 받았으나 단 한 번도 무너진 적이 없었다(사실 엄밀히 말하자면, 13세기 초 딱 한 번, 같은 기독교 세력인 십자군 원정대의 공격에 어이없이 이 도시가 함락된 적이 있었다). 콘스탄티노폴리스는 문자 그대로 난공불락의 요새였다.

콘스탄티노폴리스 성벽은 되풀이되는 오스만제국의 끈질긴 포위전 속에서도 끈질기게 버텨내며 모든 무자비한 공격을 막아냈다. 그러나 1451년에 메흐메트 2세(Mehmed II, 재위 1444~1446, 1451~1481)가 오스만제국 술탄 자리에 오르면서 상황이 드라마틱하게 달라졌다. 오스만제국은 성능이 뛰어난 개량형 화승총을 대량으로 구비했다. 한 발 더 나아가 젊은 황제는 헝가리 화포 기술자 우르반(Urban, ?~1453)을 영입해 '마호메

타'라는 이름의 거대한 대포를 만들게 했다. 우르반은 애초 비잔틴제국의 대포 기술 고문이었으나 오스만제국이 비잔틴보다 훨씬 많은 돈을 제시하자 마음이 움직였다. 당시 일류 군사 기술자는 최고 과학 기술자이기도 했다. 국가 간 경쟁이 치열하고 최첨단 무기에 한 나라의 존망이 걸려 있는 상황에서 우수한 과학 기술자이자 군사 기술자인 사람들의 몸값이 천정부지로 치솟는 것은 어쩌면 당연한 일이었다. 그러므로 그들은 우르반과 마찬가지로 한 푼이라도 돈을 더 많이 주는 나라를 찾아 이곳저곳을 돌아다녔다. 말하자면 그들은 20세기에 독일에서 미국으로 건너간 '로켓의 아버지' 베르너 폰 브라운(Wernher von Braun, 1912~1977)이나 소비에트연방 붕괴와 함께 여러 나라로 흘러 들어간 과학자들의 선배였던 셈이다.

"전쟁을 하는 자는 정공법으로 맞서고 기책으로 승리한다."

이는 손무(孫武)의 『손자병법(孫子兵法)』에 나오는 유명한 문구다. 메흐메트 2세는 마치 이 문구를 실천해 보이기라도 하듯 그야말로 기상천외한 작전을 펼쳤다. 그중 하나가 육로로 대량의 군함을 운반해 방비가 약한 콘스탄티노폴리스 뒤쪽 항구에 띄우는 방법이었다.

오스만제국은 최첨단 무기인 대포로 집중포화를 퍼부었다. 7,000명에 지나지 않는 비잔틴제국의 수비군이 열 배가 넘는 숫자인 오스만제국의 8만 대군을 막아내기는 역부족이었다. 1,000년 제국 비잔틴의 위대한 수도 콘스탄티노폴리스가 함락되는 것은 이제 시간 문제였다. 성벽이 무너진 직후 메흐메트 2세의 정예 노예 부대 예니체리가 성안으로 난입했다. 비잔틴제국 마지막 황제 콘스탄티노스 11세(Constantinos XI, 재위 1449~1453)는 적군에 맞서 싸우다 검을 손에 든 채 전사했다. 메흐메트 2세가 콘스탄티노폴리스의 성소피아대성당(아야소피아)에 보무도 당당하게 걸어 들어가는 순간 비잔틴제국은 역사의 한 페이지에 마침표를 찍었다. 당시 메흐메트 2세는 겨우 스물한 살이었다.

콘스탄티노폴리스는 오스만제국의 수도가 된 후 '이스탄불'이라는 명칭으로 바뀌었다. '이스탄불'이라는 이름은 어디에서 유래했을까? 그리스계 주민들이 '이스 탄 폴린(eis tan polin, '도시를 향해'라는 의미)'이라고 부르는 것을 터키인들이 듣고 지은 이름이 정식 명칭이 되었다고 한다.

⊙ 러시아가 로마제국의 직계를 자처한 까닭은?

콘스탄티노폴리스 함락으로 동로마제국(비잔틴제국)이 멸망했다. 이로써 영광스러운 고대 로마의 직계 제국은 역사의 뒤안길로 사라졌다. 기원전 753년 로물루스에 의해 건국된 이래 2,200여 년 동안 번영을 누리고 건재해온 인류 역사상 가장 위대한 제국의 몰락이었다.

로마제국은 역시 다른 나라들과는 차원이 다른 국가였던 걸까. 동로마제국이 멸망한 이후 오히려 로마제국의 직계를 자처하는 국가가 나타나기 시작했다. 그 대표적인 예가 동로마제국의 동방정교회를 국교로 삼은 러시아다. 모스크바 대공국의 이반 4세(Ivan IV Vasilyevich, 재위 1547~1575)는 러시아어로 '카이사르'를 의미하는 '차르'라는 명칭을 황제 호칭에 사용해 권위를 부여하고자 했다. 이는 자국 러시아가 동로마제국의 정당한 후계자임을 인정받기 위한 얕은 꾀였던 셈이다. 참고로, 러시아어 '차르' 외에도 독일어에서 '황제'를 의미하는 '카이저' 역시 카이사르가 어원이다.

⊙ 르네상스를 촉진한 고대 그리스 철학·과학·예술

1457년 당시 독일에는 인쇄소가 딱 한 곳이었다. 바로 마인츠의 구텐베르크 인쇄소였다. 그로부터 유럽 전역에 100개가 넘는 인쇄소가 생겨나기까지 몇 년이 걸렸을까? 고작 23년 걸렸다. 1480년 즈음, 유럽에 모두 110개의 인쇄소가 인쇄기를 가동하고 있었으니까.

다시 그로부터 15년 뒤인 1495년, 유럽 인쇄 산업에 놀라운 일이 벌어졌다. 비용과 품이 많이 드는 고급 성경을 제작하는 대신 손쉽게 들고 다닐 수 있는 염가판 포켓북 성경이 대량 생산되기 시작한 일이 그것이었다. 이는 베네치아공화국의 천재 상인 알두스 마누티우스(Aldus Manutius, c. 1449/1452~1515)의 아이디어였다. 그는 누구나 '책을 가지고 다니는 문화'를 창조한 인물로 역사의 한 페이지에 이름을 남겼다.

콘스탄티노폴리스 함락으로 비잔틴제국이 붕괴한 뒤 그 도시를 탈출한 다수의 그리스 난민이 유럽 여러 도시에서 인쇄 기술자로 고용되었다. 알두스는 이 절호의 기회를 놓치지 않았다. 그는 그리스 난민 중 학식이 깊고 언어 능력이 뛰어난 이들에게 난해한 그리스어를 번역하게 하여 그리스 고전 문학책을 출간했다. 이러한 과정을 거쳐 되살아난 고대 그리스 철학과 과학, 예술이 르네상스를 촉진했다.

⊙ 르네상스를 강제로 종료시킨 무기, 대포

높은 성벽과 내성을 갖춘 기존의 성은 순식간에 외벽부터 분쇄되는 치명적인 상황을 맞이했다. 대포의 성능이 향상되어 무거운 철구(Cannon Ball)를 발사할 수 있게 되면서 벌어진 1400년대 말엽 상황이다. 1490년대에 프랑스가 이탈리아에 침입해 이탈리아 도시국가들을 모조리 파괴할 수 있었던 것도 막강한 대포의 힘 덕분이었다. 말하자면, 대포가 이탈리아 르네상스를 강제로 종료시킨 것이다.

이처럼 고성능 대포에 속수무책 당하고만 있을 수 없어 방어책을 고심한 결과 낮고 경사진 외벽을 별 모양으로 둘러친 '성형요새(星型要塞, Star Fort, Bastion Fort)'가 등장했다. 성형요새는 이탈리아에서 가장 먼저 등장해 '이탈리아 축성술'로 불렸다. 이 요새의 다각형 성벽 돌출부(보루, 능보)에는 대포가 배치되었다.

소총으로 사격할 때의 사각(死角)도 사라졌다. 이는 고도의 기하학을 적용해 수학적으로 설계한 결과였다.

이탈리아인이 고안한 이 보루 형식 성은 순식간에 전 유럽으로 확산되었다. 그리고 많은 수학자와 건축가들이 좀 더 이상적인 형태의 성을 만들어내고자 치열하게 경쟁했다. 그로부터 300여 년 후 일본 홋카이도의 항구 도시 하코다테에도 보루 형식 성이 탄생했다.

레오나르도 다빈치와 미켈란젤로(Michelangelo, 1475~1564)는 르네상스 시대를 대표하는 예술가들이다. 그들은 수학적인 기하 도형 디자인을 활용한 축성술을 시도했다. “그림과 조각은 잘 모르지만 축성술에 관해서는 많은 경험을 쌓았습니다.” 이는 미켈란젤로가 유력한 후원자에게 자신을 홍보하며 한 말이라고 한다.

레오나르도 다빈치도 그런 점에서 비슷하다. 아니, 한술 더 뜬다고 해야 할까. 그 역시 미켈란젤로와 마찬가지로 〈모나리자〉, 〈최후의 만찬〉 같은 불후의 명작을 남긴 예술가로서의 이미지가 강한 인물이다. 그러나 다른 한편으로 다빈치는 기관총, 전차, 로켓포, 자동차, 헬리콥터, 비행기 등을 400년이나 앞서서 설계한 천재 군사 기술자이기도 하다. 그는 로마 교황 알렉산데르 6세(Pope Alexander VI, 재위 1492~1503)의 아들로서 온갖 권모술수를 동원해 자신의 권력을 강화하고 이탈리아를 통일하고자 했던 체사레 보르자(Cesare Borgia, 1475~1507)의 군사 고문이 되어 함께 행동하기도 했다.

HISTORY OF CHEMISTRY

9

신항로 개척시대

과거 뱃사람들은 적도에 가까이 다가가면 너무 뜨거워서 타 죽지 않을까 걱정했다. 또 바다에 끝이 있어 그곳에 가면 폭포에 휩쓸려 지옥으로 떨어진다고 믿기도 했다. 그러나 그런 분위기에서도 미신에 현혹되지 않고 향료, 향신료, 설탕 등의 기호식품이 넘쳐나는 인도를 비롯한 아시아로 가는 항로를 찾기 위해 열을 올리는 사람들이 있었다. 포르투갈 항해 왕자 엔히크와 바르톨로메우 디아스(Bartolomeu Dias, c. 1450~1500), 바스쿠 다가마(Vasco da Gama, c. 1460s~ 1524), 크리스토퍼 콜럼버스, 페르디난드 마젤란(Ferdinand Magellan, 1480~1521), 그리고 먼바다 항해 사업에 막대한 비용을 투자한 왕후·귀족이 그들이다.

바르톨로메우 디아스는 포르투갈 왕 주앙 2세(João II, 재위 1477~1477, 1481~1495)의 명령을 받고 아프리카대륙을 항해해 희망봉에 도달했다. 1488년의 일이다. 바스쿠 다가마는 희망봉을 지나 인도에 이르는 항로를 개척했다. 이는 1498년의 일이다. 1509년, 포르투갈은 아시아 마카오에 도달하는 데 성공했다. 이는 인도양에서 이슬람 세력인 맘루크왕조 함대를 격파한 일의 연장선에서 얻어진 결과였다. 한편 스페인 이사벨 여왕(Isabel I, 재위 1474~1504)의 원조를 받은 크리스토퍼 콜럼버스가 신대륙 아메리카에 도달했다. 1492년의 일이다. 이를 계기로 스페인은 대서양으로 진출해 신대륙에 자국 영토를 확대해 나갔다.

햇빛이 제공하는 에너지는 대기의 대류를 만들어 무역풍이라는 바람을 일으킨다. 포르투갈과 스페인은 이 무역풍을 타고 세계로 뻗어 나갔다. 그 과정에 유럽에서 아메리카 신대륙으로 설탕, 커피, 오렌지, 밀 등이 전래되었다. 반대로 신대륙에서 유럽으로 고추, 옥수수, 토마토가 전래되어 음식문화에 커다란 영향을 미쳤다.

잉글랜드 왕 헨리 8세(Henry VIII, 재위 1509~1547)는 포르투갈과 스페인의 팽창정책을 가만히 바라보고만 있지 않았다. 그는 배 측면에 나란히 대포를 배치한 신형 전함을 건조해 두 나라에 도전장을 내밀었다. 이는 막대한 비용이 드는 정책이었다. 헨리 8세는 어떻게 그 비용을 충당했을까? 그는 총비용의 상당 부분을 가톨릭교회 재산을 몰수해 해결했다.

헨리 8세가 뿌린 '씨앗'은 그의 딸 엘리자베스 1세(Elizabeth I, 재위 1558~1603) 시대에 이르러 열매를 맺었다. 여왕이 이끄는 잉글랜드 해군은 스페인 무적함대 아르마다를 격파하고 스페인이 장악하고 있던 재해권을 빼앗았다. 이로써 잉글랜드는 영광의 대영제국으로 향하는 길을 활짝 열었다.

오랫동안 우물 안 개구리로 지내던 유럽 국가들이 드디어 세계로 진출해 거대한 경제권을 구축해 나갔다. 유럽 강대국이 전 세계를 종횡무진 누비며 게걸스럽게 집어삼킨 부는 훗날 자본주의의 태동으로 이어졌다.

1492년

유럽 열강, 신대륙에 도달하다

오늘날의 우주 진출과 다름없던 신항로 개척시대의 세계일주

⊙ 유럽에 고무가 전해지는 계기가 된 콜럼버스의 두 번째 항해

크리스토퍼 콜럼버스는 이탈리아 해운 도시국가 제노바 출신 항해사였다. 그는 아시아 해역 해도를 보고 기발한 사업 아이디어를 생각해냈다. 그 해도는 피렌체 출신 수학자이며 천문학자, 지리학자인 파올로 달 포초 토스카넬리(Paolo dal Pozzo Toscanelli, 1397~1482)가 지구 구체설(지구는 둥글기 때문에 일주가 가능하다는 설)에 기초해서 제작한 지도다. 콜럼버스의 아이디어는 유럽에서 서쪽으로 항해해 마르코 폴로가 찾아낸 황금의 나라 지팡구에 가서 대량의 금을 유럽으로 가져오는 것이었다.

스페인의 원조를 받은 콜럼버스는 기함(旗艦) 산타마리아호를 비롯한 함선 3척을 이끌고 출항했다. 그의 함대는 바하마제도(플로리다반도와 쿠바 사이에 있는 섬들)에 상륙했다. 1492년의 일

이다. 콜럼버스는 이 땅에 '서인도제도'라는 이름을 붙였고, 그 곳 원주민을 '인디언'으로 불렀다. 이는 그가 이곳을 인도로 착각하는 바람에 벌어진 웃지 못할 해프닝이었다. 오늘날의 기준으로 보자면 황당하기 짝이 없는 실수지만, 어쨌든 말도 안 되는 이 명칭이 자리 잡았다.

콜럼버스의 두 번째 항해도 첫 번째 항해 못지않게 중요하다. 그의 일행이 인디오가 고무공을 가지고 노는 장면을 보게 되면서 유럽에 고무가 전해졌다. 1493년의 일이다. 그뿐 아니다. 콜럼버스는 카리브해 에스파뇰라섬에 사탕수수를 가져다 재배하기 시작했다. 이는 카리브해에서 시작해 북아메리카와 남아메리카에 이르기까지 대규모 사탕수수 플랜테이션 농업이 자리 잡는 계기가 되었다.

⊙ 신항로 개척시대를 주도한 유럽 강대국과 탐험가들을 위협한 최대 적, 괴혈병

신항로 개척시대 이전의 배는 해안을 따라 비교적 짧은 거리를 항해하는 데 만족해야 했다. 왜냐하면 배가 구조적으로 먼바다의 거친 파도를 견뎌내지 못했기 때문이다. 그 시기에는 항해에 나선 선박이 신선한 식료품을 조달하는 데 별다른 어려움이 없었다. 가까운 바다에는 항구도 많아 언제든 머무를 수 있었기 때문이다.

그런데 신항로 개척시대가 열리며 상황이 달라졌다. 선장과 선원은 망망대해에서 배 안에 고립된 채 몇 개월을 지내야 하는 일이 다반사였다. 대서양이나 태평양과 비교하면 지중해는 바다라기보다 거대한 호수에 가까웠다. 당대인에게 먼바다로의 항해, 혹은 세계일주는 어떤 의미로 다가왔을까? 오늘날에 견주어 생각해보면, 우주선을 타고 달에 가는 일과 비슷하게 느껴지지 않았을까.

페르디난드 마젤란의 함대는 인류 역사상 최초로 세계일주에 성공했다. 1519년부터 1522년까지 3년여에 걸친 탐험이었다. 그의 함대가 비록 대단한 성공을 거두기는 했으나 상처도 컸다. 애초 함께 출항한 함선 5척 중 스페인 세비야로 무사히 돌아온 배는 한 척뿐이었다. 엎친 데 덮친 격으로 탐험대장 마젤란도 필리핀에서 현지 원주민에게 살해되었다. 살아서 돌아온 선원은 고작 18명에 불과했고 선원들은 대부분 괴혈병으로 사망했다.

신선한 음식을 먹지 못하는 상태가 1개월 정도 지속되면 잇몸에서 피가 나기 시작한다. 이어 이가 빠지고 온몸에 멍이 생긴다. 움직이지 못하게 되고 몸 여기저기서 피가 나기 시작한다. 급기야 면역력이 떨어져 쉽게 감염병에 걸려 죽어간다. 이것이 괴혈병 증상이다. 이 병은 대양 횡단 등 오랜 시간 동안 배에서 생활해야 하는 상황에서 자주 생긴다.

실제로 헤아릴 수 없이 많은 사람이 먼바다 항해 도중 괴혈병에 걸려 죽었다. 심한 경우 배 한 척의 선원이 전멸해 유령선이 된 사례도 있었다. 그러나 괴혈병의 원인이 밝혀지기까지는 그 후로도 오랜 시간이 걸렸다.

1516년

사탕수수 재배

대서양에 형성된 거대한 삼각무역권

⊙ 사탕수수 재배가 인류의 농업이 새로운 단계로 접어드는 신호탄과도 같은 일대 사건으로 규정되는 이유는?

사탕수수는 설탕 원료로 원산지는 뉴기니다. 이 식물이 남태평양에 전래되고 인도를 넘어 중근동 지역까지 퍼져 나갔다. 사탕수수를 재배하는 데는 많은 양의 물이 필요하다. 그런 까닭에 이슬람 지역에서는 지하수도와 스크루 방식 양수기 등 최적의 관개시설을 이용해 사탕수수를 재배했다.

사탕수수 재배는 인류의 농업이 새로운 단계로 접어드는 신호탄과도 같은 일대 사건이었다. 어떤 맥락에서 그런 의미를 가질까? 사탕수수는 인류가 주식이 아닌 상업적 목적을 위해 대규모로 재배한 최초의 단일작물이라는 점에서 그렇다. 나아가 사탕수수 재배를 위해 '플랜테이션' 농업 형태가 시작되었다는 점에서 또한 그렇다.

십자군 원정을 계기로 설탕이 유럽에 전래되었다. 이후 스페인 등에서 사탕수수 농업이 시작되었다. 포르투갈은 마데이라제도, 아조레스제도, 카나리아제도 같은 대서양 섬에 아프리카

흑인 노예를 데려다 사탕수수 재배를 시작했다. 1440년대의 일이다.

크리스토퍼 콜럼버스는 카나리아제도의 사탕수수를 가져가 자신이 발견한 서인도제도에서 재배했다. 이는 그의 두 번째 항해 과정에 일어난 일이다. 이렇게 서인도제도에서 재배한 사탕수수로 만든 설탕이 처음 유럽에 들어온 것은 1516년의 일이다. 참고로, 이때도 부족한 노동력을 메우기 위해 아프리카 서해안에서 수많은 흑인 노예를 신대륙으로 싣고 갔다. 콜럼버스 같은 유럽 정복자에 의해 퍼진 천연두·인플루엔자 등의 감염병으로 신대륙 선주민 상당수가 사망했기 때문이다.

⊙ 신대륙 아메리카에서 제국주의 국가 영국에 대한 반체제의 상징과도 같은 상품이 된 럼주

그 후 사탕수수 플랜테이션은 카리브해 섬으로 확산되었다. 서인도제도와 쿠바 등이 여기에 포함된다. 아프리카 노예 상인은 흑인 노예를 배에 실어 카리브해와 아메리카대륙으로 보냈다. 카리브해에서는 설탕을 유럽으로 실어 보냈다. 그리고 유럽 상인은 아프리카 노예 상인에게 화기, 일용품, 와인, 브랜디를 공급했다. 거대한 삼각무역, 삼각형 경제가 출현한 것이다.

대서양을 중심으로 한 삼각무역권은 이렇게 형성되었다. 그리고 그것은 '자본주의'라는 새로운 사회 시스템을 만들어냈다. 이는 무역으로 거대한 부가 축적되고, 대량생산·무역·소비의

삼박자를 고루 갖춘 시장 경제 체제가 발달하며, 화폐를 통한 사람과 물자의 매매가 확대된 결과였다.

한편 아메리카 식민지 상인은 프랑스령 식민지로부터 사탕수수에서 설탕을 짜낸 뒤 남은 당밀을 사온 후 발효시켜 럼주를 만들었다. 그리고 그렇게 만든 럼주를 아프리카 노예 상인에게 팔았다. 영국은 프랑스령에서 생산되는 당밀을 구매하는 아메리카 식민지에 세금, 즉 당밀세를 부과하는 방법 등으로 방해를 시도했다. 이러한 영국의 조치에 식민지 상인은 어떻게 대응했을까? 그들은 노골적으로 무시하는 태도로 일관했다. 이는 영국의 아메리카 식민지 미국의 독립을 향한 첫걸음이자 도화선이 되었다. 럼주는 신대륙 아메리카에서 제국주의 국가 영국에 대한 반체제의 상징같은 상품이 되어갔다.

1516년
자본주의의 태동

'교회 비즈니스'로 막대한 수익을 거둔 유럽의 부호와 권력자

⊙ 오늘날의 대표적인 기축통화 US 달러의 원형이 된 체코 북부 산지 장크트요하임스탈 광산의 은화

전 유럽을 휩쓴 페스트 대유행이 끝나고 안정을 찾아가면서

그전보다 더 열렬히 돈을 추구하는 사회 분위기가 형성되었다. 15세기 말의 상황이다.

장크트요아힘스탈(독일어로 '성 요아힘 골짜기'라는 의미, 오늘날 체코 야히모프)이라는 골짜기에서 은 광산이 발견되었다. 1516년의 일이다. 장크트요아힘스탈은 '보헤미아'로 칭해지던 체코 북부 산지에 속했다. 이곳에서 광산이 발견되자 부자가 되고 싶어 하는 사람들 수천 명이 부나비처럼 몰려들었다. 사람들은 이곳에서 연간 85톤의 은을 캐내어 지름 4센티미터 크기 은화를 대량으로 제작했다. '요아힘스탈러(Joachimstaler)'라고 불린 이 은화는 전 세계적으로 유통되었다. 훗날 요하임스탈러는 어미 부분만을 따서 '탈러'로 불렸다. 그리고 그것이 또다시 변화해 '달러(dollar)', 즉 오늘날의 대표적인 기축통화인 US 달러가 되었다.

보헤미아와 독일 여러 지역에는 이런 광산이 많았다. 이들을 기반으로 대부호가 된 거상 가운데 가장 유명한 인물은 야코프 푸거(Jakob Fugger, 1459~1525)다. 독일 남부 아우크스부르크를 거점으로 활동한 야코프 푸거는 광산에서 벌어들인 막대한 돈을 주교와 제후, 스페인 국왕 카를로스 1세(Carlos I, 재위 1516~1556, 훗날 신성로마제국 황제 카를 5세(Karl V, 재위 1519~1556)에 즉위)에게까지 빌려주며 유럽의 금융과 무역을 장악했다.

당시 유럽은 토지에 묶여 있던 봉건주의 시대에서 자본주의 시대로 역사의 키가 급속히 방향을 바꾸고 있었다. 그러는 가운데 유럽 곳곳의 도시국가에서 탄생한 거상이 새롭게 도래한 시대의 지배자가 되어갔다.

⊙ 독일 '은 광산'이 세계사의 물줄기를 바꾼 종교개혁의 원류가 되었다고?

독일의 푸거 가문은 이탈리아의 메디치 가문 못지않게 역사에 한 획을 뚜렷이 그은 가문이다. 당시 로마 교황은 레오 10세(Pope Leo X, 재위 1513~1521)였다. 그는 제후와 귀족 이상으로 호화롭고 사치스럽게 생활했는데, 그런 생활을 유지하기 위해 푸거 가문에 천문학적인 액수의 빚을 지고 있었다. 흥미롭고 아이러니하게도 레오 10세는 메디치 가문 출신이었다. 라인강변의 도시 마인츠의 대주교 알브레히트(Albrecht von Brandenburg, 재위 1514~1545)도 마찬가지였다. 그 역시 푸거 가문에게 어마어마한 액수의 돈을 빌렸다. 교황 레오 10세와 로마 교회에 많은 돈을 뇌물로 바치고 대주교 지위를 얻기 위해서였다. 이런 맥락에서 돈이 필요했던 교황 레오 10세와 대주교 알브레히트는 푸거 가문의 중개에 힘입어 면벌부를 판매하기 시작했다. 그들은 형식상 바티칸의 산피에트로대성당 개축 비용을 마련한다는 명목을 내세웠다. 이는 1515년의 일이다.

당시 독일은 이렇다 할 주권국가 없이 여러 제후가 난립한 채 서로 경쟁하는 혼란스러운 상태였다. 그런 상황에서 푸거 가문과 알브레히트는 거리낌 없이 면벌부를 팔았다(프랑스와 영국 같은 주권국가에는 그런 식으로 파고들 여지가 적었기에 그 나라 교회들은 면벌부를 판매하지 않았다). 푸거 가문은 면벌부 판매로 막대한 수익을 올렸다. 면벌부 매상의 절반 정도를 취하기로 돼 있었기 때문이다.

독일 비텐베르크대학 신학교수 마르틴 루터는 교회 문에 '95개조 반박문'을 붙였다. 교황과 대주교, 그리고 푸거 가문이 벌인 사악한 '교회 비즈니스'에 제동을 걸기 위한 행위였다. 이는 종교개혁이라는 역사적 사건으로 이어졌다. 독일의 '은 광산'이라는 평범한 존재가 세계사의 흐름을 바꾼 종교개혁으로 이어지고 확장된 셈이다.

1521년
아스테카제국 정복
스페인에 막대한 부를 안겨준 천연염료

⊙ 아스테카제국 수도 테노치티틀란을 멸망으로 몰고 간 결정적 요인 두 가지는?

디에고 벨라스케스 데케야르(Diego Velázquez de Cuéllar, 1465~1524)가 쿠바를 정복하고 쿠바 총독이 되었다. 이는 1511년의 일로, 그는 콜럼버스의 신대륙 항해를 함께한 인물이다. 그리고 벨라스케스의 용맹한 부하 에르난 코르테스(Hernán Cortés, 1485~1547)는 오늘날의 멕시코에 있던 아메리카 선주민이 이룩한 아스테카제국을 정복하기 위해 쿠바의 바하마를 출항했다.

1519년의 일이다.

코르테스는 오늘날의 멕시코만 타바스코 지방에 상륙했다. 그는 먼저 아스테카제국에 예속돼 있는 상황을 불만스럽게 여기는 몇몇 선주민 부족을 포섭하는 일에 주력했다. 그런 다음 그는 아스테카 황제 목테수마 2세(Moctezuma II, 재위 c. 1502~1520)를 목표로 삼고 이 나라를 대대적으로 침공했다. 그러나 아스테카제국의 수도 테노치티틀란(오늘날의 멕시코시티)은 접근 경로가 제한돼 있었다. 그도 그럴 것이 테노치티틀란이 호수에 떠 있는 섬에 건설된 독특한 도시였기 때문이다. 코르테스 일행은 테노치티틀란이 수상 도시라는 점을 역이용하기로 했다. 그들은 반(反)아스테카 부족의 도움을 받아 대포를 탑재한 가벼운 배를 몰래 운반해 왔다. 그러고는 압도적인 화력을 앞세워 아스테카군을 전멸시켰다.

결국 테노치티틀란은 더는 견디지 못하고 함락되었다. 1521년의 일이다. 경직된 신권정치 속에서 오랜 세월 동안 전혀 발전하지 못하고 있던 거대한 제국은 탐욕스러운 스페인 정복자의 손에 의해 어이없이 멸망하고 말았다.

그 후 스페인인과 함께 들어온 천연두, 홍역, 인플루엔자가 짧은 시간에 선주민 수만 명을 죽음으로 몰고 갔다. 그도 그럴 것이 당시 아스테카인은 그러한 감염병에 면역력이 전혀 없었기에 일단 감염병이 발생하자 걷잡을 수 없이 번져 나갔던 것이다. 이는 그야말로 오늘날의 '생물병기'로 인한 대량학살에 견줄 만한 참사였다.

1428년, 오늘날의 멕시코 중부를 중심으로 성립된 아스테카제국은
1521년 스페인 콩키스타도르 에르난 코르테스에 의해
수도 테노치티틀란이 함락되면서 멸망했다.

⊙ 유럽에는 존재하지 않던 선명한 천연염료가 활발히 거래되는 것을 보고 충격받은 침략자 코르테스

아스테카제국을 침략한 코르테스는 마을 시장 등에서 천연염료가 거래되는 장면을 목격하고 충격을 받았다. 이 나라의 내륙을 향해 진격하던 중에 있었던 일이다. 코르테스는 왜 충격을 받았을까? 그가 미개하다고 깔보았던 이 나라의 평범한 시장에서 고국 스페인의 비단실 시장보다 훨씬 다양한 색깔과 종류의 실이 유통되고 있었기 때문이다. 그중에서도 그를 가장 놀라게 한 것은 '코치닐(cochineal)'이라는 이름의 붉은색 염료였다. 이는 그때까지 유럽에는 존재하지 않던, 선명한 붉은색을 띠었다. 아스테카 선주민은 이 염료를 어떻게 생산했을까? 그들은 이것을 선인장에 진딧물처럼 모여드는 작은 벌레인 '코치닐 깍지벌레'에서 얻었다.

참고로, 이 붉은색 색소의 분자는 '카민산(carminic acid, 화학식 $C_{22}H_{20}O_{13}$)'이라고 하며 식품 첨가물로도 허용된다. 붉은빛이 도는 햄 등의 성분 표시를 보면 '카민산'이 표시돼 있다.

스페인은 아스테카를 정복한 뒤 이 붉은색 염료 생산과 수출을 통해 막대한 부를 쌓았다. 코치닐 깍지벌레는 유럽으로 건너가 왕후·귀족의 화려한 드레스를 붉게 물들였다. 그뿐만이 아니었다. 오귀스트 르누아르(Pierre-Auguste Renoir, 1841~1919), 폴 고갱(Paul Gauguin, 1848~1903), 빈센트 반 고흐(Vincent van Gogh, 1853~1890) 등 인상주의 화가의 작품에서 볼 수 있는 선명한 붉은색 또한 코치닐을 활용한 물감 덕분이었다.

⊙ 코르테스가 부하들에게 초콜릿의 원형인 '쇼콜라틀'을 마시도록 강요한 까닭은?

아스테카제국 황제와 귀족은 '쇼콜라틀(Xocolatl)'이라는 음료를 마셨다. 한데 이 음료는 '미약(媚藥)'으로도 사용되었다. 지금으로 치면 '에너지 드링크'와 비슷한 개념이었을 것이다. '쇼콜라틀'이란 정확히 뭘까? 카카오나무 종자인 카카오콩을 으깨어 걸쭉하게 만든 음료였다. 쇼콜라틀은 쓴맛이 강한 음료였으나 신항로 개척시대에 이르러 본격적으로 대중화하기 시작했다. 실제로 에르난 코르테스도 부하들에게 쇼콜라틀을 강제로 마시게 해서 사기를 높였다는 이야기가 전한다. 이후 카카오와 쇼콜라틀은 스페인으로 보내졌고 유럽 전역으로 확산되었다.

초콜릿은 왜 자극적인 맛을 낼까? '테오브로민(theobromine, 화학식 $C_7H_8N_4O_2$)'이라는 성분 때문이다. 이는 초콜릿의 원료가 되는 나무의 학명 '테오브로마 카카오(Theobroma cacao)'에서 유래한 용어다. 참고로, 테오브로마는 '신(神)의 음료'라는 의미다.

쇼콜라틀은 본래 너무 써서 마시기 힘들었다. 그러던 것이 카카오에서 지방 성분(카카오 버터)을 추출한 코코아 파우더가 개발되면서 음료로 이용할 수 있게 되었다. 이는 네덜란드인 쿤라트 반 하우턴(Coenraad Johannes van Houten, 1801~1887)의 업적으로, 1828년의 일이다. 판 형태 '먹는 초콜릿'이 등장한 것은 그로부터 좀 더 시간이 지난 1847년의 일이다. 이후 앙리 네슬레(Henri Nestlé, 1814~1890) · 루돌프 린트(Rudolf Lindt, 1855~1909) 등의 기술 혁신을 통해 오늘날의 초콜릿이 탄생했다.

1532년

잉카제국 정복

스페인을 세계제국으로 발돋움하게 한 식민지 아메리카대륙의 은

⊙ 심각한 임플레이션을 발생시켜 유럽 경제를 휘청이게 한 스페인의 포토시 은광산 개발

신대륙에서 새로운 도전을 하고자 스페인에서 건너온 프란시스코 피사로(Francisco Pizarro, c. 1478~1541)는 스페인인 168명을 이끌고 페루의 대제국 잉카를 정복했다. 에르난 코르테스가 아스테카제국을 정복한 지 12년 뒤의 일이다. 신대륙 정복을 통해 코르테스처럼 큰 성공을 거두겠다는 야심을 이룬 셈이었다.

스페인인은 페루를 식민지로 삼고 본격적으로 남미대륙을 착취하기 시작했다. 그 연장선에서 선주민이 포토시(오늘날의 볼리비아)에서 은 광산을 발견한 일을 계기로 대규모 은광이 개발되었다. 이는 1545년의 일이다. 스페인은 포토시 광산에서 캐낸 은을 가지고 대량의 은화를 주조해 유럽 전역에 유통시켰다. 그 결

과 화폐량이 지나치게 많아지는 바람에 인플레이션이 발생해 유럽 물가가 2~3배 치솟았다.

참고로, 이 시기 일본 시네마현 이와미 은광의 은 산출량이 크게 확대되었다. 그 결과 포토시 은광과 이와미 은광에서 산출된 은이 전 세계 은 수요를 대부분 충당할 정도가 되었다.

1541년

'의학계의 루터'가 등장하다

새로운 르네상스식 약학을 도입하기 위해 평생을 바친 의학자

⊙ 최초로 근대적 약학 개념을 주창한 '의학계의 루터' 파라셀수스

파라셀수스(Paracelsus, c. 1493~1541)는 스위스 취리히 근교에서 태어났다. 1493년 무렵의 일이다. 파라셀수스라는 이름은 흥미롭다. 이는 '켈수스(Celsus)를 뛰어넘는 사람'이라는 의미다. 켈수스가 누구일까? 그는 고대 로마 시대 의학자 아울루스 코르넬리우스 켈수스(Aulus Cornelius Celsus, c. 25 BC~c. 50 AD)다. 켈수스는 『의학에 관하여(De Medicina)』라는 책을 집필한 저자이기도 하다.

파라셀수스는 연금술에 몰두했다. 그러면서도 그는 "화학의

파라셀수스(Paracelsus, c. 1493~1541)

진정한 목적은 금을 만드는 데 있는 것이 아니라 의약을 만드는 데 있다"라고 주장했다. 그 연장선에서 그는 약초가 주체였던 그때까지의 식물 의약에서 벗어나 광물 등을 이용해 약을 만들려고 시도했다. 그는 독과 약의 차이는 '복용량'에 달려 있다는 근대적 약의 개념을 주창하기도 했다. 광물에서 나온 물질이 수은이나 안티몬처럼 격렬하게 작용하고 인체에 독이 되는 것이 많기는 하지만 말이다.

파라셀수스는 고대 그리스 의학자 갈레노스(Galēnós, c. 129(?)~c. 199(?))의 의학서나 중세 페르시아 철학자이며 의사인 이븐 시나(Ibn Sina, 980~1037)의 책 등을 모두 불태운 다음 강의를 시작했다고 한다. 파라셀수스가 바젤대학 의학부 교수로 재직할 당시의 일이다. 여담이지만, 바젤대학 교수 시절 그는 '의학계의 루터'로 불리곤 했다. 고전의학을 격렬하게 비판하고 의학의 개혁을 주장한 데서 루터에 비유된 것인데, 파라셀수스 자신은 루터에 빗대 말해지는 것을 적절하지 않게 여겼다고 한다.

"직접적인 경험은 어떤 권위보다 우월하다."

이는 파라셀수스가 남긴 유명한 명언이다. 그는 그 누구보다 실제 관찰과 실험을 중시하는 의학자였다. 그러나 기존 지식과 질서를 공격하는 그의 과격한 주장과 행동은 환영받지 못했고 그는 대학에서 추방당해 이곳저곳을 떠도는 괴짜 방랑자가 되었다. 그러면서도 파라셀수스는 낡은 권위주의를 타파하고 새로운 르네상스식 약학을 도입하기 위해 쉼 없이 노력하다 세상을 떠났다. 이는 미켈란젤로가 바티칸 시스티나예배당 벽화 〈최후의 심판〉을 완성한 해인 1541년의 일이다. 파라셀수스가 불운한 죽음을 맞이한 후 그의 철학과 방법은 '의화학(Iatrochemistry)'이라는 이름의 새로운 분야로 인정받아 크게 융성했다.

1554년
세계 최초의 커피하우스

커피라는 평범한 음료는 어떻게 세계사를 바꿨나

⊙ 초기에 커피는 기호음료보다 '약'으로 사용되었다는데?

오늘날 우리는 커피에 둘러싸여 살고 있다. 아침에 일어나면 잠을 깨기 위해 커피를 한잔 마신다. 낮에는 카페에서 지인이나 동료, 친구를 만나 커피를 마시며 담소를 나눈다. 만약 당신이 커피 애호가라면 원두를 사서 취향에 맞게 커피를 직접 제조해 마실 것이다.

커피 원산지는 어디일까? 에티오피아고원으로 보는 것이 정설이다. 커피 발견을 두고 유명한 전설이 전해 내려온다. 그 전설의 주인공은 칼디라는 이름의 양치기 소년이다. 그는 빨간 열매를 먹은 양들이 흥분해서 날뛰는 것을 보고 그 열매를 따서 먹어보았다. 그러자 신기하게도 기분이 상쾌해지는 게 아닌가! 칼디는 어느 수피교 수도원 원장을 찾아가 그 이야기를 들려주었다. 그 말을 들은 수도원 원장은 빨간 열매를 끓여 마셔보았다. 그는 그 열매가 잠을 깨우는 효과를 낸다는 사실을 알게 되었다. 이후 수피교 수도자들은 본격적으로 열매를 끓인 음료를 마시며 수행에 전념하게 되었다는 이야기다.

알라지가 남긴 문헌에는 당시 이미 커피가 약으로 사용되었음을 보여주는 내용이 있다. 그는 900년 무렵, 흔히 '이슬람 황금시대(Islamic Golden Age)'로 불리는 아바스왕조에서 활약한 이슬람 의사이자 연금술사였다. 당시 이슬람권에는 커피콩을 볶아서 잘게 부순 다음 끓여서 마시는 문화가 퍼져 있었다. 오늘날로 말하자면, '에너지 드링크'와 비슷한 개념의 음료인 셈이었다.

⊙ '이슬람교도가 마시는 사탄의 음료'로 배척당한 커피는 어떻게 그토록 빠르게 전 유럽으로 퍼져 나갔을까?

튀르키예 이스탄불에 커피하우스 두 곳이 문을 열었다. 1554년의 일이다. 이들 커피하우스는 호화로운 가구와 인테리어로 꾸며져 사교장·살롱 역할을 했다. 훗날 이것이 유럽에 전파되어 커피 살롱문화를 만들었다.

"(커피는) 이슬람교도가 마시는 사탄의 음료다."

유럽에는 이런 말이 유령처럼 떠돌아다녔다. 커피가 전파되기 시작한 지 얼마 지나지 않았을 때의 상황이다. 그리고 마침내 교황 클레멘스 8세(Pope Clemens VIII, 재위 1592~1605)에게 커피를 금지해줄 것을 간청하는 성직자들이 나타났다. 1605년의 일이다. 교황은 어떻게 대응했을까? 놀랍게도 그는 커피를 허용하기로 결정했다. 직접 커피를 마셔보고 그 맛과 향에 반한 교황은 이렇게 말했다.

"이토록 훌륭한 음료를 이교도만 마실 수 있게 하는 것은 너무 아깝지 않은가. 그러니 세례를 해서 그리스도교의 음료로 만들자."

그 결과 유럽에서도 자유롭게 커피를 마실 수 있게 되었다. 베네치아, 런던, 파리, 빈 등에 커피하우스가 문을 열기 시작했다. 1600년대 중반 이후의 일이다. 런던을 비롯한 영국의 주요 도시에서는 10년 동안 2,000개가 넘는 커피하우스가 개업할 정도였다. 런던의 커피하우스에서는 로버트 훅(Robert Hooke, 1635~1703), 에드먼드 핼리(Edmond Halley, 1656~1742) 등의 명사들이 격렬히 토론을 벌이곤 했다. 로버트 훅은 아이작 뉴턴(Isaac Newton, 1642~1727)의 강력한 라이벌 관계를 형성한 과학자, 에드먼드 핼리는 '핼리 혜성(Halley's Comet)'을 발견한 천문학자다.

요한 제바스티안 바흐(Johann Sebastian Bach, 1685~1750)는 〈커피 칸타타(Coffee Cantata)〉라는 곡을 작곡했다. 1732년의 일이다.

18세기 영국 커피하우스

루트비히 판 베토벤(Ludwig van Beethoven, 1770~1827)은 커피 한 잔을 내릴 때마다 원두 60알을 사용한다는 규칙을 정해놓았다고 한다. 프랑스의 계몽사상가 볼테르는 하루에 커피를 72잔이나 마셨다는 기록도 있다. 그는 이성과 자유를 외치며 봉건제·전제 정치와 맞서 싸운 인물이다. 커피하우스는 단순한 사교 살롱 이상의 역할을 했다. 미국 독립전쟁이나 프랑스혁명을 이끈 이들은 모두 서로 약속이나 한 듯 뭔가 중요한 일을 논의할 때마다 커피하우스로 부나비처럼 몰려들었다.

⊙ 자본주의의 '인큐베이터'가 된 커피하우스

영국의 유명 기업 런던 로이즈(Lloyd's of London)도 커피하우스에서 출발했다. 런던 로이즈는 해운업 회사를 주요 고객으로 하는 보험회사다. 투자자와 선장, 선주들이 에드워드 로이드(Edward Lloyd, 1648~1713)가 개업한 로이즈 커피하우스에 모여 어떤 배가 어느 정도의 장비를 갖추었고 항해는 안전한지 등 각각의 선박에 관한 정보를 주고받았다. 로이드는 이러한 정보를 모으고 정리해 그것을 필요로 하는 이들에게 제공했다. 이 모든 것이 선박보험의 탄생으로 이어졌다. 이는 1680년대 말의 상황이다. 그런데 이것이 다가 아니었다. 이런 움직임은 런던의 은행, 신문, 잡지, 증권거래소 등이 탄생하는 흐름으로 이어졌다. 그 결과 세계 금융의 중심지가 네덜란드 암스테르담에서 런던으로 이동하게 되었다.

애덤 스미스(Adam Smith, 1723~1790)의 『국부론(The Wealth of Nations)』(1776)도 스코틀랜드인이 주로 모이는 런던의 한 커피하우스에서 집필되었다. 이 책은 자본주의와 금융의 바이블로 통하는 최고의 명저로 인정받는다. 과학과 금융이 런던의 커피하우스에서 꽃을 피운 셈이다.

제국주의가 한창 진행되던 유럽 국가들은 노예 노동력을 기반으로 식민지에 커피 플랜테이션을 급속히 확대해 나갔다. 커피 수요가 확대되어 국제 무역 상품이 되면서 나타난 현상이었다. 그에 따라 식민지에서 전통적으로 자급용 작물로 재배하던 밭이 하나둘 사라졌다. 커피를 재배하기에 이상적인 환경을 가진 경사면에 사는 사람들은 자신이 살던 땅에서 쫓겨나 플랜테이션의 노동자가 되었다.

이런 참혹한 현실은 과거만의 일이 아니다. 오늘날에도 거대한 다국적기업이 지배하는 커피콩 생산 현장에서 아동 노동력 착취가 주요 사회 문제로 대두되곤 하기 때문이다. 그에 대한 반발로 공정 무역 커피 등이 등장하게 되었다.

⊙ 쿠데타나 군사 정권을 지탱하는 재원과 노예 노동 같은 사악한 일의 출발점이 된 커피·초콜릿 등의 알칼로이드 분자

카페인은 커피의 주요 성분이다. 카페인은 커피콩이나 홍차에 많이 들어 있는 알칼로이드(식물체에 들어 있는 유기화합물)의 일종으로, 대뇌피질을 자극한다. 다시 말해 이 성분은 신경의 흥

카페인($C_8H_{10}N_4O_2$)

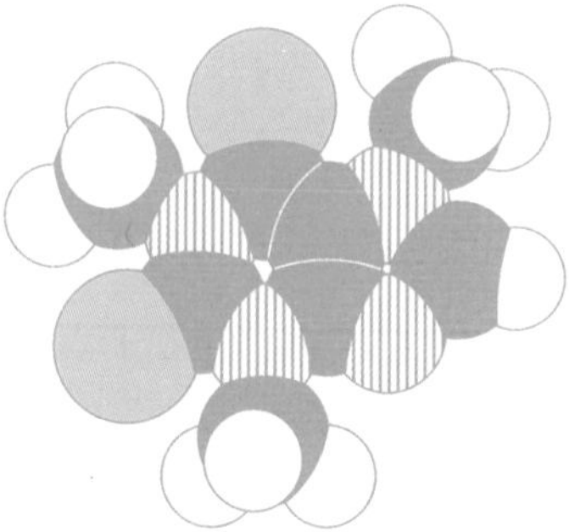

C(탄소 원자) O(산소 원자)
H(수소 원자) N(질소 원자)

테오브로민($C_7H_8N_4O_2$)

분을 진정시키고 졸음을 일으키는 원인 분자의 유도체 합성을 막는다. 이 작용으로 인해 졸음이 사라지고 잠이 깨는 느낌을 받는 것이다. 그뿐 아니다. 카페인을 함유한 방대한 수의 분자가 풍미로 작용해 인간의 후각을 자극하고 쾌감을 불러일으킨다.

카카오는 현대인이 사랑하는 초콜릿의 주재료다. 카카오의 성분인 테오브로민과 카페인은 구조적으로 아주 미세한 차이밖에 없다. $-CH_3$(메틸기)가 있느냐 없느냐의 차이뿐이다. 그러나 이 미세한 구조상의 차이가 인간의 몸속에서 큰 차이를 만든다.

오늘날 커피와 카카오의 생산·유통은 국제적으로 막대한 액수의 돈을 움직인다. 구체적으로, 쿠데타나 군사 정권을 지탱하는 재원과 노예 노동이 여기에서 만들어진다. 그리고 묘하게도 뇌 수용체 층위에서 커피, 초콜릿의 알칼로이드 같은 쾌락이 관장하는 분자를 끊임없이 원하는 것이 그 사악한 일의 출발점이다.

⊙ 커피가 인류를 구원했다고?

사람들은 아침부터 저녁까지 맥주를 마시며 살았다. 커피가 보급되기 전까지의 상황이다. 오늘날의 감각으로는 믿기 힘든 일이지만, 성인 남녀는 물론이고 아이들까지 아침부터 맥주를 입에 달고 살다시피 하던 시대가 존재한 것이다.

여기에는 사실 그럴 만한 이유가 있다. 당시에는 자연에서 얻은 물을 그대로 마시는 것은 굉장히 위험한 일이었다. 상수도가 제대로 정비되어 있지 않았기 때문이다. 당대인이 알코올이 함유된 맥주와 같은 음료를 안전한 마실거리로 여기고 이른 아침부터 수분 보급을 위해 적극적으로 마신 것은 그런 연유에서였다. 커피는 이렇듯 건강하지 못한 생활을 하던 인류를 갱생시켜 건강한 사회를 만들었다. 다소 논리 비약으로 들릴 수도 있겠으나, 유럽인이 아침부터 저녁까지 알코올에 취해 살았다면 산업혁명도 일어나지 않았으리라 생각한다.

그런데 흥미롭게도 아침부터 술독에 빠져 살면서도 위대한 업적을 남긴 매우 독특하고도 예외적인 인물이 존재한다. 전 세계적으로 매우 중요한 시기이던 20세기 중반 영국 총리로 재임한 윈스턴 처칠(Winston Churchill, 재임 1940~1945, 1951~1955)이 바로 그다. 경이롭게도 그는 아침에는 탄산수에 희석한 위스키, 낮에는 샴페인, 밤에는 와인 등을 들이붓듯 마시면서도 절체절명의 위기에 빠진 조국 영국을 구해냈다.

1556년
『금속에 관하여』 출간

르네상스 시대에 광산 개발 발전을 이끈 책

⊙ 그 의사는 왜 '광산'의 매력에 그토록 깊이 빠져들었을까?

장크트요하임스탈의 한 마을에 게오르크 바우어(Georg Bauer,

1494~1555)라는 33세 남성이 의사로 부임했다. 1527년의 일이다. 그는 본래 독일에서 그리스어 강사 등으로 일하다가 30세에 이탈리아로 유학을 가서 의학과 화학, 언어학, 인쇄 기술 등을 공부한 인물이다. 그런데 그는 그로부터 3년 후 갑자기 마을 의사직을 그만두고 광산업에 뛰어들었다. 과학적 호기심이 왕성했던 탓에 광산의 매력에 빠져들었던 것으로 보인다.

바우어는 르네상스 시대를 대표하는 의사로 추앙받는 안드레아스 베살리우스(Andreas Vesalius, 1514~1564)를 숭배했다. 이는 그가 의사 수업을 쌓던 시절부터의 일이다.

"나는 머릿속에서 한 생각보다 실제 해부 결과를 중시한다."

이는 베살리우스가 한 말이다. 베살리우스의 르네상스 정신을 이어받아 바우어는 광산의 다양한 공정과 기술을 면밀히 관찰하고 연구했다. 나아가 그는 광맥을 찾아내는 방법부터 금속의 분석, 채굴 도구와 기계, 굴착, 용수(湧水) 대책, 분리법이나 정련 방법에 이르기까지 자세한 내용을 상세한 목판화 일러스트 289개와 함께 기록한 12권에 달하는 방대한 책으로 남겼다.

⊙ 『금속에 관하여』가 화학 세계사 관점에서 매우 중요한 책일 수밖에 없는 이유

이 장대한 책이 바우어가 게오르기우스 아그리콜라(Georgius

『금속에 관하여』에 수록된 16세기 수력 펌프 목판화

광산의 용수를 퍼 올리는 기술이 대기압의 발견으로 이어졌다.

Agricola)라는 필명으로(독일어 '바우어'는 '농부'라는 의미인데 라틴어 '아그리콜라'에 해당한다) 펴낸 『금속에 관하여(De re metallica)』(1556)다.

『금속에 관하여』는 화학 세계사 관점에서 매주 중요한 책이다. 왜냐하면 이는 연금술을 전면적으로 부정하고 철저히 실재론에 입각한 르네상스 시대 정신을 구현한 책이기 때문이다. 이 책은 1556년에 출판되었다. 바우어가 사망하고 4개월 후의 일이다. 타이밍이 절묘하게도 이 책은 구텐베르크가 발명한 활판 인쇄를 통해 급속히 확산되어 전 세계 광산 개발을 촉진하고 금속 이용 및 철 생산을 확대시키는 등 커다란 영향을 끼쳤다.

이는 여담이지만, 미국의 제31대 대통령 허버트 후버(Herbert Clark Hoover, 재임 1929~1933)는 가난한 환경에서 고학하며 스탠퍼드대학에서 광산학을 공부했다. 그리고 그는 같은 공부를 하던 한 여자 후배와 친해졌는데, 그녀는 훗날 후버의 아내가 된다. 후버는 아내와 함께 『금속에 관하여』를 영어로 번역해 출판해 세상에 널리 알려지게 했다. 이는 1912년의 일로, 그가 광산 기사로 일하고 있을 때의 일이다.

HISTORY OF CHEMISTRY

10

과학혁명 시대

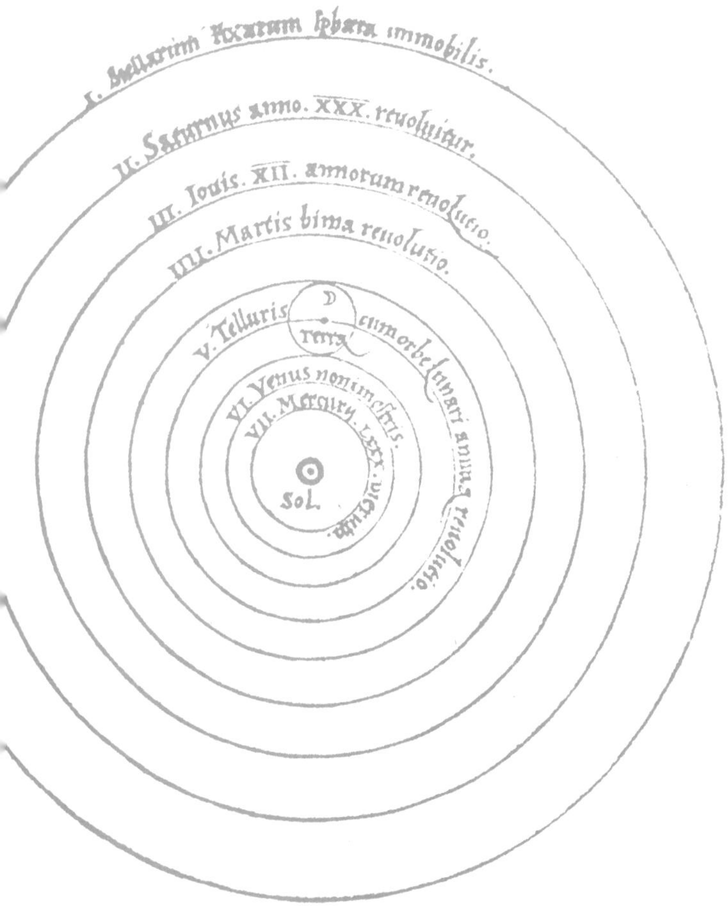
I. Stellarum fixarum sphæra immobilis.
II. Saturnus anno. XXX. reuoluitur.
III. Iouis. XII. annorum reuolutio.
IIII. Martis bima reuolutio.
V. Telluris cum orbe lunari annus reuolutio.
terra
VI. Venus
VII. Mercurius. LXXX.
Sol.

르네상스 시대가 되자 인류는 '신'이 아닌 '인간'의 관점에서 인간을 잣대로 세상을 바라보게 되었다. 니콜라우스 코페르니쿠스(Nicolaus Copernicus, 1473~1543)의 책 『천체의 회전에 관하여(De revolutionibus orbium coelestium)』가 출간된 것도 그 연장선에서였다. 이는 1543년의 일이다. 연이어 요하네스 케플러(Johannes Kepler, 1571~1630)·갈릴레오 갈릴레이(Galileo Galilei, 1564~1642) 등이 지구는 우주의 중심이 아님을 밝혀냈다.

조금 뒤 로버트 보일(Robert Boyle, 1627~1691)은 무엇보다 실험을 중시하는 화학을 정립하고 확산시키는 일에 힘썼다. 아이작 뉴턴은 자연철학의 수학적 원리를 밝히는 책 『프린키피아(Philosophiæ Naturalis Principia Mathematica)』를 출판했다. 1687년의 일이다. 이 책은 물리학의 기틀을 세우고 과학을 그리스도교로부터 독립시키는 데 크게 기여했다.

한편 가톨릭교회는 이렇듯 급격히 변화해가는 사회 분위기 속에서 이단자를 색출하고 엄격히 단속하는 방향으로 움직였다. 그 결과 수도사이면서 지동설을 주창한 조르다노 브루노가 화형당하는 끔찍한 사건도 발생했다. 이는 1600년의 일이다. 가톨릭교회는 왜 이런 극단적인 방법을 동원해야 했을까? 당대 과학적 시각이 가톨릭교회가 절대시하는 그리스도교 교리와 양립할 수 없다고 판단했기 때문이다.

신항로 개척시대가 시작된 후 세계는 계속 넓어졌다. 1607년, 잉글랜드는 북아메리카에 최초의 식민지를 건설했다. 그 후 습자지에 먹물 번지듯 북아메리카에 식민지가 확대되어 갔다. 말하자면 잉글랜드는 북아메리카라는 질 좋은 습자지의 버지니아라는 지점에 먹물 가득 묻힌 붓으로 제대로 점을 찍은 셈이었다.

가톨릭과 프로테스탄트 사이에 대규모 전쟁이 일어났다. 바로 30년 전쟁이다. 마르틴 루터의 종교개혁으로 북유럽을 중심으로 프로테스탄트 세력이 크게 확대된 결과였다.

베스트팔렌 조약으로 스위스·네덜란드 등이 독립해 오늘날과 같은 독립된 주권국가 시대가 시작되었다. 1648년 이후의 상황이다. 그와 더불어 오랫동안 존재감이 약했던 국왕이 역사의 중심 무대에 서면서 '절대왕정'이 시작되었다. 이는 교황의 권력이 약화되고 봉건영주가 몰락해가는 흐름과 맥을 같이하는 또 다른 흐름이었다.

거대한 중앙집권 국가는 절대왕정의 필수조건이다. 이를 위해서는 관료제와 상비군이 뒷받침되어야 한다. 그러자면 당연하게도 막대한 자금이 들어갈 수밖에 없다. 그 천문학적인 재정투입을 가능하게 하는 것이 바로 '중상주의'였다. 중상주의란

어마어마한 재력을 바탕으로 강력한 영향력을 발휘하는 특정 상인을 우대하고 독점권을 부여하는 대신 국왕에게 그에 합당한 세금을 내게 하는 경제, 아니 '이권' 시스템이다. 이는 상업과 무역이 그 어느 때보다 활발해진 새로운 시대적 환경이 뒷받침되었기에 가능한 일이었다. 프랑스의 루이 왕조는 중상주의 시스템을 통해 사상 초유의 고수익을 올림으로써 절대왕정의 황금기를 맞이했다. 유럽의 다른 나라들도 이런 흐름에서 비껴나 있지 않았다. 대표적으로, 영국과 네덜란드는 동인도회사 등의 독점적 무역회사를 동원한 식민지 경영으로 막대한 부를 축적하며 자본주의로 향하는 길을 거침없이 나아갔다.

1615년

석탄 시대

철도·공장·노동자·공업도시·자본주의를 탄생시키다

⊙ 영국 국왕 에드워드 1세가 석탄을 불에 태운 사람을 붙잡아 처형시킬 수밖에 없었던 사정은?

18세기에 영국은 '석탄'을 원동력으로 산업혁명을 추진했다. 석탄 시대는 산업혁명이 일어나기 전인 17세기에 도래했다.

석탄은 탄소, 수소, 산소가 결합한 복잡한 구조의 화합물이다.

이는 3억 5,000년 전 석탄기에 지구를 뒤덮고 있던 거대한 삼림이 땅속에 묻혀 생성된 물질이다. 일찍이 브리튼섬에서는 어마어마한 양의 석탄이 묻혀 있는 지대가 발견되었다. 운 좋게도 그 지대는 비교적 힘들이지 않고 캐낼 수 있는 상태였다.

석탄을 불에 태우면 많든 적든 이산화황 등의 유독가스가 발생한다. 물론 석탄 산지나 품질에 따라 차이는 있지만 유독가스가 발생한다는 사실에는 변함이 없다. 그런 까닭에 국왕 에드워드 1세(Edward I, 재위 1272~1307)가 다스리던 시대에는 석탄을 태워 유독가스를 발생시킨 죄로 사형을 당한 사람도 있을 정도였다.

유리 제조나 제철에는 목탄이 대량으로 소비된다. 유럽에서는 과도하게 나무를 베어낸 탓에 심각한 목재 부족 사태가 발생했다. 그 여파는 도미노처럼 이어졌다. 선박, 특히 국방력으로 이어지는 군함 건조에도 차질이 빚어졌다.

잉글랜드에서는 산업 발달과 함께 목재 수요가 늘어난 결과 울창한 숲이 차례로 벌채되는 등 삼림 자원 파괴가 급속히 진행되었다. 16세기에 접어들면서 벌어진 상황이다. 이에 잉글랜드 국왕 제임스 1세(James I, 재위 1603~1625)는 삼림 보호 차원에서 숲을 벌채해 거기에서 나온 목재로 목탄을 만드는 일을 금지한 대신 목탄보다는 석탄을 주연료로 사용할 것을 권장했다. 1615년의 일이다.

석탄·목탄 등 돌처럼 딱딱한 고체 상태 물질이 불에 격렬히 타는 이유는 뭘까? 이 물질 안에 칼륨 이온(K^+)이 들어 있기 때문이다. 좀 더 구체적으로, 칼륨 이온이 연소 반응을 촉진하는 것이다. 한번 생각해보자. 물에 젖은 성냥이 무용지물이 되는 것은 왜일까? 일단 물에 젖으면 칼륨이 녹아서 없어지기 때문이다. 참고로, 화승총 등에서 도화선으로 사용하는 화승(화약 심지)은 칼륨 성분이 들어 있는 나뭇재(탄산칼륨을 다량 함유하고 있다) 수용액에 심지를 담가서 만들었다.

⊙ '벽돌'과 '난방시설' 도입이 자본주의 시스템 정착으로 이어진 맥락은?

근세 이후 유럽에 벽돌이 보급되고 집집마다 난방시설이 갖춰졌다. 이로써 그때까지 실내에서도 좁은 틈으로 밀고 들어오는 황소바람에 떨어야 했던 추운 겨울철 생활이 한결 견디기 쉬워졌다. 그 덕분에 사람들은 실내에서 장부를 기록하거나 독서를 하는 등 생산적인 지적 활동을 할 수 있게 되었다. 훗날 자본주의 시스템이 정착되고 근대 정신문화가 발전한 데는 근세 이후 보급된 '벽돌'과 '난방시설'의 영향이 적지 않았다고 할 수 있다. 말하자면 근대적 가옥이 불러일으킨 라이프 스타일의 변화가 새로운 시대를 낳은 잠재적 원동력으로 작용한 셈이다. '산타클로스' 하면 우리가 머릿속에 쉽게 떠올리는 굴뚝과 벽난로를 갖춘 집이 출현한 것도 이 무렵이다.

주거 및 난방시설과 관련하여 이 시기에 나타난 또 하나의 주요한 변화가 있다. 그것은 바로 큰 집 내부에 복수의 난방시설을 설치하기 시작했다는 점이다. 이로써 하나의 난방시설을 갖춘 집에 모든 사람이 모여 살던 라이프 스타일은 차츰 자취를 감추었다. 이제 난방 시설을 여러 개 갖춘 집에서 사람들은 신분별로 각자 다른 방에 살게 되었다. 이런 식으로 귀족이 사는 대저택이나 부농의 집에 상당히 많은 방이 만들어졌다. 그리고 그런 집에 굴뚝과 난로가 많이 설치됨에 따라 연료로 사용될 장작 또한 대량으로 필요해졌다. 이렇듯 주거 스타일이 변화하면서 실내로 햇빛을 충분히 끌어들이기 위한 방책으로 창유리도 보급되기 시작했다.

⊙ 석탄이 없었다면 철도·공장·노동자·공업도시는 물론이고 자본주의 자체가 존재할 수 없었다?

이러한 사회적 흐름으로 잉글랜드와 스코틀랜드의 울창한 삼림이 차례로 벌채되었다. 급기야 배를 만드는 데 필요한 목재 부족이 우려되는 상황에까지 이르렀다. 이렇게 되자 정부가 나서서 석탄 사용을 장려해 바야흐로 '석탄 시대'가 찾아왔다. 각지에서 석탄이 매장된 땅이 속속 발견되었고, 석탄 채굴에 일손이 모자라 4세 아이까지 노동에 동원되는 상황이 빚어졌다.

석탄은 제철의 역사도 바꿔놓았다. 석탄이 연소할 때 발생하는 거대한 열량이 증기기관의 원동력이 되었기 때문이다. 석탄의 유용성은 여기에 그치지 않는다. 일부 의약품이나 합성염료가 석탄을 이용해 만들어지기 시작했기 때문이다. 이는 19세기의 상황이다. 이렇듯 석탄은 증기기관을 움직였고, 산업혁명을 발전시켰으며, 대영제국의 기틀을 다졌다.

석탄이 없었다면 철도, 공장, 노동자, 공업 도시는 물론이고 자본주의 자체가 존재할 수 없었다고 해도 지나치지 않을 것이다.

1661년
보일의 법칙

화학이 연금술과 결별하고 제대로 된 학문으로 인정받기 시작하다

⊙ 합리적인 방법으로 물질을 탐구하며 화학을 제대로 된 학문 분야로 인정받게 한 최초의 과학자

알렉산드리아는 고대 그리스인이 건설한 이집트 도시다. 이곳에서 꽃을 피운 연금술은 이슬람 세계에 전래된 후 다시 이슬람 세계에서 유럽으로 계승되었다. 이슬람 세계에서 연금술은 오늘날의 화학에 가까운 경지에 도달해 있었다. 그러던 것이 유럽으로 건너간 이후 전통적인 종교관·신비주의 등과 결합해 마술 같은 것이 되어버렸다. 연금술사를 자칭하며 금을 만들어 보이겠다는 수상쩍은 사람도 많았다. 생각해보면 21세기 현대사회를 사는 우리도 효과가 의심스러운 건강수나 파워 스톤, 양자 파동 같은 것에 자주 현혹되곤 하지 않는가.

아일랜드 과학자 로버트 보일은 신비주의가 아닌 '실험'에

근간을 두는 과학을 활용해 합리적인 방법으로 물질을 탐구해야 한다는 새롭고도 획기적인 방향성을 제시했다. 부유한 귀족이던 그는 자비를 들여 실험 기구를 만들고 실험을 했다. 그 결과 그는 기체의 압력에 관한 유명한 법칙인 '보일의 법칙(Boyle's law, 기체는 압축하면 부피에 반비례해 압력이 커진다는 법칙)'을 발견했다. 또한 그는 그때까지 정설처럼 믿어져 온 원소설이 근거 없는 미신에 지나지 않음을 밝혀냈다.

보일은 초석을 변화시켜서 탄산칼륨을 만들고, 탄산칼륨에 질산을 첨가해 초석으로 되돌리는 실험을 했다. 그런 다음 그는 물질의 상호 변환을 "입자의 조합"이라고 설명했다. 이렇듯 그는 화학 변화의 본질까지 꿰뚫고 있었다. 보일은 자신의 책 『회의적인 화학자(The Sceptical Chymist)』(1661)를 통해 물질의 본질은 입자의 운동이라고 주장하며 제대로 된 학문 분야인 화학이 신비주의에 가까운 연금술과 결별해야 한다고 주장했다.

⊙ 현미경으로 세포를 발견해 '마이크로 세계'를 최초로 세상에 알린 과학자 로버트 훅

로버트 훅은 보일의 제자다. 그는 재능이 특출하고 손재주가 뛰어난 과학자였다. 훅은 고성능 펌프를 만들어 기체 실험을 할 수 있도록 도운 인물이기도 하다. 그는 용수철처럼 탄성을 지닌 물체에 관한 법칙인 '훅의 법칙(Hooke's law)'을 발견한 과학자이며 뉴턴의 라이벌로도 유명하다.

훅은 1590년 네덜란드에서 발명된 현미경을 사용해 코르크가 '작은 방' 같은 조직으로 이루어져 있음을 최초로 발견했다. 그는 자신이 발견한 것에 '셀(cell, '세포'라는 의미)'이라는 이름을 붙였다.

참고로, '셀'은 수도사가 기거하는 작은 방을 의미하는 라틴어 '셀라(cella)'에서 유래했다. 또 훅은 크기가 아주 작은 벼룩 등을 자세히 관찰한 뒤 『마이크로그라피아(Micrographia)』(1665)라는 책을 출간해 마이크로 세계를 세상에 널리 알렸다.

이렇듯 1590년에 발명된 현미경과 1608년에 발명된 망원경은 거대한 지적 전환을 이끌어 세계사를 바꿨다. 비록 둘 다 단순히 유리를 조합한 간단한 기계 장치이지만 말이다.

1667년
향신료제도 발견
역사를 만든 향료 분자

⊙ 원래 향신료가 각종 의약품으로, 페스트를 몰아내는 '부적'으로 사용되었다고?

오늘날 현대인에게 향신료는 요리할 때 빼놓을 수 없는 필수 존재다. 요리하기를 즐기는 사람이라면 강황(turmeric), 계피

(cinnamon), 오레가노(oregano)를 빼놓지 않을 것이다. 카레를 좋아하는 사람이라면 가람 마살라(garam masala) 같은 다양한 향신료를 놓치지 않을 것이다. 후추는 더 말할 필요도 없다. 후추는 그야말로 향신료 중의 향신료였으니까!

역사서를 좋아하는 독자라면 세계사 책을 읽다가 한 번쯤 다음과 같은 문장을 만난 적이 있을 것이다.

"후추가 사람들을 열광시킴으로써 신항로 개척시대가 시작되었다……."

그럴 때 무슨 생각이 드나? '왜 후추 따위 하찮고 흔해 빠진 향신료에 그토록 열광했지?' 같은 생각이 들지 않나? 그러나 슈퍼마켓에서 일상적으로 사서 쓰는 통에 든 분말형 후추가 아닌 굵은 알갱이의 본래 후추를 만져보고 맛보면 어느 정도 공감이 간다. 캄보디아나 인도네시아 등지에서 생산, 제조된 오리지널 후추는 공장에서 대량 생산되는 공업용 후추에서는 느낄 수 없는 강렬한 풍미가 느껴진다.

수많은 향신료 중 오래전부터 후추 못지않게 귀하게 여겨진 것으로 육두구(nutmeg)와 정향(丁香, clove)이 있다. 육두구나무에서는 육두구와 메이스(mace)라는 두 종류 향신료를 얻을 수 있다. 육두구는 살구처럼 생긴 열매의 씨를 가루로 만든 것이다. 메이스는 씨를 감싸고 있는 붉은 껍질을 말린 것이다.

원래 향신료는 류머티즘이나 위통, 복통 등에 사용하는 의약품, 최음제, 수면제, 벌레 쫓는 약으로 사용되었다. 그뿐만이 아니다. 페스트 팬데믹이 한창일 때는 주머니에 각종 향신료를 넣고 다니며 페스트를 몰아내는 부적으로 사용하기도 했다.

정향(丁香)에서 '정(丁)'은 무슨 의미일까? '못'을 의미한다. 정향은 고대 로마 시대부터 향신료로 사용되어 왔다. 여기에는 강력한 살균 효과가 있어서 치통을 다스리거나 입 냄새를 방지하는 데에도 큰 효과가 있다고 여겨졌다.

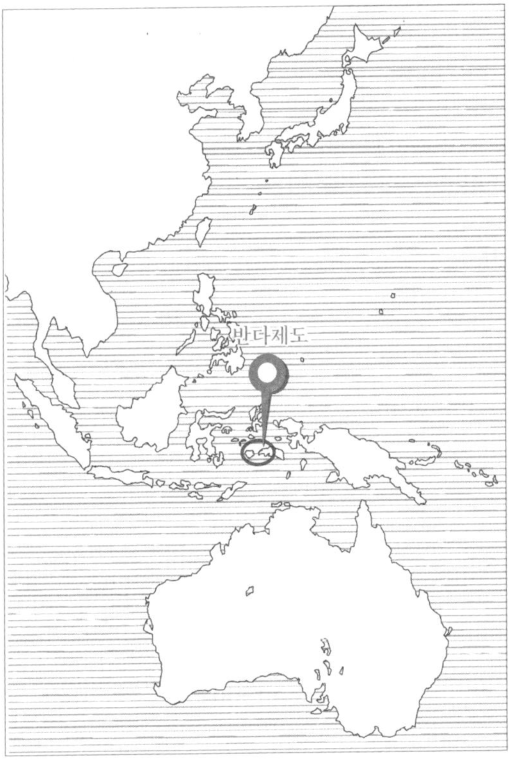

신항로 개척시대가 한창이던 무렵, 육두구와 정향은 귀중품 중의 귀중품이었다. 그도 그럴 것이 이 두 향신료는 뉴기니 근처 인도네시아 말루쿠제도에 속하는 반다제도라는 작은 화산섬에서만 구할 수 있는 희귀품이었기 때문이다. 그중에서도 정향나무는 서로 이웃한 두 섬에서만 자라는 것으로 알려져 있다.

⊙ 정향과 육두구가 유럽에서 그토록 비싼 가격에 거래될 수밖에 없었던 까닭은?

열대지방에서 자라는 식물은 왜 독특한 향을 내는 물질을 지니게 되었을까? 여기에는 그럴 만한 이유가 있다. 식물은 움직이지 못하므로 초식동물·곰팡이·잎에 몰려들어 즙을 빨거나 잎을 갉아먹는 곤충 등 열대에서 맹위를 떨치는 적을 피해 달아날 수가 없다. 이런 상황에서 살아남기 위해 식물은 자신을 방어하는 데 필요한 분자를 만드는 방법으로 살아남아 왔다. 특히 식물에서 귀중한 의약품 성분이 많이 얻어지는 것은 이런 연유에서다.

정향의 향을 내는 성분은 유제놀(eugenol)이라는 분자다. 정향유의 향 역시 이 성분에서 나오며 이는 월계수기름에도 들어 있다. 육두구의 향기를 내는 성분은 아이소유제놀(isoeugenol)이다. 이것은 분자 구조 면에서 유제놀과 거의 차이가 없다. '아이소(iso)'는 그리스어 '이소스(isos, '같다'라는 의미)'에서 유래했다. 아이소유제놀은 페스트 예방 및 퇴치에도 어느 정도 긍정적으

정향(clove)

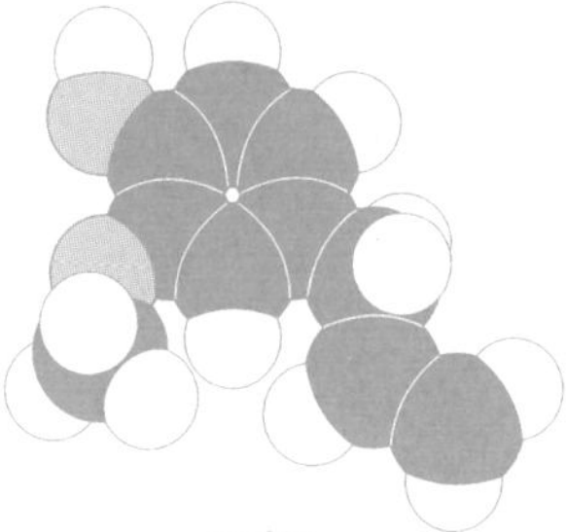

유제놀

육두구

아이소유제놀

C(탄소 원자)
H(수소 원자)
O(산소 원자)

로 사용되었을 가능성이 크다. 왜냐하면 아이소유제놀은 페스트균을 옮기는 벼룩 등의 벌레가 싫어하는 물질이어서 그들을 쫓아냈을 것이기 때문이다.

유럽에서 정향과 육두구는 엄청난 가격에 거래되었다. 어떻게 그토록 비싼 가격이 형성되었을까? '희소성'과 함께 '유통구조' 때문이었다. 희소 가치가 높은 이들 향신료는 애초 반다제도의 섬에서 채취된 후 해로와 육로를 통해 유럽으로 운반되었다. 한데 그 과정에 많은 상인의 손을 거쳐야 했고 그때마다 가격이 2배씩 뛰었다.

⊙ 정향·육두구 생산지 반다제도를 놓고 포르투갈·네덜란드·스페인 등 유럽 열강 사이에 벌어진 치열한 쟁탈전

아시아와 아랍 상인은 육두구, 정향 등 귀한 몸이 되어버린 향신료의 원산지를 철저히 비밀에 부쳤다. 그 탓에 유럽인은 꽤 오랫동안 향신료의 원산지를 알아낼 방법이 없었다. 그러던 중 신항로 개척시대가 열렸다. 이 시대 강력한 선두주자였던 포르투갈은 인도 고아와 말레이반도 말라카(믈라카)에 식민도시를 건설했다. 이들 식민도시는 포르투갈이 본격적으로 향신료가 자라는 섬을 찾기 위한 전초기지 역할을 부여받았다. 결국 포르투갈은 향신료의 보고라 할 수 있는 말루쿠제도의 향신료제도를 발견했다. 1511년의 일이다.

포르투갈의 향신료 독점 상황을 유독 못마땅하게 여긴 두 나라가 있었다. 당대 해양 강국 영국과 네덜란드다. 두 나라는 정부의 입김이 강하게 반영된 무역회사인 동인도회사를 경쟁이라도 하듯 차례로 설립했다. 영국 동인도회사는 1600년, 네덜란드 동인도회사는 1602년에 설립되었다. 동인도회사의 정체성은 기본적으로 '무역회사'다. 그러나 사실 이는 '회사'라는 단어로는 포괄할 수 없는 엄청난 조직이었다. 그도 그럴 것이 동인도회사는 식민지 경영을 위한 군대를 움직일 수 있고 다른 나라를 상대로 전쟁도 선포할 수 있는 '국가'와도 같은 존재였기 때문이다.

포르투갈과 네덜란드, 스페인은 향신료 무역을 둘러싸고 세계 곳곳에서 군사 충돌을 반복했다. 그리고 마침내 네덜란드는 육두구와 정향 생산지를 장악할 목적으로 반다제도를 무력 점령했다. 1621년의 일이다.

⊙ 네덜란드가 잉글랜드에게 '뉴욕 지배권'을 넘겨준 대가가 향신료제도였다?

네덜란드와 잉글랜드는 해상 패권을 놓고 전쟁을 벌였다. 그리고 그 끝에 두 나라는 네덜란드 브레다에서 만나 조약을 체결했다. 1667년의 일이다. 이때 네덜란드는 북아메리카대륙 작은 섬의 식민지 요새 뉴암스테르담을 잉글랜드에 넘겨주었다. 향신료제도인 반다제도의 지배를 인정받는 조건이었다. 잉글랜드는 새로운 식민지 뉴암스테르담의 이름을 '뉴요크(New York)'로 바꿨다. '뉴요크(뉴욕)'는 훗날 잉글랜드 국왕 제임스 2세(James II, 재위 1685~1688)가 된 요크 공작을 기리는 의미를 지닌 명칭이었다. 이 작은 섬 맨해튼의 뉴요크는 이후 세계 경제의 중심지가 되었으며, 세계에 군림하는 제국의 상징이 되었다.

HISTORY OF CHEMISTRY

11

산업혁명과 시민혁명 시대

영국에서 세계사를 혁명적으로 바꿔놓은 산업혁명이 일어났다. 1710년 무렵 토머스 뉴커먼(Thomas Newcomen, 1664~1729)이 증기기관을 발명하고 1773년에 존 케이(John Kay, 1704~c. 1779)가 방직기를 성공적으로 개량하면서 현실화한 역사적 사건이었다. 산업혁명은 어떤 분야에서 가장 먼저 시작되었을까? '면직공업'이다. 직공이 소량 생산하던 면직공업의 이전 방식은 기계를 사용해 대량 생산하는 메커니즘으로 전환되었다.

여기에 더해 그때까지 수차나 말, 소에 의존하던 동력도 본격적으로 기계화하면서 엄청난 생산력 증대가 현실로 이루어졌다. 이는 제임스 와트(James Watt, 1736~1819)가 증기기관을 개량해 획기적으로 성능을 높이는 데 성공한 덕분이라고 해도 지나친 말이 아니었다. 이렇게 생산력 확대가 현실화되자 자본주의가 태동해 발전하기 시작했다. 작은 지역 단위 공동체, 곧 봉건사회는 본질적으로 토지를 기반으로 농업 생산에 의존하는 구조다. 따라서 봉건사회에서는 사람과 물자의 흐름이 원활히 이루어지지 않았다. 이러한 상황을 극복하고 유통이 활발히 이루어지는 효율적인 사회를 만들려면 더욱 강력하고 규모가 큰 통일국가를 건설할 필요가 있었다.

고만고만한 소국이 난립하던 시대에 나라와 나라를 활발히 오가며 물건을 팔아야 하는 상인은 수많은 고충을 감내해야 했다. 그들은 상업 활동을 하지 않고 그저 지나갈 뿐인데도 많은 나라에 관세를 내야 했다. 이를 좀 더 이해하기 쉽게 비유를 들어 얘기해보자. 오키나와에 사는 당신이 도쿄 과자가게에서 1,000엔짜리 과자세트를 하나 주문했다고 치자. 그 과자세트는 배달원 100명의 릴레이 배송을 거쳐 반년 후에야 오키나와에 도착한다. 이때 과자세트에는 배송료 6만 엔에 이곳저곳에서 발생한 관세가 도합 6만 엔, 합해서 12만 엔의 비용이 추가로 발생했다. 인류 역사에서는 이런 시대가 오래 지속되었다. 페니키아인이 지중해를 둘러싸고 활발히 무역을 하던 시절은 물론이고 실크로드 시대에도 이런 식이었다.

절대왕정 시대에 국왕은 영향력 있는 특정 상인과 독점 계약을 맺고 굳건한 유대 관계를 구축했다. '중상주의'라고 하는 이 배타적 시스템은 이윽고 신흥 자본가의 대두를 가로막는 구시대적인 시스템이 되어버렸다. 절대왕정이 구태의연한 중상주의 시스템을 통해 이익을 추구하고 온갖 세금을 부과할수록 자유로운 경제 활동을 갈망하는 신흥 자본가와의 대립이 심화할 수밖에 없었다. 이 결과 절대왕정이 자멸했다. 그리고 마침내 막강한 힘과 영향력을 가진 자본가, 즉 시민계급이 시민혁명을 통해 시대에 뒤떨어진 왕권 시스템을 무너뜨리고 새로운 시대로 이행하게 된다.

미국은 영국을 상대로 독립전쟁을 치른 후 국왕이 없는 국민주의 국가로 태어났다. 미국 독립전쟁의 원동력이 된 국민주의 이념은 절대왕정이 유지되던 프랑스에서 시민혁명을 일으키는 도화선이 되었다. 실제로 미국 독립전쟁 후 얼마 지나지 않아 프랑스혁명이 일어났고, 이후 지구상에 지금도 지속되고 있는 국민주권국가 시대가 시작되었다.

1704년
감청색 발명
고흐와 호쿠사이를 매료시킨 프러시안블루

⊙ 세계 미술사를 바꾼, 베를린 염색업자 요한 야코프 디스바흐가 개발한 프러시안블루

베를린에서 활동하던 염색업자 요한 야코프 디스바흐(Johann Jacob Diesbach, c. 1670~1748)가 프러시안블루(Prussian blue, '프로이센 청색(Preußisch Blau)'의 영어식 표기이며 '베를린블루'라고도 불렸다)라는 감청(紺靑) 안료를 발명했다. 이 안료는 철 이온이 들어 있는 결정으로, 1704년 무렵 처음 디스바흐가 이것을 만들었을 때는 동물 혈액 등을 원료로 사용했다. 사실 디스바흐는 화학적으로 정확히 무슨 일이 일어나는지 모른 채 우연히 현대적 합성 안료를 최초로 만든 것이다. 일본에서는 가쓰시카 호쿠사이(葛飾北斎, c. 1760~1849)와 우타가와 히로시게(歌川広重, 1797~1858) 등 에도시대 우키요에(浮世繪) 화가들이 프러시안블루를 '베를린 남색'으로 부르면서 적극적으로 사용했다. 히로시게의 대표작 〈후가쿠 36경(富嶽三十六景)〉이나 〈도카이도 53경(東海道五十三次)〉도 이 안료를 써서 그려졌다. 또한 우키요에 화가들이 색을 사용하는 독특한 방식은 빈센트 반 고흐 등 유럽 인상주의 화가에게 영향을 끼치기도 했다.

1704년을 전후한 시기에는 음악에서도 획기적인 진전이 있었다. 오늘날의 독일에 해당하는 신성로마제국에서 궁정 피아니스트로 활약하던 20세 청년 요한 제바스티안 바흐가 〈토카타와 푸가 D단조(Toccata and Fugue in D minor, BWV 565)〉를 작곡한 것도 바로 이 무렵이다. 고전음악을 잘 모르는 사람에게 바흐의 작품을 최신 신시사이저로 연주한 곡이라며 들려준다면 아마도 깜빡 속아 넘어가지 않을까. 그 정도로 파이프오르간의 울림이 참신하다.

오늘날 전 세계에는 글로벌 자본주의의 장대한 흐름 속에서 온갖 상업주의 콘텐츠가 넘쳐난다. 한데 너무도 많은 콘텐츠가 쏟아져 나오다 보니 과연 어느 것이 진짜이고 어느 것이 가짜인지 구별하기조차 힘들 때가 적지 않다. 진위를 가리는 데 필요한 기준을 꼽자면 한두 가지 아니겠으나 하나의 기준만은 분명하게 들 수 있을 것 같다. 그것은 바로 '시간'을 견뎌낸 콘텐츠, '시간'을 견뎌낸 작품이다.

쉽게 말해, 1,000년, 2,000년의 시간이 지난 뒤에도 살아남아 여전히 가치를 인정받는 콘텐츠, 혹은 작품이라면 그것이야말로 '진짜'라는 얘기다. 그러고 보면 모든 일의 진정한 평가자는 '시간'이 아닌가 싶다. 바흐나 모차르트(Wolfgang Amadeus Mozart, 1756~1791), 베토벤의 음악, 페르메이르(Johannes Vermeer, 1632~1675)나 르누아르, 고흐의 그림은 향후 1,000년 후에도 여전히 살아남아 가치를 발할 것이다. 과연 이 책은 얼마의 시간을 견뎌낼 수 있을까.

1707년
나무통에서 숙성된 위스키

세금을 피하려다 우연히 발명된 새롭고 획기적인 양조 기법

⊙ 헨리 8세의 가톨릭교 탄압이 오늘날 세계적으로 유명한 '스카치 위스키' 탄생의 계기가 되었다?

잉글랜드가 스코틀랜드를 병합해 그레이트브리튼왕국(영국)이 탄생했다. 1707년의 일이다.

영국인이 주로 마시는 술은 위스키다. 그중에서도 스코틀랜

드 위스키(스카치 위스키(Scotch whiskey))는 세계적으로 유명하다. 영국에서 위스키가 활성화한 데는 역사적인 배경이 있다. 말도 많고 탈도 많았던 국왕 헨리 8세 때의 일이다. 그는 로마 교회에 반기를 들어 영국국교회를 설립하고 가톨릭 수도원을 해산했다. 1538년의 일인데, 그가 로마 가톨릭교회에 반기를 든 진짜 이유는 두 가지였다. 첫째, 자신의 이혼을 성사시키기 위해, 둘째, 교회가 가진 막대한 자산을 차지하고 싶은 욕심 때문이었다. 아무튼 이 일을 계기로 그때까지 수도사들이 해온 증류주 제조가 민간으로 퍼져 나갔다.

잉글랜드와 스코틀랜드가 통일되면서 술 생산자에게 부과하는 세금이 스코틀랜드 위스키 증류소에도 여지없이 부과되었다. 그러자 세금을 피하기 위해 위스키 밀조가 시나브로 유행하게 되었다. 그리고 그 무렵부터 만들어진 술에서 독특한 향기가 났는데, 이는 맥아를 건조시킬 때 필요한 연료가 부족해 토탄(이탄)을 사용한 결과였다. 이렇게 주조한 술을 사람들은 세금 징수인의 눈에 띄지 않도록 나무통에 넣어 지하실 등에 숨겼다. 그런데 그 과정에 나무통에서 숙성된 술에 나무 성분의 바닐라 향 등이 녹아들어 풍미가 훨씬 좋아졌다. 그뿐만이 아니다. 나무통에서 녹아 나온 성분과 증류주를 이루는 성분 분자가 서로 반응해 독특한 풍미 분자를 만들어냈다. 나무통 속에서 증류주를 숙성시켜 맛과 향을 더욱 풍성하게 만드는 기법은 이처럼 우연히 발명된 것이다. 이렇게 주조된 스코틀랜드 위스키는 전 세계적으로 유명해졌다.

1709년

코크스를 이용한 제철

새로운 제철법으로 산업혁명의 기반을 구축하다

⊙ 더드 더들리가 개발한 코크스, 제철 산업의 패러다임을 바꾸다

제철에서는 오랫동안 철광석 환원을 위해 목탄을 이용해왔다. 화학적으로 철은 어떻게 생성될까? 목탄의 탄소에서 생기는 일산화탄소가 산화철(Fe_2O_3)과 반응해 산소 원자를 빼앗은 결과로 생성된다.

독일 라인강변에 고로(高爐, Blast furnace) 유형의 용광로가 속속 등장한 것은 15세기 무렵부터다. 이는 오늘날 제철소에 높이 솟아 있는 용광로와 비슷한 유형이다. 고로에 목탄과 철광석을 넣고 밑에서 뜨거운 바람을 불어 넣어 철광석을 환원한다. 이때 용광로가 높을수록 철광석이 철이 되는 반응 시간이 길어지므로 양질의 철이 만들어진다.

당시 용광로(고로)의 높이는 4.5미터 가까이 되었으며, 24시간 조업으로 선철(銑鐵)을 1.6톤가량 생산했다. 참고로, 오늘날의 용광로 1기가 하루에 생산할 수 있는 양은 1만 톤 정도라고 한다. 여기서 '선철'이란 무엇일까? 이는 용광로에서 얻는 철로, 목탄과 함께 철광석을 가열해서 만들어지기 때문에 탄소가 많이 들어 있다.

철은 탄소를 다량 함유하고 있으면 딱딱하고 쉽게 깨지는 성질을 지니게 된다. 이유가 뭘까? 이는 철이 유연성을 갖고 있지 못하기 때문으로, 철은 외부 충격이 가해졌을 때 힘을 흘려보내지 못하고 고스란히 한 점에서 받는다. 선철은 녹일 수 있는 온도가 낮아서 틀에 흘려 넣어 성형하기 쉽다는 장점을 지니고 있다. 그러므로 철제 주전자나 맨홀 등을 주물할 때는 선철이 특히 적합하다. 놀랍게도 중국에서는 기원전 500년 무렵 이미 이 기술이 실용화되어 있었다.

용광로에서 연속 조업을 하려면 어떻게 해야 할까? 방법은 간단하다. 24시간 내내 목탄을 넣어서 태우면 된다. 이렇듯 제철 작업에는 엄청난 양의 목탄이 소비되므로 풍부한 삼림자원이 절대적으로 필요하다. 산업 발전이 가속화되고 있던 영국에서는 국토를 뒤덮은 봄 햇살에 얼음이 녹고 눈이 녹듯 삼림이 차례차례 사라져갔다. 조밀한 삼림과 많은 철광석을 보유한 스웨덴이나 러시아는 큰 문제가 없었다. 그러나 영국은 목탄을 만들기 위해 마구잡이로 벌채한 탓에 목재가 고갈되는 지경에 이르렀고, 시급히 다른 방법을 모색해야만 했다.

그런 상황에서 상대적으로 싼 가격에 석탄을 구하고 이용할 가능성이 없는지 면밀히 살피고 있는 사람이 있었다. 그는 바로 영국의 더드 더들리(Dud Dudley, 1600~1684)였다. 석탄을 있는 그대로 사용하기는 애초 불가능했다. 거의 순수한 탄소인 목탄과 달리 석탄에는 여러 가지 원소가 들어 있기 때문이다. 더들리가 석탄을 태워 불순물을 제거한 코크스라는 연료를 발명한 것은 그런 연유에서였다.

코크스와 철광석을 섞으면 어떤 일이 일어날까? 코크스가 연소하는 과정에서 상당히 높은 온도를 얻을 수 있다. 그런 까닭에 코크스를 사용할 경우 목탄과는 비교도 안 될 만큼 제철 효율이 향상된다.

⊙ 3,000년 제철 역사를 바꾼 획기적 기술을 발명한 다비 가문

더들리가 코크스를 발명한 이후에도 영국에서는 목탄을 사용해 철을 생산하는 방식이 계속 사용되었다. 그 결과 목탄 부족이 심각해져 영국 이곳저곳의 고로가 정지하는 사태가 발생했다. 언제나 기회는 위기 안에 숨어 있는 법. 이 절체절명의 위기를 타개한 인물, 아니 가문이 있었다. 바로 다비(Darby) 가문이었다. 다시 말하자면, 이 가문이 3,000년에 이르는 장구한 제철 역사에서 가히 혁명이라고 할 만한 획기적인 기술을 발명해낸 것이다.

에이브러햄 다비 1세(Abraham Darby I, 1677~1717)는 석탄 속에 들어 있는 황 등의 불순물을 제거한 코크스를 만드는 데 멋진 성공을 거두었다. 그는 과연 어떻게 했을까? 먼저, 그는 공기를 차단하고 섭씨 1,000도에 가까운 고온의 김을 석탄에 가해 불순물을 제거했다. 그렇게 만들어진 코크스를 그는 철광석 등과 함께 용광로에 넣어 고온으로 만듦으로써 철을 생산했다. 1709년의

원형 수혈로

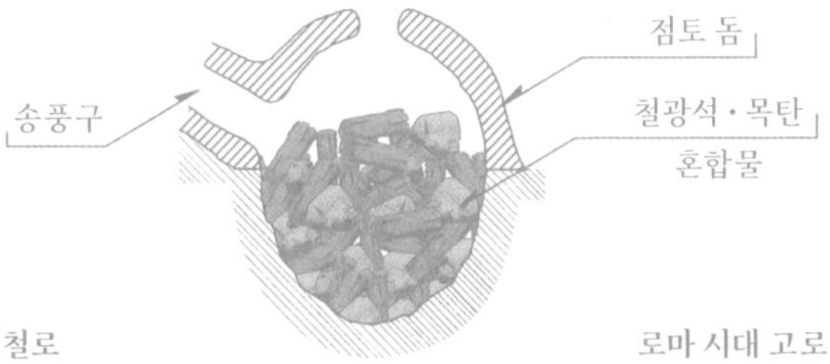

로마 시대 제철로

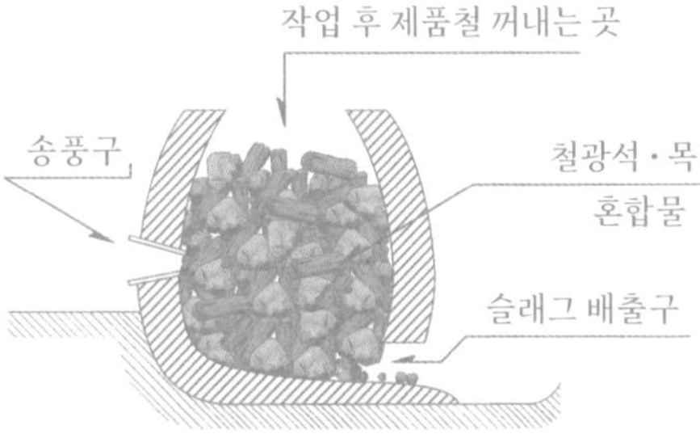

로마 시대 고로

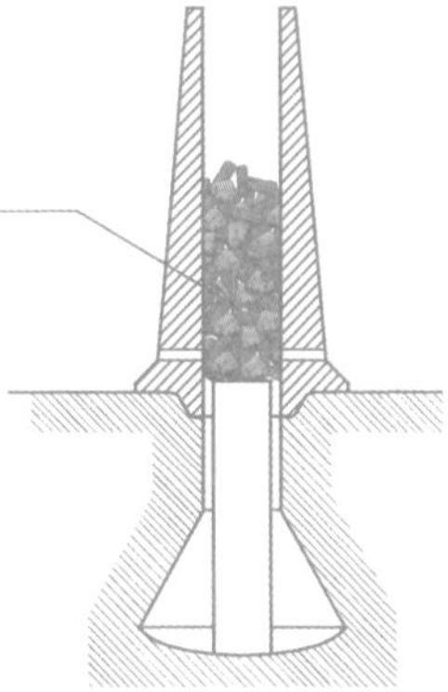

고로 + 동력 수차

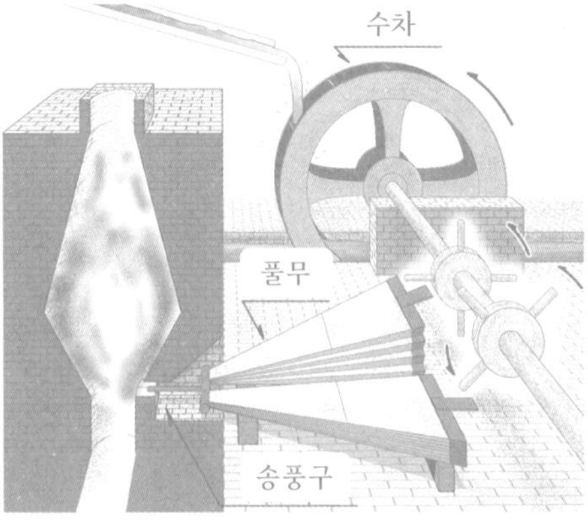

일이다.

에이브러햄 다비 1세의 아들 에이브러햄 다비 2세(Abraham Darby II, 1711~1763)는 코크스를 이용해 철을 대량 생산하는 방식을 고안하고 실용화하는 데 성공했다. 다비 1세가 40세의 젊은 나이에 세상을 떠난 후의 일이다. 좀 더 구체적으로 소개하자면, 이는 다비 2세가 용광로에 토머스 뉴커먼의 증기기관을 사용해 한꺼번에 많은 양의 공기를 불어넣는 시스템을 발명하고 도입하면서 가능해진 일이었다.

선철을 강철로 만들려면 탄소량을 줄여야 한다. 용광로에서 생성된 선철은 탄소 성분을 다량 함유하고 있기 때문이다. 여기에는 반사로를 사용하는 방법과 이후 발명되는 전로 혹은 평로를 사용하는 방법 등 몇 가지가 있다.

1722년
표트르 대제

흑해 진출이라는 원대한 목표를 무너뜨린 맥각 중독

⊙ 선진 조선술을 배우기 위해 네덜란드 조선소에서 배 목수로 일한 러시아의 표트르 대제

요한 제바스티안 바흐가 바로크 음악의 걸작 〈브란덴부르크

협주곡(Brandenburg Concertos)〉을 초연한 것은 1721년 무렵이다. 당시 바흐는 한동안 열정적으로 일하던 쾨텐 궁정악장 자리를 떠나 다른 지역의 일자리를 구하고 있었다(음악가의 삶은 이 시대에도 녹록지 않았다). 〈브란덴부르크 협주곡〉은 250여 년 후 인류 최초의 태양계 탐사선인 보이저호의 디스크에 수록되는 영예를 누렸다.

같은 시기 러시아의 표트르 대제(Peter the Great, 재위 1682~1725)는 사파비왕조 이란을 침략한 후 흑해까지 남하하려는 계획을 세웠다. 표트르 대제는 러시아제국 근대화에 일생을 바친 인물이다. 그런 맥락에서 그는 서유럽의 우수한 과학 기술을 도입하기 위해 가명을 사용하고 신분을 속인 채 서유럽을 꼼꼼히 시찰했다. 좀 더 구체적으로, 조선 기술을 습득하기 위해 당대 최고 해운 선진국인 네덜란드 조선소에서 배 목수로 일할 만큼 열정적이었다.

⊙ 표트르 대제의 '흑해 진출'이라는 원대한 목표에 재를 뿌린 맥각 알칼로이드 성분

표트르 대제의 명을 받은 카자흐군은 카스피해 볼가강 하구에 있는 도시 아스트라한에서 야영을 하고 있었다. 1722년 여름 어느 날의 일이다. 한데, 참담하게도 야영 중 호밀을 먹은 3만여 명의 병사와 수많은 말이 맥각 중독으로 비명횡사하는 대참사가 일어났다. 맥각(ergot, 호밀에 기생하는 곰팡이인 맥각균이 만들어내는 균핵—옮긴이)에 들어 있는 맥각 알칼로이드라는 성분이 가장 큰 원인이었다. 이 눈에 보이지도 않는 미세한 분자가 러시아 제국의 남하 정책, 흑해 진출이라는 표트르 대제의 원대한 목표에 한바탕 재를 뿌려놓은 셈이었다.

오랜 옛날부터 유럽인을 가장 공포에 떨게 한 세 가지 병이 있다. 그것은 바로 '한센병'과 '페스트', 그리고 '성 안토니우스의 불'이라고 불린 '맥각 중독'이다.

'성 안토니우스의 불'은 맥각균이 만들어내는 유독 물질군(복수종의 알칼로이드)이 일으키는 병이다. 이 병에 걸리면 조증(躁症), 환각, 경련으로 시작해 마비, 혈관 손상으로 인한 조직 괴사가 동시다발적으로 일어난다. '불'이라는 명칭이 붙은 이유는 뭘까? 조직이 괴사해 마치 불에 타는 것 같은 격렬한 통증이 뒤따르고 피부가 거무스름해진 뒤 손과 발이 떨어져 나가기도 하기 때문이다. 이 병에 관한 가장 오래된 인류의 기록은 기원전 600년 무렵 아시리아에서다. 이 병은 중세 유럽에서 맹위를 떨쳤는데 마을 하나가 이 병으로 몰살한 사례가 전하기도 한다. 맥각균은 어떤 환경에서 왕성하게 번식할까? 고온다습한 상태가 지속되는 환경에서다.

맥각 알칼로이드의 분자 구조가 해명된 것은 20세기에 들어서서의 일이다. 그와 더불어 이와 비슷한 화합물이 인공적으로 합성되기 시작했다. 그중 하나가 리세르그산 디에틸아미드(lysergic acid diethylamide, 일반적으로 LSD라고 부르는 마약)라는 화합물이다.

1735년
중남아메리카라는 '새로운 발견'의 보고
세계사를 바꾼 또 하나의 신소재, 고무의 유럽 전래

⊙ 수많은 놀라운 발견을 낳은 뉴턴과 데카르트의 '지구 형태에 관한 논쟁'

17세기에 이미 인류는 지구가 편평하거나 다른 모양이 아닌, 공처럼 둥근 형태, 즉 구체임을 대중적으로 인지하고 있었다. 그러나 지구가 어떤 형태를 띠고 있는지를 두고 뉴턴과 데카르트(René Descartes, 1596~1650)의 주장이 서로 극과 극을 달렸다. 뉴턴은 다른 지역에 비해 적도가 좀 더 불룩하다고 주장했는데, 이는 원심력 때문이라고 했다. 반면 데카르트는 우주 공간에 소용돌이치고 있는 아이테르(Aether, 고대 그리스시대부터 유럽인은 '아이테르'라는 물질이 우주 공간을 가득 채우고 있다고 생각했다. 그리스 신화에서 아이테르는 '맑은 공기의 신'이었다. 플라톤은 신화에서 '아이테르'라는 명칭을 가져와 지상계 원소인 흙·물·공기·불에 이어 아이테르가 투명한 다섯 번째 원소일 수 있다고 했다)에 눌려서 남북쪽이 동서쪽보다 길쭉하다고 주장했다.

두 석학의 의견 대립이 점점 더 격렬해지자 결국 프랑스 과학아카데미가 팔을 걷어붙이고 나섰다. 프랑스 과학아카데미 회원들은 긴 논의 끝에 수학자와 측량기사로 구성된 팀을 북유럽과 남아메리카에 파견해 실제로 어느 쪽이 더 긴지 측정하고자 했다. 이는 1735년의 일이다. 이때 자오선 길이를 측량하기 위해 남아메리카에 파견된 팀에는 수학자이자 지리학자, 천문학자인 샤를 마리 드 라 콩다민(Charles Marie de La Condamine, 1701~1774)이라는 인물이 있었다. 그는 맡은바 측량 의무를 다한 후 남아메리카를 탐험하며 다양한 지식을 얻었다. 예를 들면 이런 것이다. 첫째, 인디오가 '카우추'(카우는 '나무', 추는 '눈물'로, '눈물을 흘리는 나무'라는 의미)라고 부르는 나무에서 배어 나오는 흰 수액을 굳혀서 연기로 가열한 다음 굳히면 공이나 용기, 장화 등을 만들 수 있다는 사실이다. 둘째, 아마존 원주민이 '큐라레'라고 부르는 맹독을 바른 화살로 동물을 사냥할 수 있다는 사실이다. 셋째, 기나나무 껍질에 들어 있는 '퀴닌'이라는 쓴맛을 내는 성분이 말라리아를 치료하는 특효약이라는 사실이다. 그가 남아메리카를 탐험하며 얻은 지식은 그 자체로 하나같이 경이로움으로 가득한 발견이 아닐 수 없었다.

⊙ 유럽사와 세계사를 바꾸고 현대 문명을 뒷받침하는 대표 물질로 자리 잡은 신소재, 고무

천연고무 용액인 라텍스(latex, 라틴어로 '액체'라는 의미)는 본래 흰 색깔의 수액이다. 남아메리카에 사는 원주민들은 이 특별한 용액을 '눈물을 흘리는 나무'라는 의미의 나무 카우추에서 얻었다. 아시아인, 아프리카인은 물론이고 유럽인 중 그 누구도 고무의 존재조차 알지 못할 때 남아메리카 현지인은 카우추에서 얻은 라텍스를 굳힌 다음 고무 제품을 만들어 일상생활에 사용했다.

남아메리카대륙 탐험을 마친 콩다민은 카우추 수액으로 만든 공과 흰 수액 표본을 가지고 프랑스 파리로 돌아갔다. 그는 그 수액 표본으로 좀 더 깊이 있는 연구를 진행하여 제품을 만들 계획이었다. 그러나 아쉽게도 그것은 연기로 처리하지 않은 생(生)수액이었던 까닭에 배 안에서 발효해 썩고 말았다. 당시만 해도 아직 고무에 대한 제대로 된 지식을 갖추지 못한 탓이었다. 어쨌든 이 일을 계기로 고무라는 물질이 유럽에 본격적으로 알려졌다. 그러나 생고무는 여름에는 끈적거리고 겨울에는 딱딱해져서 금이 가곤 했기에 처음에는 어떤 용도로 사용해야 할지 알 수 없었다. 그러던 중 영국 화학자 조지프 프리스틀리(Joseph Priestley, 1733~1804)가 연필로 쓴 글씨를 생고무로 문지르면(rub) 지워진다는 사실을 우연히 발견하게 되면서 고무의 효용성이 커졌다. 프리스틀리는 이 고무에 '러버(rubber)'라는 이름을 붙였다. 이는 1770년의 일이다. 참고로, 그전까지는 연필로 쓴 글씨를 지울 때 '젖은 빵'을 사용했다.

이후 그전까지 어디에 어떻게 사용해야 할지 알 수 없던 고무라는 신소재는 현대 문명을 뒷받침하는 대표적인 물질로 자리잡아 갔다. 고무에 매료된 한 사나이가 등장하면서 이루어진 상황이었다.

1769년

도자기와 홍차의 인기

산업혁명의 버팀목이 되어준 두 가지 상품

⊙ 도자기 대량 생산 기법을 발명해 '도자기 왕'이 된 영국의 조사이아 웨지우드

영국의 조사이아 웨지우드(Josiah Wedgwood, 1730~1795)는 도자기 대량 생산 기법을 발명한 인물로, '도자기 왕'으로 불린다. 그는 새로 지은 공장에서 '흐름 작업'을 도입해 본격적으로 도자기를 대량 생산하기 시작했다. 이는 1769년 이후의 상황이다. 웨지우드가 만든 멋진 디자인의 찻잔은 오늘날까지 큰 인기를 얻고 있다.

불에 구워서 만드는 그릇은 크게 세 가지 유형으로 나뉜다. 토기, 도기, 자기가 그것이다. 이를 대략적으로 분류하면 다음과 같다. 저온에 구워서 점토 성분을 굳힌 것은 '토기'다. 고온에서 굽는 과정에 점토 성분에 화학 반응이 일어나면서 생성된 유리 성분이 점토 성분과 하나가 된 것은 '도기'다. 그리고 더욱 고온에서 처리해 유리 성분이 중심이 된 그릇이 '자기'다.

자기는 색깔이 새하얀 것이 주요 특징이다. 왜 하얗게 될까? 이는 색이 없는 점토질 원료를 사용해서 굽기 때문이다. 10~17세기에 제작된 중국 송나라, 원나라, 명나라 자기를 보면 흰 바탕에 다양한 문양과 그림이 그려져 있다. 이들 자기는 단단하면서도 두께가 얇아서 손가락으로 가볍게 튕기면 맑고 투명한 소리가 난다.

조사이아 웨지우드는 다양한 비즈니스에 손을 댔다. 또 그는 자신의 비즈니스 파트너이자 친구인 의사 이래즈머스 다윈(Erasmus Darwin, 1731~1802)과는 가족 전원이 활발히 교류하며 지냈다. 훗날 이래즈머스의 아들과 조사이아의 딸이 결혼해서 아들을 낳았다. 그 아들은 바로 『종의 기원(On the Origin of Species)』(1859)을 통해 진화론을 주창한 찰스 다윈(Charles Darwin, 1809~1882)이다. 다윈이 해군 함선에 승선해 갈라파고스섬으로 탐사 여행을 떠날 수 있었던 것은 그가 상당한 자산가 집안에 속했기 때문에 가능한 일이었다.

영국의 공업도시 버밍엄에서는 각 분야에서 산업혁명을 이끈 쟁쟁한 인물이 '버밍엄 루나 소사이어티(Lunar Society of Birmingham)'라는, 정치나 종교와는 무관한 과학 애호 모임을 만들었다. 웨지우드와 이래즈머스 다윈, 증기기관을 발명한 제임스 와트와 매슈 볼턴(Matthew Boulton, 1728~1809), 자동 방적기를 발명한 리처드 아크라이트(Richard Arkwright, 1732~1792), 화학자 조지프 프리스틀리 등의 저명한 과학자, 발명가, 엔지니어가 바로 그들이다. 그들은 자신을 '루나틱스(lunaticks, '미치광이'·'정신병자'라는 의미를 지닌 단어 lunatic을 활용한 말장난)'라고 불렀으며 가로등도 없던 시대에 안전하게 귀가할 수 있도록 월 1회, 보름달이 뜨는 날 모였다. 이처럼 당시는 사회의 상식이나 인습에 얽매이지 않고 자유롭게 사고하며 창조성을 한껏 발휘한 괴짜와 천재들이 쉴 새 없이 새로운 것을 만들어내며 혁신을 이루던 시대였다.

⊙ 홍차는 어떻게 18세기 산업혁명의 든든한 버팀목이 되어주었나?

영국 노동자들 사이에서 홍차가 선풍적 인기를 끌었다. 이는 18세기에 산업혁명이 본격화하면서 나타난 현상이었다. 고대 메소포타미아와 이집트에서 농민·건설 노동자에게 지급했던 맥주처럼 홍차가 대중의 필수품이 된 것이다. 맥주와 달리 카페인은 머리를 맑게 해주는 까닭에 아침과 점심에 마시면 집중력을 높이는 데 도움이 되었다. 공장의 '톱니바퀴'가 되어 일해야 하는 노동자에게 홍차는 그야말로 안성맞춤인 음료였던 셈이다.

물을 끓여서 홍차를 우리는 평범한 행위는 그 밖에도 상당한 파급 효과를 만들어냈다. 끓인 물과 차의 살균 성분이 도시 지역의 오염된 물로 인해 생겨나는 이질 같은 감염병을 급격히 감소시킨 것이다. 그 결과 공업도시의 인구가 가파르게 증가했다.

산업혁명으로 생겨난 흐름으로 '티 세트의 보급'을 들 수 있다. 이는 중산계급의 등장이 뒷받침되어 나타난 현상이었다. 이런 아기자기하면서도 중대한 흐름 속에서 홍차가 영국의 중심 문화로 자리 잡아 산업혁명을 든든히 뒷받침해주었다.

1773년

보스턴 차 사건

미국에서 커피가 대중적으로 인기를 끌게 된 뜻밖의 계기

⊙ 미국이 영국의 지배를 벗어나 독립을 쟁취하는 결정적 계기가 된 보스턴 차 사건

영국 정부는 식민지 미국의 13개 주를 상대로 설탕, 포도주, 커피 등 다양한 상품에 세금을 부과했다. 1764년의 일이다. 그로 인한 식민지 주민들의 불만은 이만저만이 아니었다. 그도 그럴 것이 영국 정부는 미국민들에게 참정권도 주지 않으면서 가혹한 세금만 부과했기 때문이다. 이에 북아메리카의 미국 식민지 주민들은 점점 더 거세게 반발하기 시작했다. 게다가 엎친 데 덮친 격으로 영국이 영국 동인도회사에 홍차 판매 독점권을 부여하는 법안인 차법(Tea Act)을 통과시키자 그 일을 계기로 더욱 반발이 커졌다.

분노한 식민지 주민들은 캄캄한 한밤중 보스턴 항에 잠입해 정박 중인 동인도회사 무역선에 몰래 올라탔다. 당시 그들 모두는 아메리카 원주민 부족 중 하나인 모호크족으로 위장한 상태였다. 이는 1773년의 일이다. 그곳에서 그들은 “오늘 밤 보스턴 항을 티포트로 만들자!(Boston Harbor a Tea-Pot this night!)”라고

19세기 미국 석판화가 너새니얼 커리어가
1773년에 발생한 '보스턴 차 사건'을 주제로 제작한 작품

외치며 배에 실려 있던 342상자, 9만 달러 상당의 홍차 잎을 남김없이 바다에 던져버렸다. 이것이 바로 역사적으로 유명한 '보스턴 차 사건(Boston Tea Party)'이다. 훗날 이 사건은 미국이 영국으로부터 독립하는 결정적 계기가 되었다.

⊙ 세계사를 견인한 차와 커피 속 성분, 카페인

차의 원산지는 히말라야 삼림지대다. 기원전 6세기 인도에서 붓다가 창시한 불교는 수세기 후 중국을 비롯한 아시아로 퍼져나갔다. 불교 수행승은 잡념을 없애고 집중력을 높이기 위해 일찍부터 차를 마셨다고 전한다. 커피 역시 맨 처음 전파 과정에 수행승이 연관되어 있어 비슷한 흐름과 맥락이 읽힌다. 다른 점이라면 커피의 경우 불교가 아닌 이슬람 수행승이 즐겨 마셨다는 사실이다. 공통점이라면 차와 커피 모두에 들어 있는 카페인이 세계사를 견인했다는 사실이다.

차에는 다량의 카페인이 들어 있다. 또한 떫은 느낌을 주는 성분인 타닌도 들어 있다. 타닌을 구성하는 성분은 많은데, 폴리페놀이라고 부르는 구조의 카테킨류가 여기에 포함된다. 카테킨류는 몸에 좋은 성분으로 알려져 있다. 항산화 작용이 있기 때문이다.

찻잎을 발효 도중에 덖어 만들면 '우롱차', 찻잎을 완전히 발효시켜 말리면 '홍차'가 된다. 그렇다면 발효가 진행될수록 차의 색깔이 붉어지는 까닭은 무엇일까? 이는 카테킨류가 산화하기 때문이다.

1776년

미국 독립선언

미국에서 되살아난 루크레티우스 사상

⊙ 루크레티우스 철학에 심취한 토머스 제퍼슨의 입김으로 미국 독립선언서에 그의 사상이 반영됐다는데?

미국의 13개 주는 영국의 식민지였다. 이 나라는 사령관 조지 워싱턴(George Washington, 1732~1799, 제1대 미국 대통령 재임 1789~1797)의 지휘 아래 한창 독립전쟁을 벌이고 있었다. 1776년 무렵의 상황이다. 미국 독립파 군대는 평시에는 농업 등 생계를 유지하는 일에 힘쓰다가 필요할 때만 무기를 민병인 '미니트맨(Minuteman)'이 주축을 이루었다. 그들의 기본 전술은 게릴라전이었다. 1776년 7월 4일, 미국 독립선언서가 발표되었다. 화포에 사용할 화약도 거의 떨어져서 프랑스의 우수한 화약을 밀수로 사들여 근근이 버티는 중에 일어난 기적과도 같은 사건이었다. 이로써 고대 로마 이후 가장 강력한 나라가 될 미합중국이 탄생했다. 그리고 7월 4일은 미국 독립기념일이 되었다.

독립선언서 초안을 잡은 사람은 토머스 제퍼슨이다. 그는 훗날 제3대 미국 대통령이 되는 인물이기도 하다. 친구인 존 애덤스(John Adams, 1735~1826)와 벤저민 프랭클린(Benjamin Franklin,

1706~1790)은 그 초안을 가필하고 수정하며 완성도를 높였다. 독립선언서의 내용을 요약하면 다음과 같다. '모든 사람은 평등하게 태어났으며, 창조주에게서 생존·자유·행복 추구를 포함한 권리를 부여받았다. 사람들은 이런 권리를 확실한 것으로 만들기 위해 정부를 가져야 한다. 그리고 정부의 권력은 통치를 받는 사람들의 동의에 기반을 두어야 한다.'

이는 영국 철학자 존 로크(John Locke, 1632~1704)의 사상에서 영향을 받은 선언문이다. 한데, 초안을 잡은 제퍼슨이 존 로크보다 더 영향받은 인물이 있다. 고대 그리스 철학자이자 시인 루크레티우스다. 좀 더 구체적으로 제퍼슨은 루크레티우스의 『사물의 본성에 관하여』에 크게 영향받았다. 그는 이 책의 라틴어판, 영어판, 프랑스어판, 이탈리아어판을 모두 소장하고 있을 정도로 '루크레티우스 팬'이기도 했다. 그는 '사람은 누구나 행복을 추구해야 한다'라는 에피쿠로스파 사상을 신봉했다.

토머스 제퍼슨은 '이 세계는 원자와 물질이라는 본성으로 이루어져 있으며, 무지나 공포는 인간에게 필요한 속성이 아니다'라는 루크레티우스의 철학에 깊이 공감하는 대표적인 사람이었다.

⊙ 벤저민 프랭클린의 영리한 외교가 미영전쟁의 흐름을 바꾸다

미국은 독립전쟁을 통해 독립을 쟁취할 결정적인 승리를 거둘 수 없었다. 이유가 뭘까? 영국을 상대로 하는 식민지 미국의 전쟁이 대부분 게릴라전 양상을 띠었기 때문이다. 이때 벤저민 프랭클린이 난국을 타개하기 위해 영국 식민지 미국의 외교관 자격으로 절대왕정 체제의 프랑스를 방문했다. 프랭클린은 번개의 정체를 밝혀내기 위해 연을 날린 실험 등으로 당대에 이미 전 세계적으로 유명한 인물이었다. 그 덕분인지 그는 프랑스를 비롯한 여러 유럽 국가로부터 미국 독립에 대한 지원을 얻어내는 데 성공했다.

마침내 프랑스가 북아메리카대륙에 원군을 보내 영국을 상대로 전쟁을 벌이기로 했다. 1778년의 상황이다. 곧이어 스페인과 네덜란드도 이러한 국제 흐름에 동참했다. 그도 그럴 것이 영국의 패권주의를 우려해 그에 대항하고자 하는 세력이 의외로 많았기 때문이다. 미국과 프랑스 연합군 군대는 요크타운 전투에서 값진 승리를 거두었다. 1781년의 상황이다. 결국 영국은 백기를 들 수밖에 없었고, 울며 겨자 먹기식으로 미합중국의 독립을 승인했다. 이는 1783년의 일이다.

국민주권, 삼권분립, 연방주의를 기본 이념으로 삼는 미합중국 헌법이 마침내 제정되었다. 1787년의 일이다. 프랑스 계몽사상가 몽테스키외(Montesquieu, 1689~1755)가 구상한 삼권분립은 근대 국가의 주요한 특징을 명확히 보여준다. 그러나 이 삼권분립을 세계 최초로 도입한 나라는 프랑스도 영국도 아닌, 바로 '미국'이다. 아무튼, 이로써 알 수 있는 사실은 프랑스의 '화약'이 미합중국의 성립을 가능하게 했다고 말해도 지나치지 않다는 점이다.

1784년

강철의 대량 생산

강한 철을 만들기 위한 험난한 여정

⊙ 강철을 만들려면 '철의 ○○성분'을 제거해야 한다.
여기서 ○○는?

코크스를 사용해 고로에서 철광석 환원에 대성공을 거둠으로써 완성형이 되어간 것까지는 좋았다. 문제는 고로에서 얻은, 탄소 성분을 다량 함유한 선철에서 탄소량을 줄여서 좀 더 유연하고 강한 철을 생산하는 기술은 한참 뒤처져 있었다는 점이다. 이를 비유하자면, 불고기덮밥 가게에서 '밥'은 완성되었으나 그에 못지않게 중요한 '고기'가 준비되지 못한 것과 비슷한 상황이라고 해야 할까.

대장간에서 시뻘겋게 달군 철을 대장장이가 망치로 깡깡 두들기는 작업을 생각해보자. 이는 철을 변형시키는 작업과 탄소를 줄이는 작업을 동시에 해내는 공정이다(망치로 두들겨서 목탄의 탄소를 침투시키는 별개 방법도 있다). 이 공정을 통해 철 표면의 탄소 성분을 태워 제거함으로써 철이 질적으로 변화해 강철이 된다.

강철은 외부 충격에도 강한 철이다. 왜냐하면 재료의 질긴 성질인 인성(靭性)이 높기 때문이다. 그러나 흔히 대장장이가 사용하는 방법으로는 칼이나 기계 부품 따위 작은 물건밖에 만들지 못한다. 인류가 강철을 대량 생산할 수 있게 되기까지는 우여곡절이 있었다. 그 과정에 강철보다 연철이 먼저 실용화되었다.

⊙ 세계 제철 역사에 혁명을 일으킨 '퍼들법의 아버지' 헨리 코트

영국의 헨리 코트(Henry Cort, c. 1740~1800)가 '퍼들법(pudding process)'을 발명했다. 1784년의 일이다. 간단히 말하자면, 이는 탄소를 태워서 줄이는 방법이다. 좀 더 구체적으로 설명하자면 이렇다. 먼저, 벽돌을 오목한 곡면 형태로 배치한 용광로인 반사로에서 석탄을 태운다. 그다음으로, 그 공정에서 발생한 열을 곡면에 반사시켜 그 열로 선철을 질척하게 녹인다. 마지막으로, 철봉(퍼들)으로 휘저어 탄소를 태워 줄인다.

처음에는 퍼들을 휘젓는 동력으로 인력이 동원되었다. 그러다가 차츰 수력 또는 증기기관으로 대체되었다. '반사로'라는 말을 듣고 '반사한 태양광선을 모아서 고온을 만드는 용광로'를 떠올릴 독자가 있을지 모르겠다. 여기에서의 반사로는 그런 공상과학적인 이야기와는 거리가 멀다.

위와 같은 공정을 거쳐 탄소량이 감소하면 '연철(鍊鐵)'이라는 매우 강한 철이 만들어진다. 그렇다고 해서 탄소량을 무작정 줄이는 게 답은 아니다. 탄소를 너무 많이 줄이면 자칫 물러서 사용하기 어려운 철이 되기 십상이기 때문이다.

강하면서도 유연한 것이 연철이 지닌 특징이자 장점으로, 기존의 선철과는 비교도 되지 않을 만큼 유연하면서도 강한 철을 생산할 수 있게 되었다. 이 연철 제조법(퍼들법)이 발명된 덕분에 강도가 매우 높은 철이 생산되어 철교나 철도의 선로 등에 이용되었으며 대포의 대형화가 진행되었다. 참고로, 파리의 명물 에펠탑도 연철로 만든 것이다.

이는 여담이지만, 세계 제철 역사에 혁명을 일으킨 '퍼들법의 아버지' 헨리 코트는 안타깝게도 가난에 허덕이다 쓸쓸하게 세상을 떠났다.

퍼들법을 이용한 연철 제조

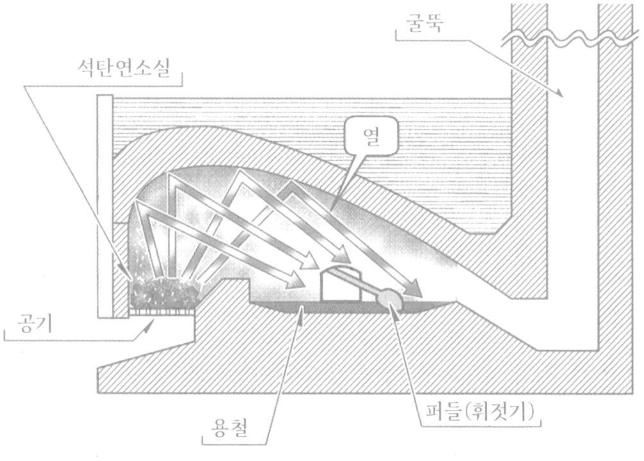

1789년

화학의 탄생

단두대의 이슬로 사라진 화학 혁명가

⊙ 연금술에 사형선고를 내린 '화학의 아버지' 라부아지에

화학은 언제 탄생했을까? 물리학이 탄생한 시점보다 100년 이상 늦은 시점이었다. 그렇다면 물리학은? 1687년, 뉴턴이 종교와 분리된 물리학을 완성시킨 때를 물리학의 탄생 시점으로 보는 것이 중론이다. 화학이 물리학보다 100년 가까이 늦게 탄생한 이유는 뭘까? 눈으로 보고 실험할 수 있는 물체의 운동(역학)과 달리 만물을 구성하는 원자나 분자는 눈에 보이지 않기 때문이다. 그렇다. 화학은 눈에 보이지 않는 원자나 분자를 생각하며 사물의 본질을 밝혀내는 '어른'의 학문이다. '어른의 학문'이라……. 일테면 이런 식이다. 당신이 일곱 살배기 아이에게 이렇게 이야기했다고 하자.

"이 휴지는 탄소, 수소, 산소라는 원소로 이루어져 있단다. 우리 몸도 마찬가지야. 우리 몸도 탄소, 수소, 산소로 이루어져 있지."

이 말을 듣고 아이는 뭐라고 대답할까? 아마 이렇게 대답하지 않을까.

"그게 정말이에요? 그럼 이제부터는 내 친구의 몸으로 코를 풀어도 되겠네요?!"

앞서 말했듯이, 물리학은 뉴턴으로부터 시작되었다. 그렇다면 화학은 누구로부터 시작되었을까? 프랑스 화학자 앙투안 라부아지에(Antoine Lavoisier, 1743~1794)다. 그는 근대 화학을 확립한 인물로 인정받는다. 또 그는 왕립 화약공장에서 화약 제조법을 발전시켜 고품질 화약을 대량 생산할 수 있게 한 인물이기도 하다. 애초 그는 법과대학을 졸업한 뒤 21세에 변호사가 되었다. 그는 본업인 변호사 외에도 회계 업무를 병행했는데, 눈코 뜰 새 없이 바쁜 와중에도 화학 실험을 취미로 즐겼다. 그러던 중 정교한 실험을 통해 연소의 본질이 '물질이 산소와 결합하는 것'임을 알아냈다. 그는 한 발 더 나아가 여러 가지 원소가 물질의 성분이라는 사실과 물질의 변화에 관한 법칙성을 발견했다. 이로써 라부아지에는 수천 년 동안 사람들이 믿어왔던 우주의 기(氣)나 정령 등에 의존하는 물질관, 즉 연금술에 사형선고를 내렸다.

라부아지에는 28세에 열다섯 살 어린 마리안(Marie-Anne Paulze Lavoisier, 1758~1836)과 결혼했다. 마리안은 화학 지식이 풍부했을 뿐 아니라 화가 자크루이 다비드(Jacques-Louis David, 1748~1825)에게 그림을 배워 남편 라부아지에의 실험이나 실험 기구를 스케치해 기록했다. 그녀는 또 영어 문장을 읽고 이해하지 못하는 라부아지에를 대신해 영어 논문에 주석을 달고 남편의 논문을 영어로 번역하기도 했다.

라부아지에 부부의 학문적 성과와 위업은 1789년에 출간된 『화학 개론(Traité Élémentaire de Chimie)』으로 열매를 맺었다. 라부아지에는 이 책을 통해 현대로 이어지는 근대 화학을 확립했다는 평가를 받는다. 이 책의 주요 내용을 간략히 정리하면 다음과 같다. 첫째, 연소는 물질이 산소와 결합하는 것이라는 사실. 둘째, 화학 반응이 일어나기 전과 후의 총질량이 달라지지 않는다는 사실. 셋째, 수십 종류의 원소가 물질의 궁극적 성분이라는 사실.

⊙ "공화국에 화학자 따위는 필요 없소"

라부아지에는 루이 왕조를 대신해 대중에게 세금을 징수하는, 꽤 짭짤한 비즈니스에 손을 댔다. 화학 실험에 필요한 만만치 않은 자금을 확보하기 위해서였다. 그런데 1789년에 프랑스혁명이 일어나고 흉작이 계속되면서 굶주린 사람들이 폭도로 변해갔다.

그 무렵 신성로마제국 수도 빈에서는 불세출의 천재 음악가 볼프강 아마데우스 모차르트가 35세 젊은 나이에 세상을 떠나 이름 모를 사람들과 함께 공동묘지에 매장되는 가혹한 운명을 맞이했다. 한데 같은 시기 프랑스에서는 또 한 명의 천재 라부아지에가 더욱 가혹한 운명을 맞이하고 있었다. 프랑스혁명의 광풍이 몰아치면서 대중의 분노가 왕을 대신해 세금을 징수하던 징세 청부업자들을 향한 탓이었다. 마침내 징세 청부업자 체포

앙투안 라부아지에(Antoine Lavoisier, 1743~1794)

령이 떨어졌고 라부아지에 역시 구금당하는 일을 피할 수 없었다. 아내 마리안과 절친한 친구들이 백방으로 손을 써보았으나 소용이 없었다.

라부아지에는 혁명 법정에 끌려나가 사형 판결을 받았다. "우리 공화국에 과학자 따위는 필요 없소"라는 말과 함께. 1794년 5월 8일 오전 10시에 벌어진 일이다. 같은 날 18시 15분, 라부아지에는 콩코르드 광장으로 연행되었다. 광장에는 루이 16세(Louis XVI, 재위 1774~1792)와 마리 앙투아네트(Marie Antoinette, 1755~1793)를 비롯한 1,343명의 목을 자른 단두대가 설치되어 있었다. 라부아지에와 세금 징수원 28명은 차례차례 목이 잘렸고 그들의 몸통은 짐마차에 실려 황폐한 공동묘지에 버려졌다. 당시 처형 현장에 있던 프랑스의 천재 수학자이자 물리학자 조제프루이 라그랑주(Joseph-Louis Lagrange, 1736~1813)는 슬픔 속에서 하늘을 보며 이렇게 탄식했다고 한다.

"그의 목을 자르는 데는 1초면 충분하지만, 그와 같은 두뇌를 가진 인물이 인류사에 등장하려면 적어도 100년은 걸릴 것이다."

앙투안 라부아지에는 수천 년 동안이나 이어져 온 연금술에 사형선고를 내리고 마침내 화학의 시대를 열었으나, 혁명의 불길 속에서 사형선고를 받고 처형당했다. 과학의 역사에서 이보다 더한 아이러니라고 또 있을까!

⊙ 스승 라부아지에의 단두대 처형에 충격받아 미국으로 망명한 듀폰, 뛰어난 화학 지식을 바탕으로 거대 기업을 일구다

엘뢰테르 이레네 듀폰(Éleuthère Irénée du Pont, 1771~1834)은 17세라는 젊은 나이에 당시 라부아지에가 감독했던 왕립 화약공장에서 조수로 일하면서 화약 제조법을 체계적으로 배웠다. 그는 어떻게 왕립 화약공장에 들어갈 수 있었을까? 당시 루이 왕조의 관료이자 중상주의 경제학자였던 아버지의 추천 덕이었다. 그는 스승 라부아지에가 처형당하고 갈수록 과격해지는 프랑스혁명에 절망해 책 4,000권을 배에 싣고 가족과 함께 신천지 미국으로 망명했다.

듀폰이 미국에 상륙한 해는 1799년이다. 그로부터 3년 후인 1802년 그는 미국 대통령 토머스 제퍼슨의 지원을 받아 델라웨어주에 공장을 짓고 듀폰사를 설립했다. 당시 그의 나이 31세였다. 듀폰은 원료인 초석(질산칼륨)을 켄터키의 질산염 광상에서 조달해 흑색화약을 제조하는 데 성공했다. 이때 개발한 화약을 대량 공급함으로써 그는 막대한 부를 축적했는데, 1812년에 발발한 미영전쟁과 서부개척 열풍에 따른 광산과 운하 건설로 화약 수요가 크게 높아진 덕분이었다. 훗날 듀폰사는 비약적으로 성장해 재벌 지위에 오르게 된다. 1861년부터 시작된 미국의 내전, 즉 남북전쟁이 기폭제가 되었다. 총과 대포에 사용하는 흑색화약을 주로 북군에 공급함으로써 막대한 이익을 올린 듀폰사는 거대기업 자리를 확고히 다져 나갔다.

20세기에 들어서면서 듀폰사는 세계 최대 종합 화학 제조사로 거듭났다. 듀폰사는 스타킹의 실로 사용되는 나일론, 프라이팬 코팅에 사용되는 테플론, 방탄조끼나 F1 머신 등에 사용되는 아라미드 섬유, 우주선에 사용되는 폴리이미드 수지 등 가정에서 우주에 이르기까지 다양한 영역에 사용되는 플라스틱을 생산했다. 듀폰사는 여기서 한 발 더 나아가 프레온 가스, 원자폭탄 개발 및 제조에도 관여했다. 그뿐만이 아니다. 이 회사는 20세기에 일어난 제1, 2차 세계대전부터 한국전쟁, 베트남전쟁, 중동전쟁에 이르기까지 온갖 전쟁에 사용된 재래식 무기, 핵무기의 소재와 원료를 생산했다.

⊙ 나폴레옹은 왜 자신의 군대를 '대포'를 중심으로 재편했을까?

18세기 말, 지중해의 섬 코르시카 출신의 한 무명 장교가 서서히 재능을 드러내고 있었다. 천재 화학자 앙투안 라부아지에가 단두대의 이슬로 사라진 프랑스혁명의 극심한 혼란 속에서였다. 그 장교의 이름은 바로 나폴레옹 보나파르트(Napoleon Bonaparte, 1769~1821)다.

나폴레옹은 프랑스 사관학교에서 탄도학을 공부해 포병 장교가 되었다. 장차 대포가 전쟁의 핵심 전력이 될 것임을 일찍이 내다볼 줄 아는 혜안이 있었기 때문이다. 당시 나폴레옹은 엘리트와는 거리가 먼 하급장교에 지나지 않았으나 프랑스혁명으로 일대 전기를 맞이한다. 특히 그는 화포를 앞세워 오스트리아 군대를 격파함으로써 프랑스 국민의 열렬한 지지를 얻었다. 당시 합스부르크 왕가의 오스트리아는 루이 16세의 왕비 마리 앙투아네트의 모국으로 가장 먼저 프랑스혁명을 간섭하고 나선 강적이었다. 적국을 상대하며 강력한 힘을 보여준 나폴레옹은 쿠데타를 일으켜 군사 독재 체제를 확립했다. 이후 그는 국민투표를 거쳐 프랑스 황제가 되어 나폴레옹 1세(Napoleon I, 재위 1804~1814, 1815~1815)로 등극하며 제정(帝政)을 시작했다. 1804년의 일이다. 이는 여담이지만, 독일의 천재 작곡가 베토벤은 나폴레옹을 생각하며 세 번째 교향곡을 작곡했다. 그러나 나폴레옹이 황제 자리에 오르자 크게 화를 내며 원래 작품 제목으로 하려고 했던 '보나파르트'라는 이름을 지운 채 〈영웅(Eroica)〉이라는 제목으로 악보를 발표했다.

나폴레옹의 군사적 승리를 뒷받침한 것은 당대에 가장 획기적인 무기로 손꼽힌 '대포'였다. 당시 프랑스는 장바티스트 바케트 드 그리보발(Jean-Baptiste Vaquette de Gribeauval, 1715~1789)이라는 포병 장교의 주도 아래 대포의 규격화, 크기별 통일 규격, 부품의 공통 규격화 등을 열정적으로 추진했다. 이는 1776년 이후의 상황이다. 여기에 더해 프랑스는 경량으로 설계된 바퀴 달린 캐넌포를 대량 생산하기 시작했다. 참고로, 캐넌(cannon)은 '갈대'를 의미하는 그리스어 '칸나(kánnā)'에서 파생되었다. 여기서 의미가 확장되어 '가늘고 긴 관'을 뜻하게 되었다. 포탄을 빠르게 발사할 수 있는 캐넌포의 위력은 그야말로 대단했다. 그

오스트리아 화가 펠리치안 미르바흐의 삽화
1798년 10월 니코폴리스 전투에 투입된 프랑스군 캐넌포

덕분에 포병대 시스템을 고도로 발전시킨 프랑스군은 말을 이용해서 캐넌포를 견인해 고속으로 이동시키면서 원하는 전장에 배치할 수 있었다.

당시 프랑스군이 사용하는 포에는 조정 가능한 조준기가 부착되어 있었다. 그 덕분에 수학자들이 만든 조견표를 이용해 각도를 정함으로써 정확한 포격을 할 수 있었다. 그뿐만이 아니다. 상황에 맞게 통상적인 포단부터 바구니처럼 생긴 탄두 속에 쇳조각이 가득 담긴 산탄에 이르기까지 다양한 선택이 얼마든지 가능했다. 프랑스군은 화포를 중심으로 하는 근대적인 군대를 편제했으며, 러시아를 침공할 무렵에는 대포의 수를 1,200문까지 파격적으로 늘렸다.

⊙ 과학의 힘이 전쟁 승리의 관건이라는 사실을 누구보다 날카롭게 통찰한 나폴레옹

나폴레옹은 과학의 힘이 화포에만 필요한 것이 아니라 전쟁에서 승리하기 위한 가장 확실한 기반이라고 생각했다. 그래서 그는 파리에 훗날 에콜폴리테크니크(École polytechnique, 종합기술학교)로 거듭나는 군사학교를 설립했다. 군사학교는 포병장교와 군사 기술자를 교육하는 기관으로 최신 과학을 연구하고 가르쳤다. 이 군사학교는 탄도를 계산하고 포탄이 떨어질 장소를 측량하기 위한 수학과 함대를 정확한 위치로 항해시키기 위한 천문학을 가르쳤다. 또 전선에서 하천에 군용 교량을 가설할 수 있도록 유체 역학 등을 발전시키기 위해 수학자와 물리학자를, 화약이나 신병기의 소재를 개발하기 위해 화학자를 양성하는 일에도 매진했다.

그 결과 오늘날의 에콜폴리테크니크는 프랑스를 대표하는 초일류 대학이 되었다. 실제로 이 대학은 수학자 오귀스탱 루이 코시(Augustin-Louis Cauchy, 1789~1857), 앙리 푸앵카레(Henri Poincaré, 1854~1912), 브누아 망델브로(Benoit Mandelbrot, 1924~2010), 물리학자 클로드 루이 나비에(Claude-Louis Navier, 1785~1836), 앙리 베크렐(Henri Becquerel, 1852~1908), 니콜라 레오나르 사디 카르노(Nicolas Léonard Sadi Carnot, 1796~1832), 가스파르귀스타브 드 코리올리(Gaspard-Gustave de Coriolis, 1792~1843) 같은 세계적인 학자와 경영자를 배출했다.

1791년
갈바니의 동물 전기

'개구리 실험'으로 전기의 흐름을 발견하다

⊙ 전기의 비밀을 밝혀낸 윌리엄 길버트는 엘리자베스 1세의 주치의였다?

이탈리아의 볼로냐대학은 세계에서 가장 오래된 대학이다.

이 학교가 설립된 해는 1088년이다. 이 유서 깊은 대학 의학부 소속 해부학자 루이지 갈바니(Luigi Galvani, 1737~1789)는 해부한 개구리 다리에 철과 구리 등 두 종류 금속이 동시에 닿으면 경련을 일으킨다는 사실을 발견했다. 그는 이 실험을 통해 동물에서 발생하는 전기, 즉 동물 전기가 원인이라는 결론을 내렸다. 이는 1780년대 말엽의 상황이다.

그때까지만 해도 인류가 알고 있던 전기라고는 오로지 정전기뿐이었다. 그런데 사실 정전기는 고대 그리스 시대에 이미 대중적으로 알려져 있었다. 당시 광물인 호박(amber)을 문지르면 물건을 끌어당기는 현상이 나타난다는 사실을 많은 사람이 알고 있었던 것이다. 그로부터 오랜 시간이 흐른 뒤 영국 여왕 엘리자베스 1세의 주치의이기도 했던 과학자 윌리엄 길버트(William Gilbert, 1544(?)~1603)는 호박의 이 성질이 자석이 지닌 힘과는 전혀 다른 것이라는 사실을 오랫동안의 연구와 궁리, 노력을 통해 알아냈다. 그는 그 힘을 '호박'을 의미하는 그리스어 '엘렉트론(elektron)'에서 유래한 '일렉트리쿠스(electricus)'로 명명했다. 이는 1600년의 일이다.

그 후에도 수많은 과학자가 정전기와 관련된 실험을 서로 경쟁이라도 하듯 쉼 없이 활발히 진행했으나 당시까지만 해도 그것이 전기의 흐름, 즉 전류를 발생시킨다는 사실을 알아낸 사람은 아무도 없었다. 갈바니가 동물 실험을 통해 전기의 흐름을 발견한 것이 세계사를 바꾸는 가장 위대한 실험의 하나로 꼽히는 것은 그런 연유에서다.

⊙ 두 종류 금속이 닿아 있는 것이 전기 발생의 본질이라는 사실을 밝혀낸 화학자 알레산드로 볼타

오랜 시간 끝에 드디어 갈바니의 동물 실험이 마무리되었고, 그 결과가 발표되었다. 그러자 사회적으로 엄청난 반향이 일었다. 이는 1791년의 일이다. 학자들은 너나 할 것 없이 동물 전기를 제 눈으로 확인하기 위해 개구리를 마구 잡아들여 전기 실험을 하기 시작했다. 영화 〈아마데우스〉에 잘 묘사되었듯, 모차르트가 죽음을 앞두고 자신의 수명을 갉아먹으며 최후의 명곡 〈레퀴엠(Requiem, 진혼곡)〉을 작곡하고 있을 즈음 개구리들도 혹독한 시련을 겪고 있었던 셈이다.

대학 교수이면서 동시에 저명한 화학자이기도 했던 알레산드로 볼타(Alessandro Volta, 1745~1827)는 물리학, 특히 정전기 실험 등을 통해 전기 발생에 있어 최고의 대가 중 한 명으로 당당히 인정받고 있었다. 그는 갈바니의 실험 결과 발표를 유심히 살펴보고 검토한 후 지체없이 본격적인 연구에 착수했다. 그는 동물의 몸에서 전기가 발생하는 것이 아니라 그것에 닿아 있던 두 종류 금속이 전기 발생의 본질이었음을 날카롭게 간파했다. 그런 터라 그는 금속의 종류를 계속 바꿔가며 다양한 실험을 했다. 좀 더 구체적으로, 그는 자신의 혀에 은화와 얇은 주석을 접촉시켜 신맛을 느끼는 기상천외한 실험을 하기도 했다. 또 그는 눈에 두 종류 동전을 대서 전기를 느끼는 실험을 하는 등 전기의 실체를 명명백백히 밝히기 위해 자신의 몸을 아끼지 않았다.

1795년

괴혈병 예방

원인은 비타민 C 부족이다

⊙ 신선한 과일·채소 등이 괴혈병을 예방한다는 사실을 밝혀낸 영국 의사 제임스 린드

영국 의사 제임스 린드(James Lind, 1716~1794)는 신선한 과일이나 채소 등이 괴혈병을 예방한다고 발표했다. 1753년의 일이다. 그러나 그 후에도 영국 해군에서는 괴혈병 발생이 끊이지 않았다. 군 책임자들이 린드의 발표 내용을 불신해 필요한 조치를 하지 않은 탓이었다. 그러다가 영국 해군의 길버트 블레인(Gilbert Blane, 1749~1834)이 감귤류, 그중에서도 특히 라임주스나 레몬주스를 군인들이 섭취하도록 하라고 강력히 권고했다. 이는 1795년의 일이다. 이를 실행에 옮기자 거짓말처럼 괴혈병이 사라졌다.

괴혈병은 비타민 C가 부족할 때 발생하는 병이다. 비타민 C의 화학명은 아스코르브산(ascorbic acid)이다. 아스코르브산은 '~하지 않다'라는 의미의 부정어 a와 '괴혈병'을 의미하는 라틴어 '스코르부투스(scorbutus)'가 합쳐진 이름이다. 비타민 C는 감귤류에 풍부하게 들어 있다. 비타민류는 인간이 몸속에서 합성하지 못하기 때문에 음식물을 통해 섭취해야 한다.

당시 영국 해군의 배에는 배급용 럼주가 실려 있었고 럼주에 라임 과즙을 넣은 음료는 해군 병사의 마음을 단박에 사로잡았다. 오늘날의 칵테일에는 이런 기원을 가진 것이 적지 않으므로 그런 칵테일을 마실 때는 그 '역사'를 함께 마시는 셈이 된다. 이렇듯 우리가 평소 무심코 접하는 온갖 것이 지금까지 걸어온 인류의 거대한 발자취와 긴밀히 연결되어 있다고 할 수 있다.

1800년

볼타 전지 발명

세계사를 바꾸고 문명을 바꾼 또 하나의 신소재

⊙ 인류 역사상 최초로 전기 흐름을 발생시키는 데 성공한 과학자, 볼타

볼타는 인류 역사상 최초로 전기 흐름을 발생시키는 데 성공했다. 그는 어떻게 했을까? 두 종류 금속, 일테면 아연과 구리 등을 식염수나 알칼리성 물 등으로 적신 종이, 천과 교차로 끼운 것을 쌓아 올린 '전퇴(파일)'를 만들어서였다.

그때까지 정전기를 발생시키는 장치 외에는 마땅한 도구나 장치가 없었다. 이로써 볼타는 움직이는 전기, 즉 흐르는 전기를 발생시키는 전지를 발명하는 데 성공한 것이다. 이때 발표된 볼

볼타의 전퇴

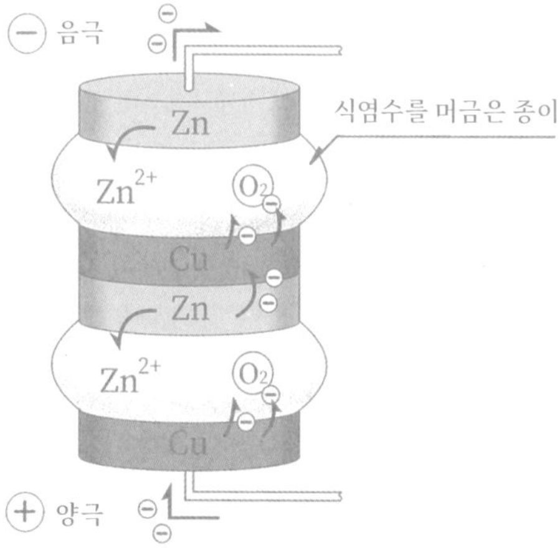

Zn: 아연　　Cu: 구리

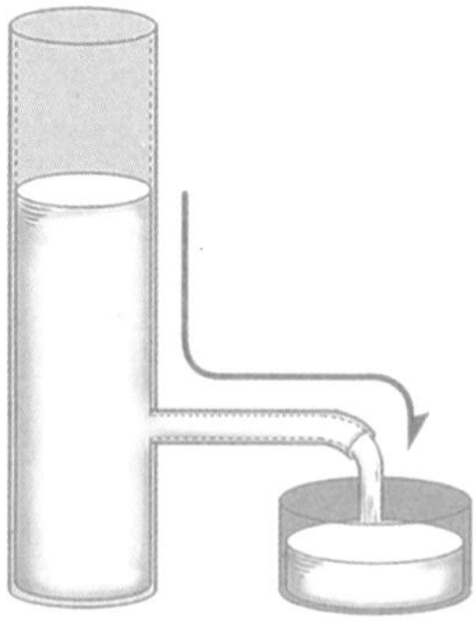

타의 전퇴는 '볼타 전지(Voltaic cell)'라는 이름의 본격적인 전지로 발전한다. 1800년의 일이다.

화학적으로는 전자를 방출하기 쉬운 금속인 아연에서 전자가 나와서 이것이 전지의 음극(-)이 된다. 외부 회로에 흐른 전자는 구리판 쪽으로 돌아가기 때문에 구리가 양극(+)이 된다. 전류는 플러스에서 마이너스로 흐름이 정해지지만, 실제로는 그 반대 방향으로 회로에 전자가 흘러간다.

두 종류 금속이 식염수나 과즙 등의 이온이 녹아 있는 용액과 세트가 되면 전지가 형성된다. 각각의 금속은 전자가 방출되기 쉬운 정도, 전자를 방출하려고 하는 잠재적 능력 등에 차이가 있다. 이는 수위가 다른 수조와 마찬가지로, 이것을 회로로 연결하면 물이 높은 곳에서 낮은 곳으로 흐르듯 전자가 흐르는 것이다.

레몬에 구리로 만든 주화(10원)와 알루미늄으로 만든 주화(1원)를 끼워도 전지가 된다. 또한 금속이 두 종류 접촉한 채 빗물 등에 노출되면 국소적인 전지가 생성된다. 이때 한쪽 금속이 반응하면서 전자를 방출하고 양이온으로 녹아내려 녹슬어간다. 이는 건축이나 기계공학에서 중요한 현상이다. 좀 더 구체적으로, 스테인리스강과 철을 접촉시키면 철 쪽이 빠르게 녹슨다.

볼타 전지와 이를 획기적으로 개선한 다니엘 전지(Daniell cell)의 등장으로 전기 흐름을 추출할 수 있게 되면서 전기 실험이 더욱 활발해졌다. 그리고 이런 흐름의 연장선에서 물리학 분야의 전자기학이 발달했다. 이렇게 해서 발전기, 모터, 전등, 전기 통신 같은 20세기 전기 시대가 도래했다. 또한 화학 분야에서도

'전기 분해'라는 방법을 통해 다양한 원소가 발견되었으며, 공학적 제조법이 확립되어 갔다.

⊙ '갈바니와 볼타의 환상적 연계 플레이'가 없었다면 스마트폰도 탄생하지 못했다?

나폴레옹은 볼타를 파리로 초청해 자신과 과학자들의 눈앞에서 전지 실험을 하게 했다. 1801년의 일로, 나폴레옹은 볼타의 성과에 찬사를 보내며 그에게 최고 영예 훈장인 레지옹 도뇌르 훈장과 막대한 상금을 수여했다. 오늘날 전압의 단위로 사용되는 볼트(V)는 볼타의 이름에서 유래한 것이다.

가정해보자. '만약 갈바니와 볼타의 연계 플레이가 없었다면 어땠을까?' 그랬다면 전지라는 장치는 발명되지 않았을 것이고, 우리는 스파게티처럼 복잡하게 얽힌 전원 코드에 둘러싸인 채 살고 있지 않을까. 그랬다면 우리는 자동차 엔진 시동을 걸기 위해 번번이 크랭크를 돌려야 할 것이다. 오늘날 전 세계인의 가장 친숙한 도구인 스마트폰도 탄생하지 않았을 가능성이 크다.

볼타는 '전기 피스톨'이라는 장치도 발명했다. 이는 아주 가까이 접근시킨 금속 선에 정전기를 흘려보내서 불꽃을 일으키는 장치다. 여기서 한 발 더 나아가 훗날 벤츠와 다임러, 마이바흐라는 세 기술자가 등장해 전기 피스톨과 휘발유의 증기, 실린더나 피스톤을 융합시켜 세계사를 바꿔놓는 위대한 발명품을 만들어낸다. 바로 '자동차'다.

나폴레옹 앞에서 전지 실험을 하는 이탈리아 과학자 알레산드로 볼타

참고문헌

『고분자 화학(라이프 / 인간과 과학 시리즈)』, 타임라이프북스

『기계 사회(라이프 / 인간과 과학 시리즈)』, 타임라이프북스

『물질 이야기(라이프 / 인간과 과학 시리즈)』, 타임라이프북스

『세계 고전 문학 전집 제21권(베르기우스, 루크레티우스)』, 이즈이 히사노스케 / 이와타 요시카즈 / 후지사와 노리오 옮김, 지쿠마쇼보

『약의 이야기(라이프 / 인간과 과학 시리즈)』, 타임라이프북스

21세기 과학 교육 간담회 편저, 『과학의 역사』, 일본IBM

가나자와 대학교 커피학 연구회 편저, 『그렇구나! 커피학』, 아사히야출판

가노 요시노리, 『중화기의 과학』, 사이언스아이신서

가와시마 게이코, 『마리 퀴리의 도전』, 트랜스뷰

가토 구니오키, 『화학 기술사』, 옴사

가토 슌지, 『우리 주변을 화학의 눈으로 바라본다면』, 화학동인

고이케 스미오 / 세구치 마사히사, 『루크레티우스 '사물의 본성에 관하여'』, 이와나미쇼텐

구사노 다쿠미, 『도해 연금술』, AK(에이케이 커뮤니케이션즈)

길버트 샤피로, 『창조적 발견과 우연』, 니제키 노부카즈 옮김, 도쿄화학동인

나가타 지카요시, 『새로운 양자 생물학』, 블루백스

나오미 파사초프, 『라듐의 발견과 마리 퀴리』, 강윤재 옮김, 바다출판사

니나 모건 / 존 O. E. 클라크, 『도설 과학의 백과사전4 화학의 세계』, 야마자키 아키라 감역, 미야모토 게이코 옮김, 아사쿠라쇼텐

니콜라스 험프리, 『상실과 획득』, 다루미 유지 옮김, 기노쿠니야쇼텐
다나카 가즈아키, 『도해 입문 쉽게 이해하는 최신 '철'의 기본과 구조』, 슈와시스템
다케우치 요시토 / 야마다 게이이치, 『화학의 발전』, 다이닛폰도쇼
레이먼드 B. 세이모어 / 찰스 E. 캐라허, 『거대 분자』, 니시 도시오 옮김, 맥그로힐출판
로이스톤 M. 로버츠, 『우연과 행운의 과학적 발견 이야기』, 안병태 옮김, 국제
로저 브리지먼, 『INVENTIONS DISCOVERIES-발명 발견 1000』, 프뢰벨교육연구소 옮김, 프뢰벨
루스 디프리스, 『문명과 식량』, 정서진 옮김, 눌와
루이스 다트넬, 『오리진』, 이충호 옮김, 흐름출판
리즈 V. 젠킨스, 『필름과 카메라의 세계사』, 나카오카 데쓰로 / 다카마쓰 도루 / 나키오카 슌스케 옮김, 헤이본샤
리처드 고건, 『천재들에게 찾아든 우연의 과학』, 구소영 옮김, SKBOOKS
마스이 유키오 / 다니모토 사치코, 『우리 집안의 여러 가지 화학』, 쇼카보
마쓰야마 신사쿠, 『과거와 현재의 금속 이야기』, 공업조사회
마이클 모슬리 / 존 린치, 『끝나지 않은 과학 이야기』, 이미숙 옮김, 시그마북스
마크 쿨란스키, 『소금 세계사를 바꾸다』, 안효상 옮김, 웅진주니어
마크 쿨란스키, 『종이의 세계사』, 가와조에 도모코 옮김, 도쿠마쇼텐
미야모토 히데아키 / 다치바나 쇼고 / 요코야마 히로미, 『철학(鐵學) 137억 년의 우주사』, 이와나미쇼텐
미야자키 마사카쓰, 『비주얼 세계사 1000명 상·하』, 세계문화사
미야자키 마사카쓰, 『최고의 교양! 세계전사』, PHP 문고
배리 파커, 『전쟁의 물리학』, 김은영 옮김, 북로드
비토 다다아키, 『화학 어원 사전』, 산쿄출판
빈스 베이저, 『모래가 만든 세계』, 배상규 옮김, 까치글방
빌 프라이스, 『푸드 오디세이』, 이재황 옮김, 페이퍼스토리
사라 드라이, 『과학자 퀴리』, 마스다 다마코 옮김, 세이도샤
사카모토 아키라, 『대도해 제2차 세계대전의 비밀 특수 병기』, 그린애로우출판
산도르 엘릭스 카츠, 『천연 발효식품: 세계편』, 김소정 옮김, 전나무숲
스튜어트 로스, 『모든 것의 처음』, 강순이 옮김, 홍시
시오카와 지로 / 소노다 노보루 / 가메오카 히로무, 『공업 화학』, 화학동인
쓰네이시 게이이치, 『20세기의 화학 물질』, NHK 출판
아이작 아시모프, 『과학의 어원 250』, 도요 메구미 옮김, 교리쓰출판
아이작 아시모프, 『아이작 아시모프의 과학과 발견의 연표』, 오가와 게이타 / 와코 히로시 옮김, 마루젠
애덤 로저스, 『프루프: 술의 과학』, 강석기 옮김, MID

애덤 하트 데이비스 편저, 『SCIENCE 사이언스』, 강윤재 옮김, 북하우스
앤 루니, 『의학 오디세이』, 최석진 옮김, 돋을새김
앤드루 달비, 『향신료의 인류사』, 히구치 사치코 옮김, 하라쇼보
앨프리드 W. 크로스비, 『발사체의 인류사』, 오자와 지에코 옮김, 기노쿠니야쇼텐
어니스트 볼크먼, 『전쟁과 과학 그 야합의 역사』, 석기용 옮김, 이마고
에드워드 M. 스피어스, 『화학 · 생물 병기의 역사』, 우에하라 유코 옮김, 도요서림
에릭 샤린, 『광물, 역사를 바꾸다』, 서종기 옮김, 예경
오야 다다시, 『파스타의 미궁』, 요센사신서y
오카쿠라 고시로, 『죽음의 상인』, 이와나미신서
오히가시 다카시, 『실용주의적 화학』, 가와데출판
와타히키 히로시, 『물건이 이야기하는 세계의 역사』, 세이분샤
윌리볼드 릭스너 / 게르하르트 베그너, 『우리 주변의 화학』, 스가 교이치 / 이와부치 스스무 옮김, 고단샤
윌리엄 바이넘 / 헬렌 바이넘, 『Medicine』, 스즈키 아키히토 / 스즈키 미카 옮김, 의학서원
이반 브로하드 감수, 『약학의 역사: 약 · 연고 · 독물』, 일본 · 프랑스 약학회 / 일본약사(藥史)학회 옮김, 약사일보사
이케우치 사토루 감수, 조지무쇼 편저 『30가지 발명품으로 읽는 세계사』, 고원진 옮김, 시그마북스
자오캉후와, 『중국 고대 화학』, 히로카와 겐 감수, 오자키 도루 / 유류호 옮김, 마루젠출판
제임스 버크, 『커넥션』, 구자현 옮김, 살림
조엘 레비, 『세계사를 바꾼 50가지 무기』, 이토 아야 옮김, 하라쇼보
클라이브 폰팅, 『세계를 바꾼 화약의 역사』, 이토 아야 옮김, 하라쇼보
토머스 J. 크로웰, 『워 사이언티스트』, 이경아 옮김, 플래닛미디어
톰 스탠디지, 『세계사를 바꾼 6가지 음료』, 김정수 옮김, 캐피털북스
팀 하포드, 『팀 하포드의 경제학 팟캐스트』, 박세연 옮김, 세종서적
페니 르 쿠터 / 제이 버레슨, 『역사를 바꾼 17가지 화학 이야기 1』, 곽주영 옮김, 강모림 그림, 사이언스북스
프레드 아프탈리온, 『국제 화학 산업사』, 야나기타 히로아키 옮김, 닛케이사이언스샤
프레디 고즐랜드 / 페르난데스 자비에르, 『조향사가 이야기하는 향료 식물 도감』, 마에다 구니코 옮김, 하라쇼보
피터 퍼타도 편저, 『죽기 전에 꼭 알아야 할 세계 역사 1001 Days』, 김희진 / 박누리 옮김, 마로니에북스
피터 W. 앳킨스, 『분자와 인간』, 지하라 히데아키 / 이나바 아키라 옮김, 도쿄화학동인

하라 미쓰오, 『화학을 구축한 사람들』, 주오코론샤
해리 B. 그레이 / 존 D. 사이먼 / 윌리엄 C. 트로글러, 『화학』, 이노우에 쇼헤이 옮김, 도쿄화학동인
혼다 이치지, 『이야기 화학 기술사』, 과학정보사
후나야마 신지, 『독의 과학』, 나쓰메샤
히라타 유타카, 『도설 과학·기술의 역사 상·하』, 아사쿠라쇼텐
A. 서트클리프 / A. P. D 서트클리프, 『재미있는 인류 과학 이야기 화학편』, 황국산 옮김, 예문당
R. G. 그랜트 편저, 『세계의 전쟁 역사 백과』, 다케무라 아쓰시 일본어판 감수, 후지이 루미 옮김, 슈후샤
R. G. 그랜트 편저, 『전쟁의 세계사 대도감』, 가바야마 고이치 일본어판 총감수, 가와데쇼보신샤

찾아보기

인명

ㄷ

ㄹ

ㅅ

ㅇ

ㅎ

용어

ㄱ

ㄴ

ㄷ

ㄹ

ㅁ

ㅂ

ㅅ

ㅇ

문헌

SOAP
SUCRE